浙江省普通高校"十三五"新形态教材

EDUCATION COURSE
FOR COLLEGE STUDENTS'
MENTAL HEALTH

大学生心理健康教育教程

程刚 黄黎 浦晓黎 张孝凤 等 / 编著

ZHEJIANG UNIVERSITY PRESS
浙江大学出版社

图书在版编目(CIP)数据

大学生心理健康教育教程 / 程刚等编著. —杭州：浙江大学
出版社，2018.8(2024.9重印)
ISBN 978-7-308-18448-9

Ⅰ.①大… Ⅱ.①程… Ⅲ.①大学生—心理健康—健康教育—
高等学校—教材 Ⅳ.①G444

中国版本图书馆 CIP 数据核字(2018)第 163010 号

大学生心理健康教育教程

程刚 黄黎 浦晓黎 张孝凤 等 编著

责任编辑	马海城
责任校对	杨利军 张振华
封面设计	春天书装
出版发行	浙江大学出版社
	(杭州市天目山路 148 号 邮政编码 310007)
	(网址:http://www.zjupress.com)
排　版	杭州朝曦图文设计有限公司
印　刷	广东虎彩云印刷有限公司绍兴分公司
开　本	787mm×1092mm 1/16
印　张	11
字　数	268 千
版印次	2018 年 8 月第 1 版 2024 年 9 月第 8 次印刷
书　号	ISBN 978-7-308-18448-9
定　价	30.00 元

前　言 ·······················▷ ▷ ▷　▷

　　加强心理健康教育是现代人才发展的内在需要,也是社会快速发展的时代需求。习近平总书记高度重视大学生心理健康教育工作,在全国高校思想政治工作会上强调要加强人文关怀和心理疏导。中共教育部党组印发的《高校思想政治工作质量提升工程实施纲要》等文件对高校提升心理育人质量提出了明确要求。课堂教学作为大学生心理健康教育的主渠道发挥着十分重要的作用,如何进一步增强大学生心理健康教育课程的吸引力、影响力和实效性是摆在教育工作者面前的一项重要课题,编写高质量的心理健康教育教材是其中的重要一环。

　　《大学生心理健康教育教程》是根据 2011 年教育部办公厅印发的《普通高等学校学生心理健康教育课程教学基本要求》编写的面向大学新生的普及性公共必修课教材,第一版由人民出版社于 2012 年 8 月出版。教材从大学生心理健康教育的接受理念和实际需求出发,融入情商教育、生命教育、生涯教育理论,融合学校心理健康教育工作特色成果。教材内容丰富、形式活泼、特色明显,注重互动性、体验性和实践性,寓教于乐。教材连续使用 6 年,受到师生的肯定和好评。2017 年教材被评为浙江省普通高校“十二五”优秀教材。

　　随着经济社会的快速发展和互联网技术的广泛应用,大学生心理健康教育传统课堂教学和纸质教材面临新的挑战。2018 年中共教育部重组印发的《高等学校学生心理健康教育指导纲要》也明确要求大学生心理健康教育课程创新教学手段,改进教学方法,采用线下线上、案例教学、体验活动、行为训练、心理情景剧等多种形式展开教学。基于这样的背景,我们在原有传统教材内容优势的基础上进行新形态教材开发,从形式到体例、内容都进行了修订,力求在以下几个方面有新的突破。

　　(1)丰富内容。本版教材按照大学生心理健康教育课程集知识传授、心理体验与行为训练为一体的要求,以大学生心理健康素养为主线精选主题,内容丰富多元,既有前沿理论,又有真实案例,主体内容之外还设置了知识链接、心灵视窗、行动课堂、互动话题、优秀心理情景剧赏析等拓展内容。既注重内容的科学性、专业性,又兼顾普及性、趣味性。

　　(2)创新形式。本版教材以立体书 App(应用程序)为依托,通过嵌入二维码的方法,链接丰富课程资源,改变传统教材单一的图文呈现形式,实现教学的延展与互动。通过扫描二维码,学生可以观看视频,学习延展知识点,参与话题讨论,进行自测,教师也能查看学生的学习进度及反馈情况。本版教材有传统纸质教材严谨、方便的优势,也是师生互动的优良载体,将教材、课堂、教学资源三者融合,实现了课程理论和实践相结合、课堂内外相结合。

（3）凸显特色。本版教材融入积极心理学预防和发展并重的理念，将浙江理工大学多年来提炼的情商教育特色融入其中，以教材为媒介实现大学生心理健康教育课程和实践互相推动、促进的良性循环。教材以情绪科普、情商实践为重点，注重互动性、体验性，汇集丰富的心理案例、心理测试、团体辅导方案、心理情景剧作品等，较同类教材有更强的趣味性和实用性。其中许多案例取材于真人真事，插画为学生原创作品，心理微电影、心理情景剧及剧本为浙江理工大学历年比赛优秀原创作品。

本书由浙江理工大学心理健康教育中心组织编写，程刚、黄黎、浦晓黎、张孝凤等为主要编写人员，负责全书的框架结构设计、数字资源组织与审校、统稿、审稿。本书的具体编写分工如下：导论由浦晓黎、沈荣根完成，第1章由刘少英完成，第2章由马凤玲完成，第3章由王惠燕完成，第4章由汪小明完成，第5章由张孝凤完成，第6章由卢宁艳完成，第7章由许丽芬完成。书中采纳的心理微电影、心理情景剧均为浙江理工大学比赛、活动中的优秀原创作品，作者甚多，未一一罗列姓名，在此一并致谢，感谢学生们对学校心理健康教育的投入和付出。另外，感谢心理健康教育中心咨询师助理们在前期教材数字资源整理中做出的贡献。特别感谢第一版教材的全体作者，部分编委成员因工作原因没有参与本版教材的编写，他们的卓越工作是本书的基础。本书如果有闪光之处，那么一方面是由于在编写过程中得到了多方的帮助和支持，另一方面是由于参考了许多国内外知名学者的智慧结晶，在此表示深深的感谢！由于编者水平有限，必然存在诸多不足，敬请同行专家、教师、学生批评指正，以帮助我们不断提高。

本书是献给在成长道路上的年轻人的礼物，希望阅读本书的大学生都能爱自己、爱他人，不断激发青春活力，提升情商，成长为最好的自己。同时也希望借此书使心理健康知识走向大众生活领域，走进大众的内心世界，从而进一步推动大学生心理健康教育工作，真正形成"和谐、关爱、健康、成才"的良好氛围。

编　者
2018 年 8 月

目 录 ❯❯❯ ❯

导 论

导 言

> 法国著名作家雨果曾经说过:世界上最浩瀚的是海洋,比海洋更浩瀚的是天空,比天空更浩瀚的是人的心灵。心灵是人类最神秘的宝库,它不像身体那样看得见、摸得着,只有掌握心理科学的钥匙才能走近它、了解它、受益于它。保持心理健康是人生极为重要的课题之一,心理健康和身体健康一样是幸福人生的重要基础。

第一节 心理健康知多少

引子:心理课堂一隅——"我和心理健康"

老师和同学们正在一起讨论"我和心理健康"的话题。"大家觉得心理健康重要吗?"老师问。"非常重要!"同学们异口同声回答。"那你们觉得自己的心理健康吗? 心理健康和我们有什么关系呢?"老师接着问。这下教室里安静了,同学们若有所思,一会儿各个小组开始讨论。"学校是担心我们心理出问题才会开心理健康必修课的吧? 我很健康,我才没病呢。""我室友上台演讲紧张得发抖,心理课该好好学学吧。""我有个高中同学得了抑郁症,后来都没参加高考,可惜啊。""是啊,网上不也经常有明星得抑郁症的新闻,还有因此自杀的,好可怕。""我还有个邻居有精神病呢,每到春天就会到大街上唱唱跳跳。""我有个同学因为减肥得了厌食症,幸亏及时去看医生和做心理咨询,不然生命都有危险。""我和女朋友分手了,这几天饭也吃不下、觉也睡不好,我是不是也抑郁了?""在大学里我不知道该怎么安排时间,好迷茫,这算心病不?""哈哈,我说话没轻没重,朋友老骂我'神经病'。"……老师听出了大家的疑惑,说道:"随着心理健康知识的普及,我们越来越多地了解到与心理健康相关的信息,也知道心理健康很重要。但从大家的讨论来看,全面、科学的心理健康常识和理念是我们还需要深入学习的。这门课就是要带大家来了解我们所不知道的心理健康知识。"

一、心理健康的含义

随着现代健康观念的深入人心，人们越来越重视心理健康，不仅希望自己没有疾病，更期望自己身心愉悦。究竟什么是心理健康呢？

心理健康是个体健康的重要组成部分。1948 年，世界卫生组织（WHO）成立时在其公布的章程中指出，健康不只是没有身体上的疾病和虚弱状态，而是指躯体、心理和社会适应都处于完好状态。1989 年，WHO 将健康的定义深化，明确指出健康包括躯体健康、心理健康、社会适应良好、道德健康。

心理健康是一种持续的积极发展的状态。1946 年，世界心理卫生联合会（WFMH）将心理健康描述为：①身体、智力、情绪十分协调；②适应环境，人际交往中彼此谦让；③有幸福感；④在工作和生活中，能充分发挥自己的能力，过有效率的生活。心理学家英格利希认为，心理健康是指一种持续的心理状况，当事者能良好适应，具有生命活力，并能充分发挥其身心潜能。这是一种积极的良好的心理状态，不仅仅是免于心理疾病。

我国 2016 年出台的《关于加强心理健康服务的指导意见》（国卫疾控发〔2016〕77 号）将心理健康描述为认知合理、情绪稳定、行为适当、人际和谐、适应变化的一种完好状态。可以将其解释为知、情、意等基本心理素质的统一，人格完善协调，社会适应良好。

一般来说，狭义的心理健康指心理疾病的防治，就像上述课堂讨论中同学们提及的抑郁症等的防治。广义的心理健康是指心理健康的维护与增进、健全人格的培养、社会适应和改造能力的提升等。这个意义上的心理健康与每个人密切相关。尽管学术界对心理健康的定义没有统一意见，但心理健康的两层含义得到普遍认同：一是适应，心理健康首先指没有心理疾病、心理问题，适应良好的状态；二是发展，心理健康指灵活应对现实、主动解决问题、积极发展的状态。心理健康不仅强调"没病"，更强调个体自身潜能的发挥。心理健康不仅是个体生存和适应的能动机制，也是个体不断接近理想心理状态的过程。

二、心理健康的标准

（一）学界观点

人的心理高度复杂，心理健康不像身体健康那样可以用医学仪器探查，而且评价心理健康是个动态的过程，涉及文化和个体差异，学术界对心理健康的标准至今没有定论。目前关于心理健康标准的论述多是描述性的，用于帮助人们了解心理健康的各个方面、影响因素及心理健康要达到的目标。总结其中比较著名的观点如下。

美国学者坎布斯认为心理健康包含四个方面：积极的自我观；恰当地认同他人；面对和接受现实；主观经验丰富，可供利用。美国人格心理学家奥尔波特认为心理健康包括七个方面：自我意识广延；良好的人际关系；情绪上的安全性；知觉客观；具有各种技能，专注于工作；现实的自我形象；内在统一的人生观。美国心理学家马斯洛和密特尔曼提出心理健康的十条标准：有充分的自我安全感；能充分了解自己，并能恰当地评价自己的能力；生活理想和目标切合实际；和现实环境保持良好接触；能保持人格和谐与完整；善于从经验中学习；能保持良好的人际关系；能适度表达和控制情绪；在符合集体要求的前提下，能有限度地发挥个性；能在社会规范的范围内，适度满足个人基本需求。

我国学者郑日昌认为，心理健康是指能正视现实、了解自己、善与人处、情绪乐观、自尊自制、乐于工作。马建青认为心理健康有七条标准：智力正常；情绪协调、心境良好；意志坚强；人际关系和谐；能动地适应和改造环境；人格完整与健康；符合年龄特征。其他心理学家也提出了不同的心理健康标准，不一一列出。

可以看到，心理健康没有严格固定的标准，但所有具体描述均指向个体心理的适应性、灵活性及发展性。心理健康是个体与自我、他人、环境和谐相处的状态，是个体积极的、建设性的发展过程。

（二）大学生心理健康的标准

借鉴心理学家对心理健康含义和标准的理解，我们整理出大学生心理健康的标准，具体内容如下。

1.认知合理

心理健康的大学生智力正常、求知欲旺盛、记忆力良好、注意力集中、逻辑合理、思维灵活、想象力丰富，认知能力能胜任日常生活、学习和工作，认识和看待事物客观、实事求是，评价事物的态度端正、观点全面。

2.情绪稳定

心理健康的大学生情商高，能识别和感受丰富的情绪，拥有良好的情绪管理能力；既能体验到积极、快乐的情绪，也能承受焦虑、痛苦等消极的情绪，还能正确对待、科学管理情绪，使愉快、乐观、满意等积极情绪状态占主导地位，合理宣泄和疏导悲伤、厌恶、愤怒等消极情绪。

3.意志坚强

心理健康的大学生拥有充沛的精力和顽强的毅力，不惧挑战、不言放弃；有坚定的信念和明确的目标，积极行动，勇往直前；能抗击压力、承受挫折，灵活应变、越挫越勇。

4.行为得当

心理健康的大学生能积极参与实践，处事果断，行动力、执行力强；能科学管理行为，言行一致，举止合理，行为表现符合年龄特征，遵守社会规范、集体要求。

5.自我协调

心理健康的大学生能体验到自己存在的价值，了解自我、接受自我、悦纳自我、完善自我；有自知之明，能对自己的能力、性格和优缺点做出恰当、客观的评价。

6.人格健全

人格是个体的需要、动机、态度、信念、价值观、行为倾向等方面的总体特征。心理健康的大学生心理、行为特征稳定，没有明显的人格缺陷；开放包容、积极进取，能与自我、他人和谐相处，思考问题的角度合理，情绪积极、稳定，行为方式适宜，目标坚定，并能为此努力。

7.人际和谐

心理健康的大学生有协作精神和集体意识，能与他人建立良好的人际关系，接受他人，悦纳他人，懂得人际交往的规律与技巧，能用尊重、信任、友爱、宽容、理解等态度与人相处，能接受并给予爱和友谊。

8.适应变化

当今社会是竞争和变化的社会，适应环境是最基本的要求。心理健康的大学生心理有弹性,为人处世灵活、积极;对社会有包容的态度、正确的认识,乐于学习和工作,乐于参加集体活动,热爱并积极地投身现实生活,善于发现生活中的美,能够体验到人生的乐趣。

三、科学解读心理健康

古代人们对心理疾病充满了偏见。曾有"魔鬼说",认为心理疾病是魔鬼侵入人体所致,因此有念咒、祈祷等无知的应对心理疾病的方法,甚至对患心理疾病的人施以刑罚等。美国耶鲁大学的比尔斯树立了现代心理健康的基础。他曾患精神疾病且住院三年,出院后以亲身惨痛经历撰写《一颗找回自我的心》(*A Mind That Found Itself*)一书,呼吁社会大众消除对心理疾病患者的歧视和偏见,重视心理疾病的治疗和研究。由此心理健康运动在美国开始,并逐渐发展为国际运动。

过去我们对心理健康的关注源于精神疾病和心理问题,因为它们给人类生活和发展带来了严重困扰,甚至出现危及患者自身和社会安全的情况。心理健康科学关注的焦点自然也局限于如何治疗心理疾病,如何预防和解决问题。但随着社会的发展以及积极心理学的日益普及,人们开始认识到心理健康更完整的面貌,心理健康不再只强调心理疾病的防治,也关注个体的发展和幸福感提升。全面理解心理健康,我们需要知晓以下内容。

1. 身心是一个完整的有机体

心理健康和身体健康相互联系、密不可分。身体健康是心理健康的基础,积极参加体育锻炼是放松身心、提高心理免疫力的好办法。一些看起来属于心理问题和疾病的症状,如易怒、烦躁、情绪低落、性格古怪、出现幻觉等也可能是身体健康出问题的信号。同时,很多心理问题也会伪装成头疼、肚子痛等身体问题,而严重的抑郁症等心理疾病也会改变大脑神经递质分泌甚至大脑结构。还有一些问题,综合了身体和心理两方面的因素,如久治不愈的身体疾病患者容易同时产生心理问题。了解心理健康常识有助于我们更好地维护身心健康。

2. 心理健康的核心议题是适应与成长

心理健康议题不只跟少数当前处于疾病中及表现出问题的人有关,它还是我们每个人的发展主题,融合在日常学习、生活、工作中,健康的心理不只是学习、生活、工作的基础,更是人生不断前进的动力。大部分人面临的是发展性问题,严重心理健康问题和精神疾病是少数人面临的。人的心理是一种连续的状态,心理健康和心理不健康没有分明的界限,严格地说其只是程度上的差异。从完全健康到完全不健康,中间有无数个等级序列。现实生活中完全健康和完全不健康的人都是极少数,大多数人处在这两极中间某个位置,每个人都面临心理健康议题。

 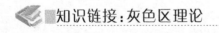
知识链接:灰色区理论

3. 心理健康状态是动态变化的

心理健康是一个发展过程而不是一种结果。心理健康状态反映的是某一时间的特定状态,而非永远的状态。心理健康状态可能因为遭遇心理危机、罹患精神疾病而转为心理不健康状态,而心理不健康状态经过自我调整、干预、治疗也能转成心理健康状态,正常、健康的心理状态也是在不断变化的。因此,心理健康是一个方向,是一个变化的过程。每个人都需要持续、积极地维护心理健康。

4. 心理健康不是没有心理困扰,而是能有效解决问题

心理健康标准中描述最佳状态的条目有很多,但并不是十全十美的状态才是心理健康。危机即转机,心理健康的人欢迎变化、不惧挑战,心理健康水平正是在一次次"打怪升级"中得以提升的。遇到心理困惑,哪怕遭遇心理问题甚至是精神疾病都不可怕,关键看有没有解决问题的能动性和灵活性。

5. 心理健康是一个持续的、积极的整体协调的过程

判断一个人的心理健康状况,要在一个长期的过程中观察,心理健康是较长一段时间内持续的状态。偶尔的情绪低落、一时的不适应等都不能作为判断心理是否健康的依据。健康的人的心理活动不仅有持续性、积极性,更有整体性和协调性,切忌断章取义、随意贴标签。

6. 心理健康状况是一个文化的、发展的、相对的概念

心理健康状况的概念是不断变化和发展的,是归属于本国、本社会、本群体的,心理健康状况只有在与同年龄段的人心理发展水平的比较中才有效。而人与人之间不仅有个体差异,更有来自社会文化背景的群体差异,心理健康标准不能简单地绝对化。

> **互动话题:** 扫描二维码,读一读《心理委员的观察日记》,结合本节内容,说一说你理解的心理健康是什么,聊一聊"你和心理健康"的故事。

第二节　心理健康我做主

大学时代是人生中最活跃、最绚烂的时期,也是人生中最受关注、最充满变数、最具挑战的阶段,此时青春期的"疾风暴雨"还未结束,成年期的责任和烦恼已接踵而至。当年轻的懵懂、冲动遭遇社会的多元快速发展,大学生将面临前所未有的挑战。勇立潮头、激流勇进,大学生要做时代的担当,不仅需要丰富的知识和技能,更需要良好的身心素质。

一、大学生心理的特点

(一)需求旺盛

大学生已经处于青年中期,身心快速成长。一方面,大学生生理成熟,外表已是成人的模样,智力达到了发展的旺盛期,拥有了成熟的生殖能力,热情积极,活力四射。另一方面,大学生心理不成熟、不稳定,缺乏社会经验,喜欢跟着感觉走,不按套路出牌。他们往往表现出以下特点:精力充沛,喜欢探索,愿意尝试新鲜事物;情绪强烈而丰富,热情高涨,容易冲动;朝气蓬勃,积极向上,对未来充满憧憬;渴求与人交往,乐于接受竞争;强烈需要归属、爱、尊重与理解。大学生对现代化的物质生活、新奇的文化娱乐活动、提升自我等有着强烈的需求。

(二)个性鲜明

现代大学生生活在经济条件优渥、自由开放的环境中,追求自由、个性张扬、独立自主、自信是他们的特点。他们主动性强,善于独立思考,拥有极强的求知欲和创新意识,自尊心特别强,不仅要求切断与父母、家庭在心理联系上的"脐带",更要构建自己独立的心理世界。他们正处于心智快速发展的阶段,抽象思维能力高度发展,辩证逻辑思维能力变得更强,对自己和世界的认识都依据自己的判断,个性化、独立性特点十分明显。

(三)观念多元

现在的大学生是中国社会经济转型发展的见证者和成果受益者。社会发展的全新面貌也镌刻出他们与以往任何一个年代大学生不同的心理特点,他们更加大气、包容、开放。多元价值观在当代大学生身上表现突出,绝对权威崇拜和一元化的价值信仰、价值评价标准已经不复存在,大学生更加强调自我与社会融合、索取与奉献并重,兼顾国家、集体和个人三者利益的同时又注重自我、注重实际。他们敢于表达不同的声音,也能接纳、包容不同的文化和观念。

(四)心态矛盾

大学生的年龄特点决定了他们的心理尚未完全成熟、心理承受力较弱,心理发展过程中存在明显的两面性:开放和闭锁、独立和依赖、充满欲望和无奈。他们在理想和现实的矛盾间徘徊,冲突和不稳定是他们的心理常态。大学生心理发展的主流是积极进取、健康向上,但也存在不少负面心态,如功利心态、浮躁心态、困惑心态、冷漠心态、悲观心态、逆反心态等,精神分裂症、强迫症、抑郁症等严重的心理疾病疾病也在这个阶段高发。

 微电影赏析:《左右》

 心灵视窗

自我发展

心理学家埃里克森指出,人的自我发展会持续一生,但每个阶段的重点不一样(见表 0-1)。大学生面临的正是青春期和青春后期的人生危机和发展主题。

表 0-1 埃里克森的自我发展八阶段理论

阶 段	年 龄	心理—社会转变期矛盾	发展顺利者的人格特征	发展障碍者的人格特征
婴儿期	0~1 岁	信任感与怀疑感	对人信任,有安全感	面对新环境会焦虑不安
幼儿前期	1~3 岁	自主感与羞怯感	能按社会要求表现目的性行为	缺乏信心,行动畏首畏尾
幼儿后期	3~6 岁	主动感与内疚感	主动好奇,行动有方向,开始有责任感	畏惧退缩,缺少自我价值感
学龄期	6~12 岁	勤奋感与自卑感	具有求学、做事、待人的基本能力	缺乏生活基本能力,充满失败感
青春期	12~18 岁	自我同一与自我混乱	有了明确的自我观念与自我追寻的方向	生活无目的、无方向,时而感到彷徨、迷茫

阶　段	年　龄	心理—社会转变期矛盾	发展顺利者的人格特征	发展障碍者的人格特征
青春后期	18～25岁	亲密感与孤独感	与人相处有亲密感	与社会疏离,时而感到寂寞、孤独
成年期	25～65岁	创造力与自我专注	热爱家庭,关心社会,有责任心、义务感	不关心别人与社会,缺少生活意义
老年期	65岁以上	完美感与失望感	随心所欲,安享晚年	悔恨旧事,消极失望

二、大学生面临的心理健康挑战

 **心灵视窗**

青春故事

(1)我连学习都不会了。过去十来年的生活,我放弃其他一切活动,埋头学习,考出了好成绩。可是到了大学,我发现身边都是"学霸",更可怕的是"学霸"们的生活还很丰富,学生工作、社团活动一样都不落下。我很羡慕却无法融入,连最擅长的数学课也听不懂,我觉得自己一无是处。

(2)大学生活眼花缭乱。社团纳新时我一口气报名了三个喜欢的社团,还担任了班级的文艺委员、院学生会的干事。原本以为大学的课程很轻松,事实却是不仅课不少,每门课还都得预习、复习,不然根本跟不上老师的讲课进度,课程实践任务也很重。每天的时间都不够用,好忙乱。

(3)想念老朋友。进入大学一年了,除了室友,和班级其他同学都不太熟,有什么心事、困难首先想到的还是以前的朋友,只有和曾一起奋斗过、朝夕相处的朋友,才能无话不聊。而大学里没有固定的教室,选课很自由,活动很丰富,每个人都很忙,平时很难凑到一起,室友们在宿舍也是对着电脑各忙各的。我很努力认识新朋友,生活看起来很热闹,深交的朋友却没有,好孤单。

(4)宿舍里的"鸡毛蒜皮"。宿舍的同学来自不同地方,习惯、观念等都不同。我喜欢早睡早起,而室友们都是"夜猫子",对声音敏感的我晚上戴着耳塞还休息不好。而我早起,又被他们抱怨太吵。我特别爱干净,总是主动打扫宿舍,渐渐地室友们觉得我打扫卫生理所当然,轮到他们值日时也总是偷懒。还有宿舍里的空调,有人要开,有人要关,意见总是很难统一。在水电费等的分摊上也总会有人斤斤计较。

(5)躲进网游世界。高中以前,我的目标简单而明确——考高分、考上理想的大学。现在,我如愿来到了向往的大学,却发现自己不知道该做什么了,不知道为什么要上课、为什么要拼命学习。身边很多人开始玩游戏,我也跟着玩,后来一发不可收拾,为了通关甚至通宵玩,学习也耽误了。游戏中的我很潇洒、很自由,回到现实我却怯懦了,多门课程不及格,什么实践经验都没有,甚至连朋友都没有。我只能躲在游戏里,任由情况变得更糟。

(6)爸妈离婚了。大一暑假,爸妈离婚了。我从小看惯了他们吵吵闹闹,每次都是夹在中间左右为难,既不想妈妈难过,也不想看到爸爸生气。妈妈总是说:"要不是为了你我早离开这个家了……"爸爸也会不耐烦地让我走开:"识相点儿!别惹我生气,再哭我就打你了……"这些声音一直在我脑海里回响。我谈了五六次恋爱都无疾而终,其实我害怕,害怕未来、害怕婚姻,我曾笃定地认为以后即使结婚也不要小孩。

(7)为谁而学?从小我就是大人眼中的"别人家的孩子",不仅学习好,琴棋书画也精通。大学生活很顺利,父母早就帮我规划好了毕业后出国读研深造。我年年都拿奖学金,是学生组织的骨干,多次参加竞赛并获奖,还有个让人羡慕的漂亮的女朋友。一切看起来都很美好,只有我自己知道夜晚失眠的难熬,所有的努力只为别人的一声肯定,好累。

(8)"堕落天使"。高三下学期以前我学习成绩特别好,班主任说我肯定能考上重点大学。然而就在高三下学期,我被邻居小孩晚上练钢琴的声音吵得心烦,甚至焦虑得失眠,爸妈跟邻居几经沟通无果,而我的情况也越来越严重,看了精神科医生、吃了药也没改善,结果高考没发挥好。父母担心我的心态没有同意我复读,从此一切变得那么不顺心。面对不喜欢的学校、不喜欢的专业,身边没有志同道合的伙伴,同学觉得我孤傲,我也懒得理他们。我每天除了待在图书馆就是疯狂网上购物,每天收十几个快递才能让我有些存在感。

(9)让人头疼的学习。我不知道自己怎么了,整晚睡不着,白天昏昏沉沉,老师讲什么我都听不进去,干什么事儿都慢半拍。我拼命让自己努力学习,可脑子根本不听话,别人娱乐的时间我都用来补课学习,可一坐在那儿就开始打盹儿,一两个小时也看不了几页书,后来发展到一进教室头就疼。

(10)"独孤行者"。爸妈在我和弟弟很小的时候就外出打工,弟弟小,跟在他们身边,而我则寄宿在亲戚家。为了让我接受更好的教育,父母拼尽全力,光小学就帮我找了三四所。可是他们不知道,当我一次次转学,一次次看寄宿家庭阿姨脸色时的无助。我学会了察言观色地生活,习惯了一个人安安静静。到了大学也一样,一个人吃饭,一个人去上课,一个人去图书馆。我不懂跟人打交道的方法,同学说我总是瞪大眼睛打量他们,总是一副很警惕的样子,很难接近。

(11)在沉默中爆发。我有个室友是个特别内向的人,平时话不多,也从不跟人吵架。可自从她上个星期与网恋男友分手后,就像变了个人,突然很兴奋,逮着谁都热情地打招呼,还会问"你看我漂亮吗"。有一天她还给全班男生群发了"我爱你,做我男朋友"的表白短信。宿舍长觉得奇怪,将情况告诉了辅导员。辅导员联系家长陪室友去医院,原来她是精神分裂症发作。

……

> **互动话题:以上青春故事中有你的影子吗?请分享你或你身边人的独特的青春故事。**

以上故事改编自我们身边部分学生的真实经历,故事主人公面临的心理健康挑战可能每个大学生都会遇到,在挑战面前停下脚步,挑战就变成了困难,只有勇敢应对才能成长。

(一)小部分大学生:面临精神疾病和心理问题高发的危险

在社会节奏加快、竞争加剧的时代背景下,大学生也不可避免地承受巨大的学习、生活压力。大学生又处在思维、情感、意志发展的关键时期,情感与理智、理想与现实、独立与依附等各种矛盾交织、冲突。大学阶段,以往家庭、学校、社会影响累积的负面情绪和压力也容易集中爆发,加上成年早期(大学阶段)本就是部分精神障碍的高发阶段,小部分大学生面临精神疾病和心理问题高发的危险。

（二）大部分大学生：面临普遍的适应性、发展性问题

大部分大学生可能会遇到适应的问题，适应从高中生到大学生的角色转变，适应学校环境，适应社会变化，适应大学生活的方方面面，如生活上的独立、时间上的自由和学习上的自主等。他们会遇到人生发展的关键课题，如自我认识、恋爱、人际关系、情绪管理、人生规划、生命意义探索等，还可能遭遇挫折、陷入危机。这些都是成长必须经历的，不断遇见未知、挑战困难是人生的必修课。

三、维护心理健康的途径与专业资源

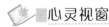 心灵视窗

人生五章①

第一章

我走上街，人行道上有一个深洞，我掉了进去，我迷失了，我绝望了，这不是我的错，我费了好大的劲才爬出来。

第二章

我走上同一条街，人行道上有一个深洞，我假装没看到，还是掉了进去，我不能相信我居然会掉在同样的地方，但这不是我的错，我还是花了好长的时间才爬出来。

第三章

我走上同一条街，人行道上有一个深洞，我看到它在那儿，但还是掉了进去，这是一种习惯，我的眼睛张开着，我知道我在那儿，我知道这是我的错，我立刻爬了出来。

第四章

我走上同一条街，人行道上有一个深洞，我绕道而过。

第五章

我走上另一条街。

就像"人生五章"中描写的一样，人生智慧源于一次次的尝试和练习。心理成长也是一个需要不断实践、体验、觉察的过程。维护心理健康没有捷径，需要理念、知识、行动等的全面学习。维护心理健康不仅需要科学、主动的意识，更需要持续、积极的行动。

（一）维护心理健康的途径

1．"自助"与成长

"心理健康我做主"，每个人都有很大的发展潜能和很强的自愈能力，提升个体心理健康素养是维护心理健康最直接的途径。心理健康素养包括科学的心理健康理念、关于心理疾病和心理问题的常识、自我保健意识及自我调适能力等。对于大学生来说，上好心理健康课是维护心理健康最方便的自助途径之一。大学生可以在课堂上了解心理健康发展的主题，

① 索甲仁波切.西藏生死书[M].郑振煌，译.杭州：浙江大学出版社，2011.

学习识别心理障碍和问题的方法,讨论提升心理健康的技巧。另外,阅读心理健康方面的书籍、发展兴趣爱好、积极参加体育锻炼等也是非常有效的自助方法。

 微课:心理健康素养

2."他助"与成长

"一个好汉三个帮",获取社会支持、寻求专业帮助是维护心理健康最有效的途径。家庭、朋友等构成的社会支持系统能够陪我们渡过难关,而心理咨询、心理治疗等是不可替代的专业帮助,勇敢、积极地寻求专业帮助是有效解决心理问题的科学途径,也是高心理健康素养的体现。

3."实践"与成长

心理健康水平的提升归根结底还是要靠个体的体悟和实践。因此,维护心理健康最关键的途径是行动和实践,大学生应积极获取信息、主动寻求帮助、广泛参加活动、主动与人交流。心理健康教育互动性强,强调知行合一。学校的心理健康活动月、团体辅导、心理情景剧表演、社会实践活动等就是维护心理健康的实践平台和资源。

(二)维护心理健康的专业资源

大学生是备受关注的青年群体,也是全社会享受完备的心理健康服务和资源的群体之一。下面介绍维护心理健康的专业资源,以帮助大学生树立正确的心理健康观念以及求助意识。

高校一般都设有心理健康教育中心,负责为全校学生开展心理健康教育,提供心理咨询、心理测评及心理危机求助等服务。心理健康教育中心配备有专业的专兼职心理老师,有"校—院—班级—寝室"完整的工作体系,大学生心理健康教育联合会、班级心理委员都是该工作体系中的重要部分。学校心理健康教育中心是学生获取心理健康专业信息,获得专业帮助的最权威、最值得信赖的机构。

大学生可以通过学校心理健康教育中心和其他专业机构接受心理测验、心理咨询和团体辅导服务。

1.心理测验

心理测验是指通过一系列手段,将人的某些心理特征数量化,从而衡量个体心理健康水平和个体心理差异的一种科学测量方法。心理测验有助于科学有效地了解测试对象,根据测验结论有的放矢地帮助测试对象发展优势、弥补不足。

2.心理咨询

心理咨询是指由专业人员即心理咨询师运用心理学以及相关知识,遵循心理学原则,通过各种技术和方法帮助求助者解决心理问题的过程。心理咨询师协助求助者解决各类心理问题的过程有广义和狭义之分,广义的心理咨询涵盖狭义的心理咨询和心理治疗。

心理咨询误区

误区一：心理咨询不就是找人聊聊天吗？不如找熟悉的朋友聊。其实，心理咨询是技术含量高的"聊天"，是咨询师运用专业知识和求助者一起讨论，陪求助者一起探索的过程，是专业的助人自助过程。而且心理咨询跟朋友间聊天的不同还在于"规矩多多"，比如有50分钟的时间限制、遵循保密原则等。

误区二：心理脆弱的人才需要心理咨询。其实，寻求心理咨询帮助的人往往是对心理健康有科学认识、对自我探索和成长有更强渴求的人，求助是强者的行为，优秀的人往往更懂得求助。

误区三：求助心理咨询的人都是有问题的人。心理咨询的工作对象都是正常人，是那些想要更好地成长的人，咨询涉及的都是发展性议题。患严重心理障碍和精神疾病的人需要接受心理治疗和精神科治疗，不属于一般心理咨询的范畴。

误区四：能帮我解决问题的心理咨询师才是厉害的。求助者和心理咨询师之间是"求"和"帮"的关系，但是心理咨询师帮助解决的问题，只能是心理问题或由心理问题引发的行为问题，不帮助求助者解决生活中的任何具体问题，也不代替求助者解决问题。咨询目标应是求助者的积极改变和成长。

3.团体辅导

心理辅导的形式有两种：一种是个别辅导，另一种就是团体辅导。团体辅导是在团体情境下进行的一种心理辅导形式，是以团体为对象，运用适当的辅导策略与方法，引导团体成员间互动，促使个体在交往中通过观察、学习、认识自我、探讨自我、接纳自我、调整和改善与他人的关系而激发潜能、增强适应能力的过程。

行动课堂:团体辅导方案集锦

四、开展大学生心理健康教育的意义

开展大学生心理健康教育，可以使大学生更好地理解、应对心理健康问题，维护心理健康。

（1）提升心理健康素养。心理健康素养是大学生核心素养的基础。大学生要了解心理健康的议题，掌握心理健康常识，学会寻求专业帮助。要像学习其他知识一样学习心理健康知识，要像锻炼身体一样呵护心灵，当遇到困惑、问题时也能像"感冒""发烧"时那样科学处理。这部分内容在本书第6章具体讨论。

（2）探索与提升自我。"我是谁"是人一生都在思考的问题，一切问题的解决都和人找到自己的位置和出发点、看清自己的特点和资源、接纳自己的不足、明确自己的目标、积极行动、完善自我有关。大学四年，就是不断探索自我、提升自我的过程。这部分内容在本书第1章具体讨论。

（3）提升情绪智能。我们总是带着情绪思考和行动，应科学认识和管理自己的情绪，让情绪成为行为的动力而不是阻力，让情绪合理流动，维持平和心态，保持快乐、专注和创造力。这部分内容在本书第2章具体讨论。

（4）构建社会支持。人是社会性动物，每个人都生活在关系中，在与他人的互相关爱、互相支持中成长。我们要了解人际关系的知识，掌握人际交往的技巧，以接纳、开放的态度对待他人，积极构建自己的社会支持系统。这部分内容在本书第3章具体讨论。

（5）破解爱情密码。恋爱已经是大学生的"必修课"，理解爱、表达爱都需要学习。性也是恋爱中的大学生无法回避的问题，直面爱与性、具有科学的性观念和负责任的性行为都是健康心理的要求和表现。这部分内容在本书第4章具体讨论。

（6）增强抗压能力。压力无处不在，遇到挫折，我们会紧张、焦虑。被困于生活中的麻烦，在自我探索时迷失方向，遭遇难以应对的突发事件，我们会进入应激状态。此时，理性看待挫折、积极应对挑战和压力至关重要。这部分内容在本书第5章具体讨论。

（7）提升生命质量。心理健康的人总是在探寻生命意义，他们能欣赏自己、他人以及整个生命现象的独特之处。从某种意义上说，幸福就是人生的方向和目的。这部分内容在本书第7章具体讨论。

 心理老师案例点评

他的问题：

"我很失落，进入大学以来，我的学习成绩就一直很不好，几乎是班级里垫底的，而以前在高中的时候，我的成绩总是排在班级的前几名。不仅如此，进入大学后，我就开始学习身边的同学逃课，上课时睡觉，至今也没认真听过一个老师的一节课，现在离毕业也没多少时间了，不知道自己该怎么办才好，很迷惘，我该怎么做呢？"

过程回放：

男生S从小到大都是品学兼优的学生，很受老师和同学的欢迎，父母也对其抱有很大的期望，经过努力，他没有辜负他们的期望，顺利地进入了大学校园。大学生活对于S来说非常新鲜，这是他第一次离开父母，独立地在学校学习、生活。大学里空余时间多，他不知如何安排时间，离开父母的管教和约束，没了压力，随之而来的是动力的消逝。诸多原因导致了他学习成绩下降。

问题分析：

大学的学习不同于中学的学习，是一个积极主动的过程，不仅对学习的自主性要求高，对学习的内容更提出了多样化的要求。它需要大学生对自我有更准确的认识，能制定合理的目标，持续激发学习兴趣，有自主学习的能力和钻研、探索的精神。从S自身分析，导致其学习成绩下降的原因包括以下几个方面。

第一，没有认识到大学学习的重要性，S看重的是大学的自由，自然而然被其周围比较散漫、自觉性较差的同学影响，使之对学习不像以前那样感兴趣。

第二，大学的学习有特殊性，有很多事情需要自主地做。对于那些自觉的人，不管父母在不在身边，都是一样的自觉，但是S习惯了有人监督他，当他离开父母后，就开始变得懒散，没人督促就没有动力。

第三，S对自己的大学学习生活定位不明确，没有制定可行的目标，导致其丧失学习动力,学习成绩一度下滑,对自己的能力也产生了怀疑。

S 主要在自主学习方面存在着较大问题,不能很好地安排时间,针对这个问题,S 可以给自己制订一个计划,约束自己。他还比较消极,在自己成绩下降时,仍不思进取,放纵自己。环境是会随时变化的,大学的学习环境和中学的学习环境有着较大的差异,S 必须做出相应的改变,并始终以积极的心态直面问题、解决问题。

点评:

人生是一段去经历、去感受、去欣赏、去创造的旅程,挑战和机遇并存。心理健康的人是勇敢行动、迎接挑战、主动适应的人。一些大学生出现学业困难、人际关系困扰等问题,或许是心理适应出问题、成长遇到挑战的信号。

本章小结

心理健康是个体健康的重要组成部分,是一种持续的积极发展的状态。

大学生心理健康的标准是:认知合理、情绪稳定、意志坚强、行为得当、自我协调、人格健全、人际和谐、适应变化。

科学解读心理健康:身心是一个完整的有机体;心理健康的核心议题是适应与成长;心理健康状态是动态变化的;心理健康不是没有心理困扰,而是能有效解决问题;心理健康是一个持续的、积极的整体协调的过程;心理健康状况是一个文化的、发展的、相对的概念。

大学生心理的特点是:需求旺盛、个性鲜明、观念多元、心态矛盾。

小部分大学生面临精神疾病和心理问题高发的危险,大部分大学生面临普遍的适应性、发展性问题,如自我认识、恋爱、人际关系、情绪管理、人生规划、生命意义探索等。

维护心理健康的途径是:"自助",提升心理健康素养;"他助",获取社会支持,寻求专业帮助;参加活动、实践和体悟。

维护心理健康的专业资源有心理测量、心理咨询、团体辅导等。

思考与讨论

1. 如果可以为你量身定制一个心理健康成长计划,你希望是什么样的?
2. 如果让你给学校心理健康教育提个建议,你会提什么?

阅读书目和电影推荐

[1]理查德·格里格,菲利普·津巴多.心理学与生活(第 19 版)[M].王垒,等译.北京:人民邮电出版社,2014.

[2]岳晓东.登天的感觉——我在哈佛大学做心理咨询[M].修订本.上海:上海人民出版社,2008.

[3]电影《跳出我天地》(又名《芭蕾之梦》,英国,2000)。

[4]电影《美丽心灵》(美国,2001)。

习题测试

 心理情景剧校园文化品牌介绍

 优秀心理情景剧赏析

参考文献

[1] 龚娴静. 大学生心理健康教育[M]. 厦门:厦门大学出版社,2017.

[2] 黄学规,金瑾如. 大学生心理健康指导[M]. 杭州:浙江科学技术出版社,2005.

[3] 贾晓明. 大学生心理健康:走向和谐与适应[M]. 2 版. 北京:北京理工大学出版社,2010.

[4] 马建青. 大学生心理健康教程[M]. 2 版. 杭州:浙江大学出版社,2015.

[5] 马建青. 心理卫生与心理咨询论丛[M]. 2 版. 杭州:浙江大学出版社,2005.

[6] 夏翠翠. 大学生心理健康教育[M]. 北京:人民邮电出版社,2017.

[7] 徐隽,徐水,张潇. 大学生心理健康教程[M]. 上海:上海交通大学出版社,2017.

[8] 张大均,吴明霞. 大学生心理健康[M]. 修订版. 北京:清华大学出版社,2015.

[9] 郑日昌. 大学生心理健康:自主与自助手册[M]. 2 版. 北京:高等教育出版社,2013.

● 插画作者:周琴微　指导老师:唐泓

第 1 章

成为更好的自己——探索与提升自我

导　言

　　大学之前,大多数学生都有一个清晰的人生目标——努力学习,考上心仪的大学。进入大学后,许多学生发现学习已经不是生活中的唯一目标,他们在畅想未来的时候,不禁发现自己对未来、对自我知之甚少,对于学习之外的事情也知之甚少,对于重新设定自己的人生目标无所适从。"谁的青春不迷茫",道出了大学生在这一阶段的常见表现。

　　世界上最难的事情,莫过于了解自我。很多人都经历过一段迷茫、彷徨的时光,大学阶段正是自我的整合阶段,是勇敢地探索自我、提升自我,最终突破迷茫,成就更好的自己,还是得过且过、逃避现实,最终迷失自我、停滞不前,行动的主动权掌握在自己手中。

第一节　揭开自我之谜

▌引子:知乎上点赞数达 13 万次的帖子①

　　"到底是什么东西,让一些学生时代看起来特别优秀的人,后来成了特别平凡的人,而又让那时候看起来平平无奇的一些人,后来做出了一些似乎超越了他水平的事情?"

　　我的成长经历,如果刨去在学校里纪律性不强、早恋、翘课、打架、打球摔断腿这些十年以后看来都无所谓的事情,其实是一个非常标准的中国学生成长经历。进最好的小学、最好的中学,中考区排名前十,高考分数也足以排入第一梯队。之后我从复旦大学辍学出国,去的也是北美最好的大学。直到大学时,我还一直认为社会的金字塔就是经过这样一层一层的筛选形成的。

―――――――――

　　① skiptomylou. 你有什么道理后悔没有早点知道[EB/OL]. (2018-03-01)[2018-07-01]. https://www.zhihu.com/question/23819007/answer/107332874.

的确，至少从一个学生的角度来看，中考的失败者们，高考的失败者们，去了一个不太知名的大学的留学生们，相比于中国人民大学、清华大学、哈佛大学的同龄人，他们被排除在了某种可能性之外。这种残酷的"独木桥"多少年来鞭策我们每一个人时刻不敢松懈。

毕业以后，起初，父母是公司老板的人接手了家族生意，哈佛大学毕业的学生去了顶尖的投资银行，清华大学、北京大学毕业的学生去了知名的证券公司，三本毕业的小学同学去了某个不知名的公司，领一个月三五千元的薪水……这一切都是顺理成章的。

过几年，事情慢慢就变了。

一些在校时成绩非常优异、毕业以后去投资银行拼死拼活的同学，慢慢地受不了了，离开这个行业，去从事压力小一些的工作，在美国过"老婆孩子热炕头"的安稳日子；一些教育背景一般，但是上学的时候就特别"折腾"的同学，回国创业，现在已经小有成就；一些接手父母生意的同学，干不下去，最后公司被卖掉的也有，倒闭的也有；也有一些毫无背景的同学，工作之余勤勤恳恳地写作，现在成了小有名气的作家。

在一个经济自由度越来越高、具象的门槛对一个人的发展束缚越来越小的社会，到底什么事情决定了你要走的路呢？到底是什么东西，让一些学生时代看起来特别优秀的人，后来成了特别平凡的人，而又让那时候看起来平平无奇的人，后来做出了一些似乎超越了他水平的事情？

我想这样东西在今天和两千年前是没有区别的，那就是——你的渴望。

人生最大的幸福就是求仁得仁。平淡生活也好，激烈拼搏也好，只要最终你获得了你想要的，那么一切付出都是值得的。但是我最终明白的是，人生任何一个阶段的"筛选"都只是一种形式，别被这一时的标准迷惑。

定义你最终归宿的，一定是能力和欲望综合的那个真实的你。因为即使你毕业的时候成绩优异，获得了一份高薪高压的工作，但如果你是个不那么野心勃勃的人，那么你早晚也会被压力逼迫而放弃这份工作；即使你学的是计算机，做程序员，如果你最热爱的是写作，那么早晚有一天，你也会因为热爱而驱动自己在闲暇时间创作。也许你在工作中得到的是薪水，但在写作里你实现了人生的价值。

所以，再后来，当我每年遇到那些想从事金融行业的应届生的时候，我总是像无数前辈一样，喜欢问这样的问题：

你为什么想从事金融行业？

你喜欢金融行业的哪个部分？

你为什么喜欢这个部分？

你认为这个行业会带给你什么？

我也一次又一次地听到这些答案，"金融行业很刺激，能够改变世界""金融行业需要数学头脑，我数学学得很好""金融行业挣钱多，工作很体面""我喜欢 M&A（并购），一种直觉"……

当然偶尔也会有那么一两个人，告诉我他们对行业的认识和了解，告诉我什么事情表明了他们基因中的东西适合这个行业。

第一种人让我哭笑不得。

而第二种人，哪怕他们的答案不那么全面和正确，哪怕他们的回答有一些矫揉造作，我依然认为他们对这份工作的热爱和渴望比第一种人要强得多，他们可能会在这个行业里生存得更好。因为当你发现你所在行业的本质和电影里呈现的刺激毫无关系的时候，还要有一种别的东西让你愿意从事这一行业。因为不管金融行业可以给你提供多高的薪水,我相信早晚都有那么一刻,你会发现钱的边际效应不如每天下班陪你老婆(或老公)吃一顿幸福的晚餐,不如一年可以有五个月去周游世界,不如写一个程序,不如写一部小说。

把一件事做到八分好也许是因为钱,但是把一件事做到极致不一定和钱有关系。

我想绝大多数中国人回首自己在学校里的日子或者迈入社会的日子,最遗憾的就是没有一开始就被告知——人生最重要的事情就是清楚地认识自己,问自己这些问题:

我是谁?

我的性格如何?

我有什么优缺点?

我适合做什么?

我喜欢或不喜欢什么样的生活方式?

这篇发在知乎上的帖子引来无数人的点赞与评论,我们被它戳中了痛点。巨大的社会压力逼迫我们通过复制所谓的成功来获取社会资源,比如按部就班地考研或考取公务员、从事当下最赚钱的职业等,然而,我们却完全忽视了人的内在动力——渴望,它才是决定一个人最终发展程度的根本因素。内在的动力决定我们为了什么而奋斗,决定我们对事业的热情和责任心,最终会决定我们的人生意义。

然而,看清自身的渴望,不是那么容易的一件事情,不是立刻就能找到答案的,而且答案还是不断变化的。这需要我们在了解自我、了解世界的过程中,不断地追问。这个过程很漫长,也很痛苦,我们会不断地重新认识自己,有时候也会发现我们根本不认识自己。

老子说:"知人者智,自知者明。"每个大学生都有许多关于自我的困惑:"我是谁?""我从哪里来,要到哪里去?""我到底是一个怎样的人?"本节我们将通过自我意识探索和自我确立(自我同一性)来认识自我、探索自我。

一、认识自我

(一)自我意识的含义

假如让你写下 10 个"我是……",你会写下什么? 试着在纸上写一写。

写这样的句子其实就是认识自我的过程,也称为"自我意识",它是指人们对自己身心活动的觉察,也就是自己对自己的认识。让我们来看看常见的自我描述:

我是小 A,我今年 18 岁,我是一个有点胖的女孩,我有一双大眼睛;我是爸爸妈妈的乖女儿,我是一个大一的学生,我是社团干事;我是一个内向而善良的人,我是一个很容易紧张的人……

心理学家罗杰斯认为,对于一个人的个性与行为具有重要意义的是自我概念,而不是真实的自我。人的自我意识一般可以分为三个方面:生理自我、社会自我和心理自我。

生理自我,也称物质自我,是对个体所拥有的有形物体的认识和评价,如身体、容貌、财产和家庭的总和,这些有形物体是影响"我是谁"的所有物理因素。具体而言,生理自我是对自己的身高、体重、容貌、身材、性别等的认识,以及对生理病痛、温饱饥寒、劳累疲乏的感受,如"我是一个 18 岁的女孩,我是一个有点胖的女孩,我有一双大眼睛"。

社会自我,是指对自己与周围人关系的认识和评价。具体而言,社会自我是指对自己与周围人的关系、自己在集体中的位置和作用等的认识和评价，如"我是爸爸妈妈的乖女儿，我是一个大一的学生，我是社团干事"。

心理自我，是指对自己内在思想、价值观和道德观方面的认识和评价，是指对自己的知识、能力、情绪、兴趣、爱好、性格、气质等的认识和评价。它不依赖于你拥有什么或者你与谁交流，它是指你认为你是谁，你为什么来到这个世界上，如"我是一个内向而善良的人，我是一个很容易紧张的人"。

自我意识不是凭空而来的，是在一个人社会化过程中逐步形成和发展起来的。比如，在孩子小时候，父母常常说我的孩子很帅或很美，这会让一个五岁的孩子在自我意识萌芽期就认为自己非常帅或美。当然，父母认为自己的孩子都是最帅或最美的，等到孩子逐步长大，进入同伴群体，其自我评价的能力越来越完善，周围同伴对他的评价越来越多，他就能分辨出自己在群体中的位置，而不再盲目地相信父母的话。于是人的生理自我就这样出现了。社会自我和心理自我也是如此发展的。人的自我意识首先来自重要他人（父母、同伴、崇拜的偶像）的评价，然后他人评价内化为自我评价，随着与周围人的交往，自我评价经由自我体验逐步得到修正，形成多方面、多层次的认识和评价。

（二）自我意识的作用

自我意识具有目的性、社会性、能动性等特点，对个性的形成、发展起着调节、监督的作用。人的渴望就蕴藏在生理自我、社会自我和心理自我中。例如，有些人把自我价值依附在生理自我上，如"看衣服先看价格和品牌，与同学聚会先问头衔和薪水，不经意地透露自己豪奢的生活"等，这样的人常常玩一种"物质游戏"，他们的内心常常存在一个空洞，需要用物质来填补，如房子填满安全感的洞，钞票填满自尊的洞，学历填满智慧的洞，消费填满快乐的洞。有些人为了填满这些洞，甚至不惜出卖自己的肉体，不惜一切代价去换取一个名包、一个 iPhone。这些物质让人获得一种暂时的充实感、满足感，可是过一段时间后，人们就会发现欲望是无止境的，生理自我成为自我中最重要的部分，成为做事的目的，成为社会互动中关注的重点，成为自身的个性特点。适度的生理自我有助于良好自我概念的形成，但是过多地、频繁地把关注点放在自己的外表上或超过自己的正常支付能力购买服饰、美容产品等，则会影响一个人的心理健康。对此我们应该不断拓展生理自我——"不役于物"：既能把蕴藏在生理自我中的那种渴望转化为努力上进的动力，又能把这种对物质的渴望控制在适当的范围。

社会自我包括我们所拥有的社会地位和所扮演的社会角色。有些人把自我价值依附在社会关系上，如"我爸爸是大官，我妈妈是企业家，我和很多厉害的朋友一起玩"，这样的人常常玩一种"关系游戏"，以为父母或者朋友能给自己带来足够的资源，有些人就会因此放弃自我成长。然而这种关系并不长久，若有一天父母的光环丧失、朋友离去，这样的人往往会无法适应生活。一些女性把自己定位为"某人的妻子，某人的妈妈"，成婚后靠丈夫养，老了之后靠子女养，过于依赖丈夫、依赖子女，从而放弃自我成长，逐渐被边缘化，也属于这种情况。还有些人会戴着社会角色的面具，比如一个执教多年的老教师，她可能是热心且爱教导人的，这样的行事风格是在扮演社会角色的过程中不自觉形成的，但是对于个人而言，在不同情境中总是戴着同样的社会角色面具，往往会阻碍其社会适应，阻碍其内心真实情感的表达。我们应不囿于某种社会角色，适当地跳出自己的角色来看待自己，尝试用多种角色来理解自己和他人的行为。

也有些人在定义和实现社会自我时，会过度寻求他人认同，把自我价值都寄托在别人的认同和评价上。比如，找个漂亮的女朋友，虽然这个女朋友你并不是特别喜欢；有一份薪水很高或者令人羡慕的工作，可能这份工作并不适合你。但你却不肯放手，因为你认为一旦放弃了这些，别人就会不认同你。寻求被认同是社会自我必不可少的组成部分，但是一旦过度追求被认同，就会遍体鳞伤。如果一切向内求，内心就会变强大，正所谓"你若盛开，蝴蝶自来"，你若变了，你的世界也就变了。

心理自我代表我们对自己有什么样的感受。进入青春期以后的个体往往开始比较全面深入地发现与理解"心理自我"。在对浙江理工大学的114名学生进行自我特点的描述调查中我们发现，描述"心理自我"的条目多达91%。可见，大学生已经热切关注心理自我。然而大学生心理自我不和谐却是普遍现象，大约只有2%的大学生心理自我和谐度高。[①] 这是因为大学生虽然无比关注心理自我，可是常常无法对自己的能力、情感做出准确的评价，或自我特质在不同场合中表现不一致，甚至这种不一致无法调和，这样的心理自我冲突常常会使大学生感到焦虑、抑郁。常见的心理冲突有：①理想自我与现实自我的冲突。理想自我是个体对理想中的自我的认识，是个体想达到的目标。现实自我是个体对现实中的自我的认识，从自己的角度出发比较客观地看待自己。例如，"我很想成功，可是我发现自己平时做事情都没有毅力"，"我有目标，却因为不会做规划，目标落空"。可以通过目标管理搞清楚自身真正的渴望，然后通过时间管理来实现目标。②自尊与自卑的冲突。有些人有时候觉得自己天下无敌，但一旦遇到困难挫折，就会把自己贬到尘埃里，无法拥有稳定的自尊。还有些人对失败和批评特别敏感，被人说到痛处会受到严重的打击，对自身拥有的能力和幸福总是不确信。自尊源于价值感和归属感，即认为自己能胜任和相信自己、无条件地悦纳自己。自尊是后天可以修补和调整的，例如通过认识自我和悦纳自我的训练，增进自信和自爱，从而达到恰如其分的自尊。

（三）认识自我的方法

1. 借助乔哈里窗等工具

心理学家乔瑟夫·卢富特和哈里·殷汉提出乔哈里窗理论，他们认为人的自我意识就像一扇窗户，自我包括开放我、盲目我、隐藏我、未知我等四个部分，如表1-1所示。

表1-1　乔哈里窗理论中的自我意识

	自己知道	自己不知道
别人知道	开放我（公开区）	盲目我（盲点）
别人不知道	隐藏我（隐藏区）	未知我（未知区）

开放我也称公众我，属于公开活动领域。这是自己知道且别人也知道的部分，如性别、外貌、身高、婚姻状况、职业、工作与生活所在地、能力、兴趣爱好、特长、成就等。开放我是自我最基本的信息，也是了解自我、评价自我的基本依据。一般认为，当一个人的"开放区"扩大了，他的自尊就会增强。

盲目我属于个体自我认识的盲点。这是自己不知道而别人却知道的部分，如一个人无

---

① 刘少英.青春不迷茫：大学生自我成长指南[M].杭州：浙江大学出版社，2017.

意识的动作、表情、语言等,自己觉察不到,但别人却能觉察到。将"盲点"转化为"开放区",需要学会聆听,主动请周围人提出对你的意见,并对他们表示感谢。无论他们提出的是批评还是赞扬,都不要主观否认,而是听进去,并与自己的行为相印证,进行客观的自我评估。

隐藏我是自我的隐藏区,属于逃避或隐藏领域。这是自己知道而别人不知道的部分,与盲目我正好相反。隐藏我就是把隐私、秘密留在心底,不愿意或不能让别人知道的事实和心理。几乎每个人都有隐藏我,大家也认为这个部分是不能公之于世、不能让人知道的。将"隐藏区"转化为"开放区",主要的工具是自我披露,诚实而不失礼貌地表达自己的感受和想法。

未知我,也称潜在我,属于未知区。这是自己和别人都不知道的部分,有待挖掘和发现。未知我通常是指一些潜在能力或特性。对未知我进行探索和开发,才能更全面而深入地认识自我、激励自我、发展自我、超越自我。将"未知区"转化为"开放区",要鼓励自己进入不熟悉的环境,进行新的尝试。

认清自己的同时,我们也要学着全面接受自己,对自己诚实,接受眼前真正的自己,这样才有益于提升自尊,学会爱自己,用更宽容的心态对待自己。

 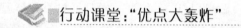

行动课堂:"优点大轰炸"

2.观念自省①

请你完成这样一个小调查:"从小到大,父母在你耳边常说的一句话是什么?"请你呈现脑海中浮现的第一句话与场景,或者印象最深刻的话与场景。

请你写下来,然后再看后面的分析。

心理学家发现,当重要他人多次对我们做出相同的评价,而这些评价与我们的经验及其他相关评价一致时,我们就会把它们整合为自我概念。父母常在我们耳边说的话,让我们形成了一定的观念,观念往往影响我们的行为。正如美国社会学家库利所说的,人的行为很大程度上取决于对自我的认识,而这种认识主要是通过与他人的社会互动形成的,他人对自己的评价、态度等是反映自我的一面镜子,个人通过这面镜子认识和把握自己。我们小时候与父母互动所形成的观念、对自我的看法、对自我与世界关系的看法,往往是无意识的,但却常常不自觉地指导我们的行为。因此,了解从小到大父母在我们耳边常说的一句话,有助于我们了解自身无意识中形成的一些观念。

我们根据一些学生的回答将从小到大父母在我们耳边常说的一句话归纳为以下四类。

(1)好好学习类。这是指父母对孩子学习的督促和要求,如"好好学习,社会竞争激烈,适者生存","少玩会儿,去写作业","作业写完了吗","要用功读书","学习是唯一的出路",等等。

(2)生活关怀类。这是指父母对孩子生活的关怀,以安全和身体健康提醒为主,如"出门注意安全","注意身体","钱够吗","多吃点,早点睡",等等。

(3)批评威胁类。这是指父母批评、威胁孩子的话语,如"就知道玩,像……似的","这么

---

① 刘少英.青春不迷茫:大学生自我成长指南[M].杭州:浙江大学出版社,2017.

懒,这么慢","你要是不……,就……了","出门别闯祸,不要跟别人打架,小心惹上事","只有爸爸妈妈才会骂你,这是关心和在乎你,进入社会后谁还会这样骂你",其中还包含一类特别的批评——关于"别人家的孩子",如"看你考的成绩,别人家的孩子……","你看看别人家的孩子……你怎么就不能向人家学学呢","你和第一名还差……",等等。

(4)为人处事类。有家长常告知孩子,"做人做事要讲究分寸","与同学处好关系","男孩子要有责任感,要坚强",等等。

父母常说的话会对孩子造成以下影响。

(1)学习成绩与自我价值挂钩

孩子从小到大,父母常常关注其学习成绩。即使是批评、威胁的话语,也大致与学习成绩有关。这样孩子在无意识中形成了一个信念,即"学习成绩好,我才有价值"。

一般而言,这样的内在信念会使大学生表现出两类现象:一类是保持对学业成绩的追求,继续将学习成绩与自我价值紧密相连,努力学习专业知识和专业技能,为自己设立读研的目标,或者努力学习计算机和英语,把这些作为傍身的技能,等等。这类大学生随着年级的升高,也会逐渐迷茫,质疑自己的所作所为是否正确。另一类则在发现学习成绩不足以应对未来的职业和自我发展时,进入了另外一个极端,即彻底舍弃成绩,在其他活动中实现自我价值,如参加大量的社团活动、社会实践活动甚至打游戏。这类人常常纠结于学习与参加其他活动,内心也充满了冲突。

这让我们反思,学习的本质是什么,仅仅是为了考上大学从而谋生吗?学习的内容仅仅是课本知识吗?学习的方式只能是读书吗?探索自我,需要拓宽对学习的理解,改变"学习=成绩=自我价值"的内心信念。

(2)以生理自我为主

"生活关怀"是父母和孩子沟通的最主要的内容。这些话语使孩子形成的内在信念是"生活好,物质条件好,就说明'我'很好",这其实反映出了一个人的生理自我。

这样的内在信念可能会导致大学生表现出两类现象:一类是常常将生理自我展示给别人,比如常常与别人攀比,比吃穿,比生活、消费水平,甚至牺牲其他有价值的东西来换取物质上的享受。特别是在自我价值受到威胁的时候,常常会以外在的物质来表征自我,甚至不惜一切代价去交换,如大学生"裸贷"现象。另一类是会无意识地将身体健康当作别人的事情,过分透支身体,以身体健康为代价换取其他方面的发展,如通过晚睡、不睡换取学习、娱乐时间,通过过度节食减肥换取身材的苗条。

(3)不能悦纳自我

父母批评和威胁的话会使大学生形成两类内在信念:一是"我不好"。有这种信念的人,一旦遇到挑战和困难,就会习得性无助,只能逃避挑战和困难,认为自己无法战胜,或者过于自负,无论客观条件如何,都不顾一切去做以证明自己并不差。虽然父母的本意是期望孩子能更好,却没想到,这样的表达让孩子形成了过强的自尊心和自卑感。我们在一次调查中发现,98%的大学生自我和谐程度中等偏下,几乎所有的大学生都存在着自尊和自卑的强烈冲突。二是"我得让别人满意"。父母批评和威胁的话往往会影响大学生社会自我的建立,他们的内心观念为"父母满意,他人满意,我就好"。例如有些学生总是在寻求他人的认同,选择一个自己不喜欢的男朋友或女朋友,只是因为别人说他或她很优秀;选择自己不喜欢的专业,只是因为别人说这个专业很好。

（4）人际交往受挫

为人处世方面，父母所言甚少，学校也缺乏系统的教育，然而，进入大学后，学生通过各种渠道了解到了为人处世的重要性，这导致大学生表现出两类现象：一是认为人脉就是认识人多，于是过于狂热地追求扩大人际交往圈，例如参加各种社会活动、社会实践，企图通过广泛的社会交往来提升自己的人际交往能力，然而，这种广而不深的交往并不能使自身交往能力真正得到提升。二是认为想人际交往顺利只需要提高人际交往技巧，喜欢看各类人际交往书籍，企图了解别人在想什么，怎么才能在一夜之间成为社交高手，例如过度通过微表情了解别人在想什么，通过别人的坐姿、神态来判断其心理活动，像这样过分追求技巧而缺乏对人际交往的理解，常常会在人际交往中受挫。

因此，大学生需要充分了解人际交往的基本规律，拓展对社会自我的理解。

总而言之，父母对孩子学习成绩的关注和生活的过度关怀，导致了其进入大学后自我意识不明确，过度地把学习成绩与自我价值相关联，狭隘地看待学习，无意中过于关注生理自我，不能恰当地确定社会自我的边界，内心冲突、不和谐，不能管理自我、整合自我。

通过上述观念自省，可以发现自我的盲点和未知区，基于问题，才能有效地自我调节和改变。

 微课：认识自我

二、探索自我

小 A 曾经是省高考状元，他以高分进入全国一流大学的一流专业学习。别人都说，小 A 前途无量。然而，进入大学后，小 A 很迷茫，每天按部就班地学习，大学里的老师对他不闻不问，同学间有时候会一起组队打打游戏、上网聊聊天，他感觉大学生活如此轻松。

小 A 发现偶尔逃课也没关系，一开始他只是逃一些通识课，或者学长、学姐们告诉他期末考试比较容易通过的课。逃课后他和同学们一起打游戏，大家玩得很开心。小 A 感觉这样的生活非常快乐。临近期末，有些同学会脱离游戏团队，抓紧时间学习，以通过期末考试。可是小 A 依然沉浸在游戏中，只用很少的时间来复习。可想而知，期末考试，小 A 挂了好多科。

挂科后，小 A 非常苦闷，认为自己从小到大都那么优秀，现在却考试不及格，太可惜了。小 A 重新拿起书本，却发现自己无论如何都读不进去，这种挫败感让小 A 又一次沉浸在游戏中，只有游戏才能让他体验到成就感，忘记痛苦。

日复一日，小 A 索性不去上课，逃避让他无法胜任的学习，后来，挂科数目越来越多，最终他收到学校的退学警告乃至退学通知。

大学四年，小 A 没有拿到毕业证书，只能回家。

小 A 的故事令我们唏嘘，一个曾经的省高考状元，进入了全国一流大学的一流专业，原本有着光明的前途，到最后，却连毕业证书都没拿到，就这样回了故乡，这是多么大的反差。这样的事情并不是个案，而是广泛存在于各个高校，只是程度略有差别。

小 A 和所有新入学的大学生一样，从小到大，父母和老师参与了其生活和学习规划的大部分，学习的目标就是考上大学。进入大学后，父母和老师在其生活中的参与度骤降，于是许多大学生在享受独立的同时却面对随之而来的迷茫。人在迷茫的时候，一般有两种表现：一种是按照原来的惯性生活，如继续苦读，考研、考博；一种是完全突破惯性，彻底抛弃原来的生活。有的人就像小A一样，彻底地自我放纵，缺乏自我管理能力，虚度大学时光；而有的人则涅槃重生，他们在迷茫中也经历混乱，然后自我反省和探索未来，付出各种努力，重新建构自我。

因此，大学生在入学之初就应扪心自问：

(1)我来大学做什么？

(2)将来毕业后想成为什么样的人？

这两个问题与大学生的同一性确立密切相关。

(一)同一性的内涵与分类

同一性(self-identity)的本意是自我证明身份，即明确"我是谁""我将何去何从"。心理学家埃里克森在其心理社会发展理论中指出，同一性获得与同一性混乱危机是青少年必经的阶段。埃里克森的同一性概念源自临床经验，当时他发现有些经历二战的士兵不能把自己过去与现在的生活连接起来，缺乏一致性和连续性。在他看来，青少年所表现出来的许多现象与此类似，如不能将自己过去与现在的生活连接起来，不知道该如何面对未来的生活，不知道该如何定义自己，等等。

埃里克森围绕"同一感""连续性""整合"及"内部联系"等四个可观察的角度及每一角度所体现出的个体—背景关系的差异将同一性划分成了三个维度：自我同一性、个人同一性和社会同一性。

1.自我同一性

自我同一性，也称为自我认知，指自我在时间和空间上的连续与整合。通俗点说，自我同一性就是对"我是谁"的统一而连贯的认识。青少年开始对自己的兴趣爱好、习惯与性格、理想与追求等进行重新定位，澄清自己儿童期所获得的信念。例如，儿童期的自我认识更多源自重要他人(父母、同伴、崇拜的偶像)的评价或者文化环境中反复传递的一些符号或内容，无意识中这些成为儿童期的自我信念。例如，"好好学习，考上大学""学而优则仕"，这些常常成为无意识信念，使儿童无意识地形成内在的观念，指导自己的行为。然而，当个体进入青春期后，独立性和自主性增强，认知能力提升，周围新环境和新的人际关系的建立让个体的自我意识受到新环境和新人际关系中的符号与内容的影响。当原有观念与当前现实发生冲突的时候，个体就会迷茫。正如小A，他缺乏自我认知，原来以为考上大学后就功成名就，不用学习也能轻松地获得大学本科文凭。像这样的大学生有许多，他们常常不清楚自己到底是什么状态，也不知道自己为什么会是这种状态；他们不能恰如其分地自我评价，常常有自卑与自尊的矛盾冲突；他们缺乏目标和理想，不知道自己想要什么，找不到生活的意义，对未来彷徨迷惑。总之，他们不能反省自己的过去，不能进行当下的尝试，也不能对未来进行恰当的规划。

2.个人同一性

个人同一性是自我与他人交往过程中所产生的，是个体确认自我的全部行为和个性都是独特的、不同于他人的过程。只有在自我与他人相区别的基础上，个体才能建立和维持自己与他人的关系，即对我—他关系的认知。

我—他关系的认知，是指个体通过与他人交往来区分自己与他人。个体能在职业目标、交往风格、语言选择等方面确定独特性,从而能够建立自我—他人的平衡关系。例如,大学生在不断的自我探索中会发现自身无意识的信念,这些信念来自父母,例如,一开始他希望从事和父母一样的职业,但是经过对自我优劣势的了解,对自己与父母的优劣势的比较,分析目标职业的需求,他发现自己不同于父母,并不喜欢或者没有能力从事这样的职业,从而基于自身的优劣势探索其他职业,而不仅仅是无意识地模仿和遵从父母的想法。这样的过程其实就是大学生在与他人不断交往的过程中,逐步区分了独特的自我。

大学生能够对自身的行为和个性特征进行独特自我的确认源自与他人的交往,特别是与参照群体的交往。例如,某大学生听说 A 同学参加了"挑战杯"比赛,B 同学参加了创业大赛,他了解到自己和 A 同学有相似的专业背景或者相似的能力,在对"挑战杯"比赛的流程和内容进行了解后,正好找到了适合自己的选题,于是该生也会去参加类似的比赛。在参加比赛的过程中,该生不断增强各种技能,提升自己的能力,从而确立了自我价值感。而该生对 B 同学参加的创业大赛了解后,发现自己既没有 B 同学所具备的优势,也对创业类的比赛不感兴趣。对不同活动的选择,让该生更清楚地了解到自我的优势和劣势,特别是明确了自身的优势后,在优势方面有所发展,经历过这样独特自我确认过程的大学生往往能建立平等的人际关系。

所谓平等的人际关系,是指一个人识别自我与他人的边界,厘清自我在他人眼中的特点,不与他人共生,也不与他人过度疏离。许多大学生不能确认独特自我,往往与他人保持共生关系或者过度疏离的关系。与他人共生的人,过分关注他人对自我的评价,过分依赖他人的认同,不能独立做出判断;与他人过度疏离的人,主动回避、阻断他人对自己的影响,生活在自我的世界里,独来独往。

3.社会同一性

社会同一性是指个体对特定社区或集体中他—他关系的认知,这种认知能够促进自我与他人之间的整合。对他—他关系的认识,是个体对周围环境乃至整个社会的认识,是对"我处在什么环境中"的统一而连贯的认识,认识到自己所处的人际环境、社会角色、社会地位以及国家、种族和文化背景等。简而言之,社会同一性是个体自我概念的一部分,它基于个体对自己作为某个或某些社会群体成员身份的认识,以及附加在这种身份上的价值和情感。

个体总是或多或少地依据自己所属的群体来界定和评价自己。加入一个群体,形成一个团队,能与团体理想保持一致,具有团体归属感,往往能够促进个体的社会同一性确立。例如,媒体广泛报道,某些寝室全部学生都考上了研究生,这离不开群体的作用,身处其中的个体会把自己所处群体定义为一个积极向上的群体,把自己也界定为这样群体中的一员,愿意付出努力,实现共同的目标。

社会群体可能具有积极价值,也可能具有消极价值,但是个体总是努力追求一种积极的社会同一性。如果通过群际比较,发现自己的群体优越于另一群体,个体就会体验到积极的社会同一性,从而感到满意。为了满足积极自我评价的需要,个体也常常在群际比较中表现出内群体偏爱,即使自己所属群体不如其他群体好,个体主观上还是认为自己的群体好。有时候,这种内群体偏爱会让青少年陷入一种"盲从"。例如,青少年把自己定义为网络上的正义公知群体中的一员,盲目地相信、转发一些所谓公知的言论,即使知道某些言论有失偏颇,也不愿怀疑或进一步求证,他们深信自己的群体具有不一般的"网络战士"精神。一个人需要了解自己在群体中、人际环境中的位置和角色,知道自己该做什么,区分自己在群体、人际环境中的不同角色及其任务与责任。为了防止内群体偏爱,一个人应该加入不同的社会群体,从而逐步确立自我。

埃里克森从自我同一性、个人同一性和社会同一性三个维度阐述了青少年同一性的内容,他认为,确立同一性是人生必经的阶段。在大学阶段,个体的生理、心理和社会角色变化首次汇合在一起,大学独立的生活方式、自主的学习模式、个人职业目标和社会角色适应等方面的突变和抉择,让大学生难以招架,导致同一性的整合失调,产生了许多矛盾和冲突。个体在面对人生发展危机时要进行自我调整,通过整合过去的经验与现在的发展任务顺利进入下一个阶段。

(二)大学生同一性危机

同一性危机在某种程度上可定义为一个思考着的主体出现自我认同分裂。大学生同一性危机表现为自我意识中理想自我和现实自我的矛盾与冲突,不能将过去、现在和将来的生活联系在一起,价值观迷失,不愿意体验和尝试探索自我,如以不同观点看问题、从不同角色中认识自我等,总之自我存在感、确定感及价值感缺乏或丧失,自我内部整合与环境整合失衡。

刘少英采用"青少年同一性危机量表"对浙江理工大学的 428 名学生进行了调查研究,结果显示,大学生在自我意识、时间透视、价值定向、角色尝试和工作无力维度上高危机人数相对较多。我们将一一进行解读。

第一,"自我意识"维度上高危机人数最多,占 59.38%。这说明 59.38% 的被调查大学生在自我意识维度上存在困惑,他们不能清楚、全面地认识自己,混淆自我概念。这主要是因为大学的学习、生活与大学之前的有差距,大学生需要重新定位自己,例如学生在中学时代把大学想象得很美好,然而进入大学后,却发现大学生活并不是理想中的样子;有些大学生原来是中学时代的佼佼者,常常受到老师和同学的关注,然而进入大学后却发现没有人关注自己。强烈的反差容易导致大学生怀疑自己,因此,大学生需要重新认识自己。

第二,"时间透视"维度上高危机人数较多,占 47.32%。获得同一性的大学生会在意识上表现出一致感和连续感,能够把自己的过去、现在和将来联系在一起;相反,有的大学生则会混淆时间,或者凡事速战速决,好高骛远,或者希望时间停滞,逃避责任,将所有问题留给时间去解决。47.32% 的大学生具有混淆时间的特点,即他们缺乏对未来清楚的愿景和规划,缺乏明确的目标。

时间透视的危机主要表现为大学生不会管理目标,也不会管理时间,不了解时间管理对未来发展的重要性。

这主要是因为新旧目标更替导致的迷惘。旧目标——考上大学已实现,而新目标——在大学里做什么和毕业后何去何从,却未确定。同时,大学环境比较宽松,相对自由,许多大学生容易进入"理想真空期",导致他们不确定自己的角色,没有明确可行的人生奋斗目标,失去奋斗的动力。他们要么把自己的未来交给时间,当下无所事事,指望"船到桥头自然直",认为到毕业时,自然就知道自己想做什么、能做什么了。其实,这不过是把探索留到三年或四年后罢了。要么好高骛远,求速战速决的效果,只为实现当下的目标,如考研、拿奖学金,或满足其他的心理需求,如在社团中获得参与感、在游戏世界获得满足感等。

第三，"价值定向"维度上高危机人数的占比为37.28%。"价值定向"是指个体能够发展一套指导个体的社会的、政治的、道德的信念并予以承诺,确定稳定的人生观、价值观,认同社会的主流价值观,这样就能在生活中找到方向感和信任感;反之,则会迷失自己。价值定向维度上高危机的大学生的人生观和价值观不明确、不稳定。他们不清楚学习是为了什么。更复杂点说,他们不清楚人活着是为了什么,什么才是有价值、有意义的事情。当学习成绩不再是生活中主要的奋斗目标的时候,大学生开始思索人生,思索未来,出现了高危机的状态。

第四，"角色尝试"维度上高危机人数的占比为27.46%。"角色尝试"是指个体愿意去尝试社会中不同的角色,采纳不同的观点,体验不同的生活方式,从中获得从不同角度看问题的能力和正确的价值观,进而主动尝试认识自我。如果个体无法完成不同角色之间的转换,就会固着在一个角色里。角色固着的个体应对问题时会表现得比较刻板,适应环境困难。27.46%的大学生角色固着,表现为看问题僵化刻板,以自我为中心,不能从多个角度辩证地看问题。

第五，"工作无力"维度上高危机人数的占比为22.77%。工作有力的个体愿意去研究和尝试自己感兴趣的职业,体验实质上和情绪上的职业成败从而开始职业认同的过程;工作无力的个体缺乏成就动机,不了解职业价值,没有确定的生活计划与工作经验,就会陷于工作无力的危机中,终日游手好闲、无所事事。22.77%的大学生既有较高的成就动机和需要,渴望实现自我价值,又缺乏艰苦创业的思想准备,无法投入工作;既希望施展个人才干,得到社会的认可,又忽视日常平凡而扎实的努力,缺乏对社会的付出。[①]

大学生同一性危机是危险也是机会,机会在于大学生开始努力发现自我,不断成长。正是大学环境的相对独立性,才让大学生有机会面对自我成长的问题。危险在于大学生想改变原来的信念、生活方式,却不知如何认识自我,更不知如何更好地调整自我。

成为更好的自己,大学生需要勇于从三个角度重新认识自我。

(1)运用乔哈里窗理论的自我认识法和观念自省,解决理想自我和现实自我的冲突、主观我和客观我的冲突,确立自我同一性。

(2)通过积极与他人交往,不断参加各种活动,尝试各种角色,建立独特的自我同一性。

(3)通过阅读不同类型的书籍,了解世界,了解社会,跳出自我的小圈子,接触不同的群体。

总之,勇于探索自我,才能认识自我,不断地尝试,才能真正地确立自我。

行动课堂:同一性危机测试

微电影赏析:《新衣》

(三)大学生同一性状态

玛西亚将埃里克森的"同一性"进一步可操作化,根据埃里克森同一性形成理论中的两

[①] 刘少英.青春不迷茫:大学生自我成长指南[M].杭州:浙江大学出版社,2017.

个主要维度——探索和投入程度的高低划分出四种同一性状态:同一性获得、同一性延缓、同一性早闭和同一性扩散。

处于同一性获得状态的大学生已经经历了危机期,已认真考虑过自己的人生目标并经历了各种探索后做出选择,虽然最后的选择可能与父母或权威者的期待是不一致的,但是这种选择是自己仔细衡量过的。在信念方面,他们对自己过去的信念进行了评估,形成了特定的目标、信仰和价值观并为此坚定地、积极地自我投入。一般而言,这类大学生不会被突然变化的环境和意料之外的事情击垮。

小C是大三学生,她在一、二年级经过各方面的探索,了解了自己的个性及期望从事的职业,觉得自己比较适合进行教育心理方面的学术研究,于是,从三年级开始,除了每天的课堂学习外,她跟该研究领域的导师做一些实验和项目。她了解到学术研究基础中,自身比较薄弱的是文字表达能力,于是定期根据自己观察到的、分析出来的研究结果写论文并请导师帮忙修改、发表。经过两年的时间,她形成了良好的学术研究素养,顺利地保送硕博连读。

小C经历了同一性问题的探索,并且确立了未来方向——读研究生,从事学术研究,为了实现自己的目标,她逐步弥补自己的弱势,达到了同一性获得状态。

处于同一性延缓状态的大学生还处于危机期,他们积极地尝试各种选择,但还没有对特定的目标、价值观等做较多投入,还未对未来做出明确的承诺。他们一直在主动努力地做出承诺,尽管父母的愿望对他们来说很重要,但是他们也同时会考虑社会的要求和自己的能力、兴趣和爱好,他们的困惑可能来自对自己非常重要的人、事情或偶然出现的不可解决的问题。

小D是大一学生,他对未来很迷茫,觉得不了解自己,也不知道自己适合做什么。但是他积极努力地探索,向老师、学长、父母的朋友等了解如何确立自己的人生目标。比如,他听说参加社团活动能扩展自己的交际面,提升自己的交往能力,就加入了两个社团,积极地参与其中。一个学期后,他反思,虽然社团活动确实提升了他的一些交往能力,但是,他依然不能确定人生目标。于是他开始了新的目标的探索。

小D在积极地尝试各种可能的选择,还未能确立明确的目标。

处于同一性早闭状态的大学生没有经历危机,没有体验过明确的探索,却过早地做出了承诺,这种承诺是非自觉的,基于父母或权威人物的期望和建议。这类大学生很难将父母的目标和他们自己的目标区分开来,他们正成为童年期别人希望他们成为的人,大学经历只是验证他们童年期的信念。他们缺乏灵活性,在父母的价值不起作用的时候,他们会感受到很大的威胁。

小E是大一学生,他的大学、专业,都是父母帮他选择、确定的。之所以上这所大学,是因为离家近的几所大学中,父母认为这所大学的学风最好。选择目前学习的专业,是因为父母认为他将来要继承家业,这方面的知识要先学起来。他在大学里需要学习的内容、参加的活动,基本都是围绕父母设定的目标。连找个什么样的妻子,父母都已经为他圈定了范围。

小E没有明确探索过自己是否适合将来的目标,他的人生目标是被规划的,他对目标所付出的努力和投入是不自觉的,是遵从父母和权威人物的建议的。

处于同一性扩散状态的大学生没有仔细思考或探索过各种同一性问题,也未确定对于价值观或社会角色探索的投入。他们可能经历了也可能没有经历危机期,他们的典型特征是缺乏承诺,在职业上没有做出选择,也不关心这类事情,或者可能会有自己比较喜欢的职业,但好像又没有什么规划,总让人觉得,如果有其他机会,他们会放弃现在的选择。在意识形态方面,他们表现出一副无所谓的态度,好像怎样都可以。

本部分一开始提到的小 A 就处于这一状态,很多大学生处于类似的同一性扩散状态,他们每天打游戏,应付考试,至于想做什么,未来又怎样,他们不去想,将其直接搁置在一旁,等待时间来解决。这类学生认为只要自己感觉到舒服就行,从来不花时间考虑自己是谁,自己想要过什么样的生活。①

50%～70%的被调查大学生处于同一性延缓期。在这一时期,大学生需要尝试各种社会角色,进行多种社会实践,然后从中做出选择,确定自己的人生观、价值观和将来的职业,最终确立同一性。

需要注意的是,处于同一性延缓状态的大学生常常会焦虑,因为他们面对太多不确定的选择。有些大学生会在焦虑中退回到原来的舒适状态,要么退回同一性早闭状态,如继续按照从小习得的方式,努力学习专业知识,考出好成绩,考研,考博,至于这些是否适合自己,是否有其他可能,他们完全不考虑;要么选择自我放弃,退回到同一性扩散状态,把选择交给时间。未来会给处于这两种状态的大学生答案,退回到同一性早闭状态的大学生如果足够幸运,正好所选择的路适合自身,那么皆大欢喜,但是有些人并不适合,一旦在这条道路上遇到挫折,还是会重新进入同一性延缓状态。退回到同一性扩散状态的大学生,如果这一状态持续四年的大学时光,那么即便他是精英也会陨落。总之,成长都是伴随痛苦的,在痛苦中涅槃才能达到同一性获得状态。大学生应该勇敢探索,在社团活动、学习、社会实践中,与不同的人交往,在不同的群体中,探索自我同一性、个人同一性和社会同一性,从而成长为更好的自己。

第二节 提升自我之路

一、目标管理

幸福心理学的研究者塞尔曼说,所谓成就,不仅是行动和结果,还必须是朝着固定、特殊的目标前进。人只有在不断获得成就的过程中确立了自我,才能常常体会到积极的情绪和人生的意义。这说明:人要有目标,才能有所成就,在朝目标前进的过程中,人需要不断地获得反馈,这就需要把目标拆解成一个个小目标。

进入大学后,大学生需要按照自己的专业、特长以及对未来的思考,重新设定适合自己的目标。这个过程充满了不确定,所以许多大学生会感到特别焦虑、迷茫。导致焦虑和迷茫的原因主要有三个:一是大学生不知道怎么从被动接受目标转为主动设定目标;二是他们不知道什么样的目标才是好的目标;三是他们不知道该如何达成目标。

(一)大学生的目标状态

进入大学三个月,新生处于适应状态,即自我体验和自我规划的起步阶段,大一新生都

---

① 上述案例来自:刘少英.青春不迷茫:大学生自我成长指南[M].杭州:浙江大学出版社,2017.

收获了什么?在此基础上对未来规划了什么?浙江理工大学2017级服装与服饰设计4班的10名同学调查了56位来自不同地区不同学校的大一新生,以了解入校三个月的大学生已有的收获与未来规划。

大学新生的收获是通过"盘点三个月来自己身上发生的大事"和"对三个月的大学生活的感受"来了解的。结果发现,这三个月来,78%的被调查大学生所盘点的大事都属于学生社团和学校组织的各种活动,例如军训、迎新晚会、辩论赛、篮球赛、运动会、志愿者服务。10%的被调查大学生所盘点的大事主要是学习类活动(如期中考试、计算机考试等考试类活动)、丰富的专业学习体验类活动、自我成长类学习活动。此外,还有12%的被调查大学生认为自己这三个月都没什么大事发生,过得混沌。

问及大学生入学三个月来的感受,44.6%的被调查大学生认为"充实而且有收获",他们觉得虽然很忙碌,忙作业,忙社团活动,忙上课,但是总体上来说,感觉新鲜,交到了新朋友,对大学有了不一样的认识。33.9%的被调查大学生认为他们"在迷茫中期待成长",有的人说大学自由度高,每天只上两三节课,自主学习时间特别多,可是待在寝室时却是抱着手机度过,没有目标,时间都被自己浪费了。而有的人说自己适应了大学生活,感觉在不断地更新目标和人生定位,这一过程中很浮躁、很迷茫,感觉自己特渺小,不知道自己学了什么,也不知道自己该如何应对挑战。21.4%的被调查大学生认为这三个月过于忙碌而疲惫,有的人说作业多得总也做不完,有的人说作业虽然不多,可是忙于校内校外各种活动,时间规划得不好。

那么,经过三个月的适应与学习,大学生如何规划自己的未来呢?调查样本中仅有25%对未来有规划,大多数人虽然体会到大学生活与高中有诸多不同,更加自由和自主,但却还没对自己的未来进行规划。

综上,可将大学生的目标状态分为以下四类。

1. 脚踏实地型

这类大学生有远大目标,也将大目标拆解为一个个小目标,有规划地去实现。例如有个中文系的学生希望未来留在高校从事学术研究工作,那么她就一定要读博士。为了达成这个目标,大二要通过考试进入古典文学班,这是她的优势所在,也是最容易成功保研的专业选择。大一、大二她努力学习,积极进取,大三努力保研成功。还有一个体育专业的学生,他希望未来从事体育工作,从现在开始他为考取国家职业教练证、裁判证以及其他各类证书做准备,证书可作为以后从事体育领域工作的敲门砖,考证也可提升自己的专业能力。这样的学生对于目标有较成熟的思考,既有远大的目标,也会分解目标。他们目标清晰、规划明确,处于自我同一性获得状态。

2. 好高骛远型

这类大学生只有远大目标,却没有小目标。这可能是因为目标太过远大,或者未考虑自身的实力。例如一个园林设计专业的学生希望未来成为一个园林设计专家,还有的学生想成为基金经理。然而,他们却没有具体规划。不是每个人学了某一专业就能成为这一专业的翘楚,而需要研究该领域翘楚的成长历程,将其与自身的优劣势对比,还要了解社会和市场环境对该专业的需求,等等。这类学生目标空洞,规划不清,很容易在遇到挫折时迷失方向。如果能够及时规划自己的小目标,未来有可能实现远大目标,达到自我同一性获得状态。

3. 迷茫彷徨型

这类大学生没有远大目标,但是他们的小目标很明确,大多数大学生处于这种状态。这类大学生会说,我现在还没想好将来做什么,先把专业课学好,通过英语四、六级与雅思考试,将来出国读研;多去图书馆,多交朋友,多做运动;好好学习,天天向上;等等。这类大学生很努力,但是对未来的规划还不明确,他们会常常处于迷茫中,不知道路在何方以及自己奋斗的方向是否正确。这类学生处于自我同一性延缓状态。在努力的过程中,未来的道路可能会逐步显现出来,但最忌讳不坚持或者半途而废。

4. 浑浑噩噩型

这类大学生既没有远大目标,也没有小目标。他们信奉"车到山前必有路,船到桥头自然直",走一步看一步,对未来没有规划,随波逐流。这类大学生处于自我同一性扩散状态,这种状态非常危险,他们很容易浪费大学里的宝贵时光和黄金般的心智。

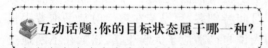

互动话题:你的目标状态属于哪一种?

(二)大学生设定目标的方法

目标对于一个人未来的发展具有深远的影响。有目标的人,具有使命感,对人生每一步都能踏实规划,并能抓住机会,实现梦想,而没有目标的人,对未来茫然无知,常常脱离自己的人生航道,或者如打井找水的工人一般,常常是这里打一口浅井,那里打一口浅井,很难找到水源,从而迷失了自己。但事实上,很多人并不知道如何设定属于自己的人生目标。要根据自己的天赋、能力和所处环境的现实情况设定自己的目标。

大学生设定目标,可以采用标杆管理法。"以铜为镜,可以正衣冠;以史为镜,可以知兴替;以人为镜,可以明得失。"标杆管理法是由美国施乐公司首创的,它是指企业以卓越的公司为标杆,可以发现自己的不足,找到改进的方向和明确的追赶目标,进而改善自己的实践。这种方法也可以用于设定个人目标,即以某一领域中表现出色的人为标杆,将自己的能力和当前的实际状况与这些标杆人物进行比较,分析标杆人物出色的原因,在此基础上制定、实施提升自我的策略和方法,并持续不断反复进行这一过程的一种方法。标杆管理法实质上是通过模仿、学习达到再创造的目的,可以分为以下五个步骤。

(1)选择标杆

首先,写下你梦想成为的人的名字。这个人可以是专业上的佼佼者,如施一公,可以是商业界的大鳄,如马云、董明珠,还可以是娱乐明星,如邓超,等等。但要注意,梦想成为的人与偶像不同,例如你喜欢鹿晗,但是你可能并不想成为他。总之,将本领域内你梦想成为的那个人作为顶层标杆,一旦你成为他或她那样的人,你的人生满意度就会达到满分。其次,想出并写下1~3个你在五年或十年内通过努力追赶可能会超越的人的名字,将其作为中层标杆。他可以是你现实生活中接触过的,比如某个教授,或者所属行业的领军人物,他将决定你努力的大方向。最后,想出并写下1~3个你在一两年之内就能赶超的人的名字,将其作为初级标杆。他可以是你的学长,也可以是你的同班同学,你能了解他的具体行为轨迹。这些标杆人物既能为你提供比较具体的实践经验,也可以成为促使你努力的动力。

(2)收集信息

　　通过各种渠道收集标杆人物取得的成绩、他们取得这一成绩的方法、他们所具备的哪些特质使他们取得了目前的成绩等信息。例如,你可以通过网络、媒体收集马云的个人奋斗史、对他的评价等信息;你也可以通过优秀学长回校的演讲以及老师们对他的评价了解其在大学里的成长轨迹。收集到这些信息后,需要对其分析,看看标杆人物之所以成功,是因为他们具备了哪些关键的知识、技能和能力。如马云的演讲能力、人格魅力、前瞻性思维,董明珠的管理能力、逻辑思维、演讲能力,优秀学长的时间管理能力、组织能力和结构化思维能力。

　　(3)构建目标

　　将所收集的标杆人物的信息与自身目前的状况相比较,分析自己与标杆人物的差距,归纳需要向标杆人物学习的知识、技能和能力,构建未来的发展目标。例如,你想成为管理界的精英,你发现管理界的精英都具有极强的结构化思维能力和演讲能力,而你这两方面能力不足,因此,可以把提高结构化思维能力和演讲能力作为自己的目标。

　　(4)目标分解

　　基于自身当前的状况,找出当前最需要发展的方面,着重练习,设定年度目标,然后把年度目标拆解为具体的小目标,确定需要做哪几件事情就能达成目标,然后把这几件事情分配到每月、每周和每日的小目标中。

　　(5)反省总结

　　每个月都要对当月目标完成情况进行反思,总结收获和遗憾,据此调整下月目标。每半年总结一次,分析自己达成了哪些目标,哪些目标还未达成。每年去掉已经超越的标杆人物,设定新的标杆。

　　另外,在标杆管理法实践的过程中我们发现大学生组织信息和传递信息的能力较弱。例如,在指导学生写毕业论文的过程中,我们发现大学生的论文存在缺少明确观点、结构不合理、层次不清晰、论证不充分等问题,他们缺乏信息整合能力,思维不够系统,缺少对事物和问题的深入思考。这反映出大学生结构化思维能力较弱,会阻碍其设定与实现适合自己的目标。因此,大学生应提升结构化思维能力,以便更好地设定目标。

　　结构化思维是一种系统化、整体化思维,体现在对信息的提炼、分类、整合上。结构化思维的基本结构是:结论先行,以上统下,归类分组,逻辑递进。也就说先找到中心思想,然后提出论点、论据,接着层层延伸。这种思维的特征在于,以终为始,结果导向,首先定义目标或问题,然后确定实现这个目标的方法或路径,接下来基于开展相应工作的基本原则选择流程和方法,找出工作所需的时间和资源,匹配时间和资源,确保有效控制工作。

　　结构化思维的三个步骤分别是确定目标、目标分解与资源分析、制订计划。确立目标是结构化思维的第一步。确定目标是为了聚焦所要解决的问题,理清事情的脉络。确定目标应遵循以终为始的原则,进行逆向思维,也就是说,先思考完成这件事情的根本目的是什么,再从结果向前倒推。

　　目标分解与资源分析是结构化思维的第二步,包括目标细化、明确配套资源等工作。目标分解是使任务更加简单、清晰、可操作的必要保障。需要将分解的目标进行归类分组,理清逻辑关系,做到不重叠、不遗漏,然后对分解的目标进行资源分析,这样才能有效把握问题的核心。为了确保问题不被遗漏,可以通过 5W2H 的原则来进行目标分解与资源分析,5W2H 原则如下。

What：是什么？做什么？目的是什么？

Why：为什么做？为什么这样做？原因是什么？

Who：谁来做？谁担责？谁完成？

When：什么时候开始做？什么时候完成？最佳时机是什么时候？

Where：在哪儿做？

How：如何做？怎么做？从哪儿入手？

How Much：做多少？完成量是多少？费用是多少？付出多少代价？

制订计划是结构化思维的第三步。目标分解及进行相应的资源分析后，就需要具体实施。在这个过程中，特别要注意二八定律，即80％的价值来自20％的因子，其余20％的价值则来自80％的因子，在重点突出的基础上，关注"关键的少数"，集中精力达成目标。

二、时间管理

一项大学生课堂使用手机情况的调查引起了我们的注意：调查者对来自全国不同大学的91名大一学生进行了访谈，发现84％的大一学生在课堂上会玩手机，并且不能控制自己不玩手机，只有16％的大学生不在课堂上使用手机。[①]

"互联网＋手机"让我们的生活更加便捷，联系更加方便，但是也让我们的大脑不能深度工作。碎片化的信息，影响了我们的思维，也影响了我们的专注力。如果我们习惯了碎片化信息的浅加工，一旦遇到难题，大脑就会自动逃避，通过手机跳到网络的世界里，接触毫无营养的信息。互联网只是为我们所用的工具，但是它早已控制和瓜分我们的精力和时间，一步步将我们引向肤浅的深渊。

大学四年里，大学生的自我成长离不开两种能力，一种是基于目标系统规划的能力，即对每个想要达成的目标投入相应的时间，也就是时间管理能力，另一种是在投入的时间中专注地工作，也就是深度工作的能力。

时间管理就是指人们用技巧、技术和工具在一定时间内完成工作，实现目标。时间管理并不是要人把所有的事情做完，而是通过事先的规划，更有效地运用时间，决定哪些事情该做，哪些事情不该做。

（一）明确目标是时间管理的基础

时间管理以明确目标为基础。一个人如果能够在各个领域明确自己要达到的目标是什么，现实情况是什么，那么他在努力的过程中就不会偏离目标，就能在一定时间内完成更多的任务。一个人的目标越明确，实现目标的步骤越清晰，就越容易克服拖延的弊病，把最难的任务完成。茫然、思维混乱、态度模糊，不知道自己该做什么，先做什么，后做什么，为什么做这些事情，都是造成个人拖延和缺乏积极态度的主要因素。

如何明确目标呢？《吃掉那只青蛙：拒绝穷忙，把时间留给最重要的事》一书的作者提到的七步法对设定并实现目标非常有效。[②]

第一步：明确自己究竟想要什么，即明确自己要达成怎样的目标。

① 源自浙江理工大学2017级服装与服饰设计5班陈凌逸小组在大学生心理健康实践课程中的调研结果。

② 博恩·崔西.吃掉那只青蛙：拒绝穷忙，把时间留给最重要的事（原著第二版）[M].许海燕，译.北京：化学工业出版社，2009.

第二步：写下自己的目标。当目标被写在纸上，它就不再是一个模糊的愿望或空想，而是能看得见、摸得着的东西。这一步可以使自己制定的目标清晰化、具体化。

第三步：为自己的目标设定完成的期限，在必要的情况下设定子目标完成的期限，一个目标或者决定如果没有完成的期限，人就不会有紧迫性，就会不由自主地拖延，工作效率自然就会非常低下。

第四步：为了实现目标，把所有能想到、所有要完成的事项都列在一个清单上。只要一想起新的事项就把它添加到清单上，不断地完善清单，直到所有的事项罗列完毕。这样就能将目标和任务具体化，有效地提高完成目标的可能性。

第五步：进一步梳理整个清单，使之成为一份计划。按照优先级整理计划，决定哪些事情先做，哪些事情后做。最好画一张流程图，这样大脑里就会有一张清晰的目标执行计划图。

第六步：根据计划马上采取行动。马上做点事情，做什么都行。不论你想达到怎样的目标，执行力都十分重要。

第七步：每天解决一部分问题，向前推进主要目标的实现。列出一日活动表，比如针对某个关键性的主题，每天读几页论文、背诵一定数量的新单词等。日复一日，向前推进，这样会显著提升你达成目标的速度。

在目标达成、时间管理的过程中，需要特别小心，不要被"金苹果"诱惑，要做到目标明确，要事为先。"金苹果"的故事来自希腊神话。

阿塔兰忒是斯巴达跑得最快的人，可是她却一直不想结婚，她父亲为了把她嫁出去，决定举办一场跑步比赛，冠军可以娶她为妻。阿塔兰忒和父亲说，她也要参赛，如果没有人能够超过她，她就依然是自由身。比赛那天，阿塔兰忒的速度的确很快，胜算很大。但是有个小伙子希波墨涅斯很聪明，他一直跑在阿塔兰忒的前面，手中拿着三个金苹果，每当阿塔兰忒快要超过他的时候，他就往阿塔兰忒的赛道上扔一个金苹果，阿塔兰忒就会停下来捡，最后希波墨涅斯以微弱的优势赢得了比赛。

假设阿塔兰忒设置了明确的目标，并且一直朝着明确目标前进，她肯定会拥有自己想要的自由。生活中常常有这样的"金苹果"，让我们无法忽略，会干扰我们的目标达成，因此，当我们明确目标后，要时时提醒自己将时间投入重要目标。设定了目标后，最好每周评估一下事情的优先级，这样会发现到底哪些事情能促进目标达成，哪些事情和目标关系不大。然后每周进行一次回顾，让自己明确本周在目标上投入了多少时间，产出了多少。总之，要把那个最重要、最难攻克的目标先安排进每周计划中。

知识链接：四象限时间管理法

（二）精力管理是时间管理的核心

小T是一位好学上进的学生，每天他都会精心制订当天的学习计划，中午也不休息，晚上在图书馆学习到关门为止，然后回到寝室，继续学习或者玩手机、看视频，有时候过了24点才睡觉，即使周末也不例外。小T经常按照这样的时间表学习，一段时间下来，他感觉到自己的学习效率降低，有的时候完全不想学习，上课的时候也总是走神。更糟糕的是，他和室友的关系很一般，到寝室门口的时候，听到大家都在大声谈笑，可他一进去，谈笑声戛然而止,室友和他客客气气地打招呼,这让他处于一种被边缘化的状态,有时候会忍不住和室友发生口角,大家就更加对他敬而远之了。

小T虽然像大多数人一样,运用时间管理的方法来管理自己的学习,但是却发现效率并没有持续提高。其原因就在于,再高效的时间管理也无法确保人们有足够的精力去处理每一件事情。精力,就是指精神和体力,是做事情的能力,精力是有限度的。然而在"互联网+"时代,人们不停地和时间赛跑,忽略了人体本身的节奏,总是想当然地认为精力储备可以随时取用,却忘了其实精力有限,需要恢复和再生。就像小T一样,他不断地索取精力储备,当某一天精力恢复和再生能力赶不上需求的时候,学习效率就会降低。因此,成功地实现目标并不仅仅取决于在某一件事情上投入较多时间,还取决于在有限的时间内投入最有效的精力。

精力,是高效工作的基础,它包括体能、情绪、思维和精神四个维度,它们各自独立存在,却又相互关联和影响。

精力不足的罪魁祸首是体能不足。体能代表了精力的量。它是由饮食、身体健康状况、睡眠及休息状况决定的。它也是其他三个维度的重要基础,会直接影响其他三个维度。试想,当你学习一天后,是不是感觉身体非常疲惫?在食堂又遇上长长的排队队伍,会不会感觉到焦虑、不耐烦?然后晚上再去自修就没有了那么大的动力,再加上前一天晚上睡眠不好,很难让自己思想聚焦,完全集中精力。如果这样的状况一直在反复,学习效率也就无从谈起。

管理体能需要技巧。从生理学角度来看,体能主要受血糖和吸入氧气量的影响。血糖是和饮食紧密相关的。早餐非常重要,不仅能够提高血糖水平,还能强力推动身体的新陈代谢。真正保持体内血糖平衡的饮食习惯应该是少食多餐。如果一日三餐,建议每一餐不要吃得太饱,更不能吃撑,吃到感觉不饿是最佳状态。然后在两餐之间吃一些低糖的零食,比如一小把坚果或一个苹果。除了晚上睡觉时间以外,白天最好不要超过4小时空腹。呼吸训练是吸取更多氧气的一种好方法,深度、平静、有节奏地呼吸会激发精力,使人放松。适当的锻炼也能帮助我们吸取更多的氧气,每周有时间去健身房锻炼当然最好,如果没有条件,可以进行间歇性的训练,即一系列短时间、高强度的有氧练习,哪怕每次只是维持一分钟左右,都会产生出乎意料的效果。那些整天坐着又很少锻炼的人,一定要记得每30~45分钟一小动(比如伸伸胳膊、伸伸腿等),每60~90分钟一大动(比如去倒水、去趟洗手间等)。

此外,充足的睡眠最能促进体能恢复。缺乏睡眠会导致思维能力下降,影响反应时间、专注力、记忆力、分析能力。要早睡早起,养成良好的作息习惯。中午小睡一会儿,能使我们快速恢复精力。

总之,大学生要非常投入地学习,但也要学会适时地让自己的大脑完全放松。

情绪层面的精力是指管理好自己情绪的能力。在生活中,我们经常会面对各种挑战,有时候会悲观、失望,有时候会感到愧疚和无能为力。这些负面的情绪常常阻止了我们在学习和工作中高效地投入。

所有能带来满足感和安全感的活动都能激发正面情感,有助于快速恢复精力。现在网络十分便利,很多大学生会通过追剧、看综艺节目来恢复情绪精力。但是,这只能暂时恢复精力,时间长了,反而会消耗精力。还有的大学生周末时间全部用来看电视剧,看的时候很爽,但是最终并没感觉到轻松,反而觉得更累。

满足感和安全感,可以通过一些社交活动来获得,比如和朋友一起骑车、参加读书会、听音乐会、与他人交流。

健康的友谊也能带来积极的情绪层面的精力,大学生不仅要忙于自身的学业和社会实践,还需要多交几个好朋友。

思维层面的精力是指思维的专注能力。思维专注可以让我们提高效率,并全身心投入学习与工作。一心多用,常常会导致同时做的几件事都没做好。无聊的时候,拿手机出来玩一玩,已经成为人们的一种习惯。然而,这种习惯往往会破坏人们的心理能量,让人觉得很疲惫。

在思维精力方面,我们会存在误区,觉得长时间工作就会有高产出。例如前文小 T 每天学习到深夜。实际上,思考会耗费巨大的精力,恢复思维精力的关键在于让大脑有间歇地休息。

精神层面的精力是与个人的价值观、信仰和使命紧密相连的。它是人们投入激情和做出承诺的动力源泉。虽然每个人都有自己的人生目标,但是很多人的人生目标并不清晰,这也会让人们投入的精力与其价值观、信仰和使命不完全匹配。比如,如果家人是我们精神动力的源泉,那么,在忙碌地工作之后,我们是不是常常把最疲惫的身躯、最焦虑的情绪和最不专注的精力留给了家人?因此,我们需要将精力投入最重要的人或事,可以问自己以下这些问题。

(1)在这些目标里,什么对我是最重要的:健康、财富、事业、快乐、家庭、社会责任、友谊、亲情、社会地位?

(2)如果你现在得知自己只有一个月的寿命,回想走过的一生,你认为最重要的三件事是什么?为什么它们如此重要?

(3)你最敬重的一个人是谁?描述他身上最让你钦佩的三种品质。

(4)如果有机会让你重生一次,你最希望自己是一个什么样的人?

(5)你希望你的墓志铭上有哪些话?

回答这些问题,写下回答的过程,就容易发现自己的价值观。价值观越坚定,就越能为我们提供充沛的精力。

接下来,我们需要面对现实,梳理自己的日常学习和生活习惯,分析自己每天的行为是否与自己的价值观相符,然后重新审视,究竟是价值观错了,还是行为错了。可以通过以下问题来分析。

(1)你是不是把时间和精力真正投入最重要的目标了?是什么影响了你的表现?

(2)你该怎样表现才能确保精力真正投入最重要的人或事?

(3)你在饮食、锻炼、睡眠、情绪和思维方面的管理对你确立核心价值观有帮助吗?

做这样的练习可以帮助我们整理思路,并清楚地了解做什么事会给我们带来精神上的动力和源泉。想想你每天的所作所为是否与你的精神追求相符,是不是你真正喜欢和热爱的。

精力管理需要付诸行动。我们经常强调依靠自律或意志力等来实施行动,其实与意志力的对抗反而会消耗大量的精力。比如,如果没有养成早睡早起的习惯,突然早起会觉得非常不舒服,而且觉得精力不足。因此,积极养成一些仪式习惯,有助于更好地管理精力和规范行为。仪式习惯是指定义明确、具有高度计划性的行为,比如刷牙、吃饭,不需要思考和自律,就能自动进行。如果每次做事情之前都要思考一下,那么这件事情就不可能被长久坚持下去。例如,一个人希望在学术研究上有所发展,可是却没有养成阅读文献的好习惯,如果这个人每天花费大量的精力去思考"我今天该读什么文献,什么时间读文献"之类的问题,就会损耗大量的精力。如果他能够养成每天在固定时间段读文献的习惯,那么每次在读文献之前,就会减少挣扎和思考的过程,从而把节省下的宝贵精力用在读文献这件事情上来。

管理精力的仪式习惯,包括以下三个方面。

(1)运动和饮食。每周至少锻炼 3 次,饮食规律,随身携带健康的零食,等等。

(2)情绪管理。给家人和朋友更多的时间,加强人际交往,多鼓励别人,定期与朋友聚会,定期给关心的人打电话,控制烦躁情绪,不在冲动时做决定。

(3)高效工作。每天按照要事优先的原则安排工作,区分事情的轻重缓急以集中精力,专注地投入。

养成仪式习惯的时候,需要注意以下三点。

(1)循序渐进,量力而行。有的人听说早起好,于是改变以往 24 点睡、7 点起的习惯,而是 24 点睡、5 点起,结果生物钟短时间调整不过来,白天精力不足,第二天、第三天起床就要经历一番挣扎,很容易放弃早起。其实,可以先每天提前半小时睡、提前半小时起床,几个星期以后,再调整到更早一些起床。一般来说,身体需要 30～60 天适应新的生物钟。

(2)尽可能将时间、地点、行为精准化和具体化,这样在行动时不用考虑太多,按照计划做即可。比如,列出在不同地点需要做的事情的清单,随时把要做的事情放入清单中,如在电脑上,要收发邮件、写论文;外出的时候,要买文具、拿快递,顺便步行锻炼;等等。

(3)每天进行行为自查,及时记录进展,检视个人预期和实际行为的差距,以便第二天进行调整。

 心理老师案例点评

他的问题:

"我觉得自己很失败。快毕业了,别人都忙着考研、考公务员,或者找工作,而我学习成绩不好,能力不强,没什么特长,人缘又差,考研考不上,考公务员就更别说了。在家不能为父母分忧,找个工作也困难。现在竞争那么激烈,像我这么差的人怎么和别人竞争?我的前途一片黑暗。"

过程回放:

小李来自南方的一个小城镇,父母经营一家很小的家具店。家里还有一个哥哥,在杭州工作,开销很大,还要依靠家里。小李平时经常在寝室打游戏,偶尔也逃几次课,学习不太认真。小李读的是艺术类专业,花费比较大,由于家境不好,小李一直都比较自卑,但自尊心又很强,在家中是小儿子,受宠较多,也不太懂得如何与人相处。

小李不合群,他时常觉得自己与室友格格不入,因此很孤单,总是在网络游戏中寻找满足感和成就感。由此浪费了大学四年的时光,眼看就要毕业了,他却全然不在状态,看着别人都在为未来奋斗,自己却一点头绪都没有,觉得对不起父母的辛勤付出,开始焦虑和担心自己毕业后的出路。

问题分析:

认识和探索自我是每个人的人生课题。小李既自卑,又极为自尊,有着强烈的自我满足愿望。他缺乏自信，觉得自己比别人差。他自我否定，认为自己学习成绩不好，能力不强，没什么特长，人缘又差。他对自己的能力没有正确的认识，不积极主动地发展自我、提升能力。他与室友的关系不融洽，现实生活中沟通的缺乏使其沉溺于网络，因此耽误了学习，并且在人际交往上更为被动。如果小李能尽快看清这些问题，直面困难，勇于解决困难，那他依然可以改变、提升自我，拥有光明的前途。

点评：

每个人都有优点和缺点，发扬自己的优点，弥补自己的缺点，以积极端正的态度对待自己和他人，才能处理好问题，化解矛盾。

本章小结

认识自我，是一件不容易的事情，也是大学生最需要做的一件事情。本章主要围绕大学生常见的"迷茫"现象展开，通过认识自我了解自我意识及其对自我发展的作用，通过同一性的确立探索自我。

认识自我和探索自我、发现自身的能力与渴望后，还要通过对未来的了解与现实世界的互动，更好地提升自我。提升自我，需要进行目标管理与时间管理。其中目标管理是根本，可通过标杆管理法设定目标。目标的实现需要经过一定时间的练习与积累，特别需要进行精力管理。自我提升目标的实现，需要热情（内心的渴望）、专注、积极的情绪和健康的身体，需要管理好自己的精力。

思考与讨论

1.什么是同一性？你在同一性方面有什么困惑？
2.如果让你给身边迷茫的同学提几条提升自我的建议，你会提什么？

阅读书目和电影推荐

[1]克里斯托弗·安德烈,弗朗索瓦·勒洛尔.恰如其分的自尊[M].周行,译.北京:生活·读书·新知三联书店,2015.

[2]刘少英.青春不迷茫:大学生自我成长指南[M].杭州:浙江大学出版社,2017.

[3]芭芭拉·明托.金字塔原理:思考、表达和解决问题的逻辑[M].汪洱,高愉,译.海口:南海出版社,2010.

[4]肯·罗宾逊,卢·阿罗尼卡.发现你的天赋:天分与热情成就幸福人生[M].李慧中,译.杭州:浙江人民出版社,2015.

[5]张萌.人生效率手册[M].长沙:湖南文艺出版社,2017.

[6]吉姆·洛尔,托尼·施瓦茨.精力管理[M].付涛,译.北京:中信出版社,2003.

[7]电影《阿甘正传》(美国,1994)。

习题测试

优秀心理情景剧赏析

参考文献

[1]埃里克·H.埃里克森.同一性:青少年与危机[M].孙名之,译.杭州:浙江教育出版社,1998.

[2]安秋玲.大学生心理困惑及其根源探寻:基于自我同一性理论的视角[J].全球教育展望,2009(12):28-31.

[3]博恩·崔西.吃掉那只青蛙:拒绝穷忙,把时间留给最重要的事(原著第二版)[M].许海燕,译.北京:化学工业出版社,2009.

[4]苟延杰,陈仲.大学生结构化思维模式及其培育路径研究——以人力资源管理专业学生为例[J].吉首大学学报(社会科学版),2015(S1).

[5]黄华华,刘少英,徐芬.大学生的自我同一性与社会适应[J].中国心理卫生杂志,2014(1):70-74.

[6]黄华华,刘少英,徐芬.发展性心理干预对大学生自我同一性的改善效果[J].中国心理卫生杂志,2012(10):748-753.

[7]吉姆·洛尔,托尼·施瓦茨.精力管理[M].付涛,译.北京:中信出版社,2003.

[8]卡尔·纽波特.深度工作:如何有效使用每一点脑力[M].宋伟,译.南昌:江西人民出版社,2017.

[9]肯·罗宾逊,卢·阿罗尼卡.发现你的天赋:天分与热情成就幸福人生[M].李慧中,译.杭州:浙江人民出版社,2015.

[10]李忠秋.结构思考力[M].北京:电子工业出版社,2014.

[11]刘少英.青春不迷茫:大学生自我成长指南[M].杭州:浙江大学出版社,2017.

[12]诺特伯格.番茄工作法图解:简单易行的时间管理方法[M].大胖,译.北京:人民邮电出版社,2014.

[13]王树青,陈会昌,石猛.青少年自我同一性状态的发展及其与父母教养权威性、同一性风格的关系[J].心理发展与教育,2008(2):65-72.

[14]吴璇.大学生的自主发展目标管理问题研究[D].曲阜:曲阜师范大学,2013.

[15]张青方,郑日昌.青少年自我同一危机量表的信度、效度检验[J].中国心理卫生杂志,2002(5):304-307.

[16]张燕燕.自我管理能力训练[M].北京:北京师范大学出版社,2013.

[17]郑小卿.高校学生党团员标杆管理的运用策略[J].丽水学院学报,2008(4):65-67.

第 2 章

做情绪的主人——情绪认知与情绪管理

导　言

　　大学生正处于人生发展的黄金时期,思维活跃,充满激情,但在丰富多彩的生活中,他们又时常因为种种事情,情绪像过山车一样跌宕起伏。每个人都希望活得轻松、快乐,但每个人又会不断地感受焦虑不安、烦躁和痛苦。情绪与我们如影随形,它既可以成为一种有力的工具,给我们的生活带来欢乐;也可以成为一种可怕的武器,极大地伤害我们。有人曾经这样说过,在成功的道路上,一个人最大的敌人不是缺少机会,也不是资历浅薄,而是缺乏对自己情绪的控制。一个心理成熟的人,不是没有消极情绪,而是善于调节和控制自己的情绪。因此,选择"好情绪"还是"坏情绪",就看你自己的决定了。

第一节　情绪认知

　　随着经济的高速发展和社会竞争的日益激烈,近年来心理疾病的患病率不断攀升。世界卫生组织的一份调查数据显示,我国有 2 亿至 3 亿人存在心理健康问题,其中抑郁、焦虑位居前两位。2017 年 9 月 7 日《中国精神卫生调查概况》[①]指出,焦虑障碍的患病率为 4.98%,位居精神类疾病之首,"情绪障碍"已成为当今社会的热门词。情绪与我们的身心健康密切相关,关爱自己的健康首先要关心自己的情绪。

一、情绪的含义与分类

(一)情绪的含义

　　情绪是个体对外界刺激的主观的、有意识的体验和感受,是大脑对外界客观刺激与主体需求之间关系的反应,通常伴随着一定的生理反应和在行为或表情上的外在表现。这种主观感受一般取决于个体对事物的态度,不同的人对同一事物的态度或看法可能会有差异,即

---

　　① 衢报健康.抑郁、焦虑、强迫、社交恐惧等患病率偏高,近 30 年增长 20 多倍[EB/OL].(2017-10-11)[2018-07-01].http://www.sohu.com/a/197450714_99952073.

使是同一个体,面对同样的事情也可能会因时间、地点的改变而采取不同的态度。如面对老师的教导,有的学生觉得是老师对自己的关心,有的学生则觉得是老师故意为难自己,还有的学生则觉得无所谓。情绪产生的时候会伴随一系列生理反应,如激动时会血压升高,紧张时会心跳加快,愤怒时会浑身发抖,等等。除此之外,情绪还伴有一些外部表情和行为,它是人们推测和判断他人情绪的外部指标。例如,人在高兴时会开怀大笑,在伤心时会放声痛哭,在生气时会暴跳如雷。

值得注意的是,情绪是以个体需要为中介的一种心理活动。当外界刺激可以满足个体的需要时,个体会产生积极的情绪体验,如快乐、满意等;当外界刺激不能满足个体的需要时,个体会产生消极的情绪体验,如愤怒、憎恨、哀怨等;而当外界刺激与个体需要无关时,个体则会产生无所谓的情绪。情绪虽然可以划分为积极情绪和消极情绪,但情绪本身并无好坏之分,由情绪引发的行为则有好坏之分,行为的后果有好坏之分。

日常生活中,情绪与"情感"一词常常通用,但严格来讲两者有区别。一般认为,情绪是与人的自然需要相联系的,具有情景性、暂时性和明显的外部表现;而情感与人的社会需要相联系,具有稳定性、持久性,不一定有明显的外部表现。情感的产生伴随着情绪反应,情绪的变化受情感的控制。

(二)情绪的分类

人类有几百种情绪,情绪还有很多混合、变种、突变以及具有细微差异的"近亲"。情绪的微妙之处在于,它已经大大超越了人类语言所能够形容的范围。下面为了便于了解情绪,我们根据不同的标准将情绪划分为不同的类型。

1. 心境、激情和应激

根据情绪发生的强度、持续性和紧张度,可以把情绪分为心境、激情和应激三种类型。

心境是一种平静、微弱、弥散而持久的情绪状态,它通常被称为心情。心境具有持久性、很强的渲染性和弥散性,使个体的精神活动都渲染上某种背景,使其对所有事物都有同样的态度、体验。心境持续的时间可以很长,也可以很短,这和个体的性格特征及客观事物的性质密切相关。心境并不是对某一事件的特定体验,而是用同样的态度来对待所有的事件。古人所说的"情哀景则哀,情乐景则乐"中的"哀""乐"指的就是心境。人们可能并不清楚导致某种心境的具体原因,可是心境对人的影响很大,如积极向上的心境会提高个体的工作、学习效率,有助于身心健康;消极悲观的心境会降低个体的工作、学习效率,对个体的身心造成负面影响。

激情是强烈、短暂的爆发式情绪状态,它来得快去得也快,具有冲动性和爆发性。激情一般是由突如其来的事件、重大事件或者对自己影响较大的冲突引起的。激情有正性和负性之分,正性激情的表现有意外惊喜、比赛胜利的喜悦等,负性激情的表现有痛苦、绝望、暴怒等。激情是心理能量宣泄的一种方式,从长远来看,它对个体的身心健康的平衡是有益的,但是过度的激情也会使身心失衡,从而产生危险。

应激又称应激状态,是出乎意料的紧急情况或危险情境所引起的高度紧张的情绪状态。应激是一种比激情的反应水平更高、更强烈的情绪状态。加拿大心理学家汉斯·薛利把在应激状态下出现的一系列生理反应称为"一般性适应综合征"(general adaptation syndrome, GAS),其包含三个阶段:警觉阶段、抵抗阶段和衰竭阶段。警觉阶段(alarm)是应激反应的最初阶段,是由应激源的刺激引起的,并伴随着一系列生理和心理方面的变化。在抵抗阶段(resistance),全身的各组织器官将被动员起来,应付当前的应激状态。疲惫阶段(exhaustion)的主要特征就是生理和心理上的疲惫。应激状态可以帮助个体应付外界突如其来的刺激,但若应激状态持续时间较长,则会对个体造成严重的伤害。

2.基本情绪和复合情绪

从生物进化的角度,可以把人的情绪分为基本情绪和复合情绪。基本情绪也称初级情绪,是先天的,人和动物都具有。复合情绪又称次级情绪,是由两种或两种以上的基本情绪组合而派生出来的情绪,表达了人和客观事物间较为复杂的相互关系。

美国心理学家伊扎德认为人类共有十一种基本情绪,分别为愉快、兴趣、愤怒、惊奇、痛苦、厌恶、恐惧、悲伤以及害羞、轻蔑和自罪感。我国古代文献也对情绪进行了分类,《中庸》将情绪分为喜、怒、哀、乐;《吕氏春秋·尽数》认为情绪共有五种——喜、怒、忧、恐、哀;《荀子·正名》曰"说、故、喜、怒、哀、乐、爱、恶、欲以心异"(九情说)。美国加利福尼亚大学旧金山分校的心理学家保罗·艾克曼证实了人类具有的四种基本情绪——喜、怒、哀、惧,这四种基本情绪所对应的特定面部表情,为世界各地不同文化所公认。

复合情绪是由基本情绪组合而成的。在日常生活中我们听过"让人又爱又恨""悲喜交加""又惊又喜"等表述,这些都包含至少两种基本情绪,均属于复合情绪。伊扎德认为复合情绪有很多种,有的可以被命名,有的则不行。例如,敌意是愤怒—厌恶—轻蔑的复合,恐惧—内疚—痛苦—愤怒的复合是典型的焦虑。科学家用计算机分析了"全世界最有名的微笑"——蒙娜丽莎的微笑,结果表明,蒙娜丽莎的微笑中包含四种情绪:83%的快乐、9%的厌恶、6%的悲伤和2%的气愤。①

3.积极情绪和消极情绪

根据体验性质对人的影响,可以将情绪划分为积极情绪和消极情绪。积极情绪是指对人的行为起促进作用的情绪。积极情绪包括高兴、快乐、热爱、满意、自豪、爱等。积极情绪可以增强个体的主观幸福感,促进个体智力的发展,提高个体办事效率,还可以增强个体的免疫力,对个体的身体健康有重要的作用。

消极情绪是指对人的心理造成负面影响的情绪,如悲伤、忧愁、恐惧、紧张、焦虑、痛苦等。消极情绪并不完全是负面的,适度的消极情绪(如焦虑、愤怒)可以提高个体的注意力和反应能力,也可激发个体的创造力等。但过度的消极情绪会对人的机体造成伤害,还可能会妨碍个体正常的心理功能,如导致记忆力、注意力、社会功能下降,影响个体的学习、工作和人际关系。

心灵视窗

科学家做过一个实验,对同一窝生的两只小羊用相同的饲料喂养,唯一不同的是,有一只小羊旁拴着一匹狼,而另一只小羊从来就没有看见过狼。结果,在狼旁边的那只羊在极度

---

① 佚名.解读蒙娜丽莎的微笑[EB/OL].(2005-12-22)[2018-07-01].http://tech. 163. com/05/1222/08/25IJU1QU00091537.html.

惊恐的情绪折磨下逐渐瘦弱，后来夭折，而另一只羊却一直长得很健壮。①

二、情绪的功能

（一）适应功能

情绪对个体的生存、发展和环境适应十分重要。情绪能够使个体对不同的刺激事件产生灵活自如的适应性反应，并调节或保持个体与环境间的关系。当个体的情绪被唤醒后，机体处于适宜的活动状态，从而使个体更好地适应环境、工作、社会生活等。例如，羞耻感可以增强个体与社会习俗的一致性，从而使个体在社会道德规范下完成社会化的过程；当个体做出伤害他人的事件后，内疚感能促使个体反省和改正自己的行为；同情、利他等亲社会情感则可以让个体对他人做出友善的行为，从而构建和保持良好的人际关系。

（二）动机功能

情绪是个体基本的动机系统之一，动机功能又被称为情绪的调节功能，适度的情绪唤醒能够使人的身心状态处于最佳水平，可以对个体的活动起促进和调控的作用。情绪还可以增强人的内驱力，从而促进人的活动，如在缺氧环境下，个体想到自己心脏不好，感到害怕，就会产生强大的驱动力量，使自己离开现场。此外，积极的情绪可以促进个体的行为，消极的情绪对个体的行为有抑制作用。当个体对某事的兴趣很大时，个体的动力就会很足，其活动就会更加符合自己的愿望和需要。

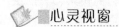心灵视窗

恐惧的力量

这是一个发生在美国的故事，一个六岁的男孩在小河里玩耍，周围空无一人。当他正玩得高兴时，灾难即将发生在他身上，他还浑然不知，原来一条蟒蛇正向他游来。当蟒蛇把他缠起来时，他在惊慌之中用手掐住了它的要害。蟒蛇很大，虽然被掐住要害，但还是要把小男孩缠死，好在小男孩身材瘦小，蟒蛇无法把他缠紧。小男孩就这样一直用力掐住蛇的要害，直到他昏过去。后来人们发现小男孩时，他的手还在紧紧掐住蟒蛇，而蟒蛇早已死掉。这个故事说明：人在恐惧时可以调动全身的力量，激发自己的潜能。

（三）感染功能

个体的情绪还可以对他人产生影响，使他人产生和自己的情绪相对应的情绪、情感。快乐或不快乐可以从一件事传到另一件事，也可以从一个人传给其他人。例如，遇到挫折的大学生会意志消沉、情绪低落，做什么事情都没有干劲；一个外向活泼、非常乐观的大学生，周围的人和他在一起时，也会觉得很开心、很有活力。

---

①　徐端海.不高兴了你怨谁:精神健康自我疗法[M].北京:作家出版社,2003.

视频：笑会传染，神奇实验情绪感染力

（四）信号功能

表情是情绪的外部表现，包括肢体表情、面部表情和音调表情，是非言语沟通的重要组成部分，在人际沟通中具有传递信息、促进交流的功能。它又被称为体态语言。个体可以通过体态语言将自己的观点、态度、愿望、要求等传递给他人或者影响他人，从而沟通思想、促进相互之间的理解。与语言相比，表情更具生动性、敏感性、神秘性和表现力。个体可以通过表情准确地表达自己的思想或情感，也可以通过他人的表情来辨别其态度和看法，如竖起大拇指表示称赞，摇头代表反对，点头代表同意，面部冷若冰霜代表问题严重。

表情是人际关系的一条纽带，能使人们相互沟通、相互理解。大学生学习和掌握表情信号，不仅可以正确表达自己的真实感受，也可以了解和把握他人的情绪，增进人际关系。

心灵视窗

焦虑存在的进化学含义①

焦虑是人的自我保护机制的一部分，它是对"危机可能即将发生"的一种预感，但是还没有确定任何具体威胁的存在（有人形容焦虑的效应是"弥散性"的：在感到焦虑时，我们并非集中注意某个特定的对象，而是广泛地搜索周围的环境，寻找潜在的敌人）。焦虑系统的运作方式接近于我们平时常说的"直觉"，它并不依赖于意识的参与，虽然意识可以加强或削弱它的影响。这种调节系统是那些风餐露宿、终日担惊受怕的先祖从远古时期留传下来的遗产，并将以基因编码的方式继续传给我们的后代子孙。

与我们祖先所处的环境不同，通常我们所感受到的威胁不是来自人身安全方面，而是来自日常生活中的问题和挑战。事实上，适度的焦虑对于我们的行动是不可缺少的，如果焦虑水平过低，我们甚至不能完成维持日常生活所必需的事务，也就是说会出现适应不良（maladaptive）的现象。焦虑情绪已经深深地植根于人的动机系统，成为我们行事的主要动力。

事实表明，即使我们对现实世界有清醒的认识，也不足以形成强大的行为动机。使我们每天早上抵抗着睡意，挣扎着起床去上课、上班的巨大力量，不是我们的理智，而是我们对未来的焦虑。如果没有焦虑作为推动力，即使是对未来意义重大的事，我们也不一定会着手去做，因为它对我们眼前的处境并没有影响。我们也就不会为了一个月后的考试，苦苦背诵单词直到深夜。人能够未雨绸缪，要归功于焦虑。

三、大学生情绪的特点及常见情绪困扰

（一）大学生情绪的特点

大学生处于青春期末，这一时期是步入成年的重要过渡时期，他们具有青年人的激情、

---

① 孙东.做个成熟的人[J].思维与智慧，1997(6).

好胜心和冲动,喜欢以成年人自居,但又受到自身生理、心理和社会经验等多方面的限制,内部和外部冲突都较大。大学生是社会比较关注的特殊群体,他们的心理状态、知识水平、生理和心理发展方面都具有极其鲜明的特点,情绪也具有与众不同的群体独特性。

1. 稳定性和波动性并存

随着年龄的增加,大学生的心理慢慢成熟,对世事和人际等各方面都有了较为深刻的理解和把握。因此,相比初高中生来说,大学生的情绪是较为稳定的。但是,与其他成年人相比,大学生又相对敏感,情绪的波动性较大,一首感人动听的歌曲、一个善意的举动都会使他们备受感动、永生难忘。暂时的失意、小小的挫折都会令他们伤心,使他们对自己失去信心、情绪低落。同时,由于对自我的认识有限以及心理发展尚不成熟,大学生遇到问题时反应比较极端。因此,大学生情绪两极化特征明显:高兴时得意忘形,沮丧时灰心丧气;有时过于自负,有时过于自卑。情绪反应摇摆不定。总之,大学生对事物的认识水平有所提高,也能对自己的情绪进行一定的控制,情绪也逐渐趋于稳定,但是和其他成年人相比,大学生又较为敏感,情绪波动也较大。

2. 丰富性和复杂性并存

大学生的情绪非常丰富,表现的形式也很多样,在日常生活、学习、工作、人际交往中,都带有非常浓厚的感情色彩。大学生在情绪体验方面非常敏感,所以大学生的情绪具有丰富多彩的特征。他们在学习活动中有强烈的求知欲、好奇心,热爱科学和真理,憎恨迷信和谬误;也会因为不适当的攀比,体验到自卑、自负等消极情绪;还有的大学生向往纯洁的友谊和爱情,积极地在各种活动中发现美。此外,随着大学生人际交往的范围逐渐扩大,在与同学、朋友、老师的交往中他们也更易体验到复杂的情绪。

3. 内隐性和外显性并存

大学生比较敏感,当遇到外界刺激时,能很快感知并较为直接地表达自己的情绪,情绪具有外显性,所以相比于其他成人,大学生性格比较坦率。但与中小学生相比,大学生又能隐藏、文饰或抑制自己的真实情绪,其情绪具有内隐的特点。总体来说,虽然大学生很多时候都是喜、怒、哀、乐形于色,但由于大学生自我意识的增强以及独立性的发展,他们逐渐会使用一些防御机制来隐藏自己真实的情绪、情感,以此来保护自己免受伤害。例如,他们在言行和思想上并不一致,言行上可能很自信,实际上可能是为了保护自己的自尊心或者是自卑感在作怪;有时也会用虚假的表现掩饰自己内心真实的想法。这些表现并不是说大学生虚伪,而是他们对社会心理和行为的一种适应。

4. 阶段性和层次性并存

大学期间不同年级、不同专业的大学生面临的问题是不同的,因此大学生的情绪就呈现出阶段性和层次性并存的特点。刚入学时,大学生面临的问题是需要适应新的环境、新的同学和老师、新的学习目标、新的学习任务等,这时他们会产生焦虑、迷茫等情绪,情绪波动较大。到大二、大三时,他们基本已经适应大学的生活、学习、工作等,情绪相对来说比较稳定。大四时,他们会面临很多现实问题,如毕业论文、恋爱关系、就业或者考研等,消极情绪多,比较容易出现情绪波动。此外,由于家庭环境、社会要求、自身性格特点等方面的差异,大学生的情绪也有一定的层次性。

互动话题:结合所学知识,谈谈你对江歌被杀案的看法

(二)大学生常见情绪困扰

情绪对大学生身心健康及学习、工作和生活的影响,不仅取决于情绪本身的性质,还取决于情绪表现的"度"。任何一种情绪的产生,都是个体对内、外刺激的一种反应,都有其生理、心理的价值。即使像焦虑、恐惧、抑郁、愤怒等消极情绪,只要是由适当的原因引起的,就都有其存在的意义和价值。一般认为,适度的、情境性的负性情绪反应,如考试中的紧张和焦虑、失意后的悲伤等都是正常的。但问题在于,当个体陷于某些不良情绪体验中不能自拔,或者情绪体验的强度和持续的时间都超过一般人,严重妨碍了学习和生活时,身心就会受到危害。通常被认为积极的情绪,同样目的性也应恰当,反应也应适时适度,不然,也不利于个体的身心健康发展。下面列举大学生群体中常见的几种情绪困扰。

1. 焦 虑

焦虑是预感到某种不祥的事情或不良的后果将要发生而又无能为力时,所产生的一种模糊的、紧张不安的情绪体验。它是一种处在边缘状态的情绪,有许多其他情绪体验参与其中,如忧虑、焦急、惧怕、愤怒、压抑、惶惶不安等。自尊心受损、自信心丧失、失败感和愧疚,最终形成一种紧张、不安、忧虑、恐惧等感受所交织成的综合性负性情绪,就是焦虑。焦虑的产生会伴随着相应的生理上的反应,如自主神经系统活动增加,肾上腺素输出量提高,血压和心率增强,呼吸加快或困难,并且使人精神紧张,注意力不集中,甚至歪曲自我意识。

焦虑是大学生中常见的不良情绪,主要表现在:第一,因适应困难而产生焦虑情绪。这是大学生中比较常见的情况。生活环境和学习方式的转变造成大学生,尤其是大学新生生活不适应、学习不适应、人际关系不适应、情感不适应、社会认识不适应、专业不适应等,引起了各种各样的焦虑反应。第二,考试焦虑。它是由于担心考试失败或渴望获得更高的分数而产生的一种忧虑、紧张的心理状态。研究表明,那些能力不如其他人或对自己能力的主观评价不如别人的大学生以及那些对获得好成绩有强烈愿望的大学生容易产生较强的考试焦虑。应当指出的是,并不是所有的考试焦虑都是异常的,适度焦虑对提高效率、发挥潜能有一定的积极作用,而过度焦虑则是有害的,严重的会导致心理疾病。如考试前适度的焦虑可提高复习效率,但焦虑过度或持续时间较久则会导致神经状态失调,影响正常生活,需要改变或治疗。第三,对身体健康状况过分关注而产生的焦虑。大学生因学习比较紧张,脑力劳动比较多,所以存在着一些可能使健康水平下降的因素,如失眠、疲倦及各种躯体疾病等,当这些因素作用于那些过分关注自身健康状况的大学生时,他们便有可能产生焦虑情绪。第四,在面临动机冲突和困难的选择时,大学生往往会焦虑。例如,学习与社会工作、交友、恋爱之间的冲突;自己的兴趣和所学专业之间的冲突;理想与现实之间的冲突;等等。由于一些冲突是"非此即彼"的,大学生不知如何才能做出一种比较理想的选择,因此整日顾虑重重,产生焦虑情绪。

以上是大学生焦虑情绪的主要表现。从心理健康的角度看,紧张和焦虑并非一定是消极的。适度的紧张和焦虑常常会使人处在一种积极的竞技状态,这是大学生成长与成才所必需的,也是必要的心理反应。然而,一旦紧张和焦虑过度,对人的身心便会产生不良后果,进而引发身心机能障碍,甚至导致身心疾病。

2. 抑 郁

抑郁是一种过度忧愁和伤感的情绪体验。它是遭受挫折、经受失败后的沮丧、失望,此时的个体如同戴上灰色的眼镜,世上的一切东西变得暗淡起来,生活似乎失去了阳光。一般而言,内向、孤僻、多疑多虑、多愁善感、自怨自艾的人更容易陷入抑郁状态。情绪抑郁的大学生的主要表现是:第一,生活兴趣减退甚至丧失。原先感兴趣的东西现在不感兴趣了,甚至对大学生活中的任何事情都不感兴趣,认为同学聚会没意思,重大的球赛与己无关,精彩的文艺表演没看头,整日心事重重,郁郁寡欢。第二,对前途悲观失望。遇事总往坏的方面想,看待事物总是突出其阴暗面,感到困难重重,似乎生活、学习、工作都前景暗淡,糟糕到不可收拾的地步,很难重新开始。第三,在认识上表现出负性的自我评价。认为自己是弱小可怜的,对自己的处境毫无办法,对自己的不幸和痛苦无能为力,同时只看到自己的错误和缺点,总是忏悔自己的过失,过去曾引以为豪的品质在自己心目中也消失了,认为自己是没有价值的人,自我责备,甚至产生自罪感。

抑郁就像其他情绪反应一样,人人都曾体验过。对大多数大学生来说,抑郁只是偶尔出现,为时短暂,很快会消失。但也有少数大学生长期处于抑郁状态,导致患上抑郁症,使正常的学习和生活受到明显的影响,严重者还会反复出现自杀的念头和行为,若得不到及时的心理治疗,往往会造成不可挽回的损失。

按照国际公认的标准,心情低落、苦闷、沮丧持续至少两周,且妨碍学习、生活和社会活动,一般称为抑郁症。其表现有"六无":①无兴趣。②无希望,对人生持消极、悲观的态度。③无助感,感觉没有人能帮助自己。④无动机,感到疲劳、沮丧、筋疲力尽。⑤无价值,贬低自己,感觉自己于人于己都是没有价值的,深深地内疚、自责和后悔。⑥无意义,认为生命本身没有意义,活着不如死了,期望意外突发事件,严重的甚至会自杀。

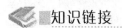 **知识链接**

认识抑郁症

抑郁症又被称为抑郁障碍,主要临床表现是显著且持久的心境低落。具体表现有抑郁的心境、兴趣缺乏、思维迟缓、疲乏、精力减退、记忆力减退、食欲紊乱、睡眠失调、不断出现关于死亡或自杀的念头等。据世界卫生组织报告,抑郁症是目前全球第四大疾病,全球约有3.5亿抑郁症患者,我国已确诊的抑郁症患者为3000万人左右。调查显示,大约有1/7的人会在人生的某个阶段受到抑郁症的困扰。预计到2020年,抑郁症将成为仅次于心血管病的第二大疾病。

每年约有100万名抑郁症患者尝试自杀,它不仅让患者饱受困扰,同时也影响着每一位爱他们的人。在2017年12月18日傍晚,年仅27岁的SHINee组合成员、创作歌手金钟铉烧炭自杀身亡。而在此之前,2016年9月16日晚,我国影视男演员、流行乐歌手乔任梁因抑郁症在上海家中去世,年仅28岁。

其实抑郁症是一种疾病,就像感冒发烧一样,而且它是可以治疗的,可是很多人不知道自己或者朋友得了抑郁症。有时候就算知道自己患有抑郁症,但碍于大家对其的偏见和误解,不敢去寻求专业的帮助,从而错过治疗的最佳时间。除了寻求专业帮助外,运动也是改善轻中度抑郁的好方法,亲朋好友的支持和关心也对改善抑郁有很大的帮助,自己也可以通过冥想放松法或宣泄法来进行调节。

曾患抑郁症的著名主持人崔永元说过:"我就想告诉大家,确实有这样一种病(抑郁症),希望大家能知道,如果你身边有这样的朋友得了这种病,希望你不要歧视他,然后鼓励他去看医生,医生可以帮助他解决这个问题。"①

3.冷　漠

冷漠是一种对人对事冷淡、漠不关心的消极情绪体验。表面上看,冷漠似乎是平静的,毫无情绪反应,事实却远非如此,当事人正经历着比一般受挫更加痛苦的内心体验,冷漠并非不包含愤怒的情绪成分,只是个体把愤怒暂时压抑,以间接方式表现出来而已。这种现象表面上是冷漠、退让,内心深处则往往隐藏着很深的痛苦,是一种受压抑极深的反应。一般情况下,对挫折的冷漠反应是由于一个人长期遭受挫折或感到没有任何希望摆脱、消除困境时产生的,是一种个体对挫折环境的自我逃避式的退缩性心理反应,它带有一定的自我保护或自我防御的性质。

研究表明,一些处境艰难的人,起初也表现出愤怒的攻击、反抗,并企图逃脱。但当他们发现一切努力都毫无希望时,便不再激动,而以冷漠的态度来应对挫折。如,在第二次世界大战期间,被纳粹送入集中营的俘虏们,最初多愤怒、反抗并企图逃亡,但等到发觉一切都是徒劳时,他们的情绪反而不再激动,而以冷漠的态度应付鞭挞、饥寒、疾病、奴役甚至死亡的威胁。

冷漠情绪在大学生中也是常见的。一些大学生对大学学习、生活反应冷漠,表现出对学习漠然置之,听课昏昏欲睡,对成绩好坏满不在乎,对集体环境漠不关心,对同学冷漠无情,意志消沉,缺乏信心,麻木不仁。日本心理学家把具有这种冷漠状态的大学生称为"三无"学生,即无情感、无关心、无气力。分析情感冷漠的大学生可以发现,冷漠和个人经历(如努力得不到承认、好心得不到理解、历经挫折而心灰意冷、父母矛盾纠纷乃至离异等)、个性特点(如思维方式片面、固执、心胸狭窄、耐受力差、过于内向等)有关。根源是虽然他们尽了相当大的努力,但在某些方面总是处在落后状态。当他们发现一切努力都毫无希望时,便不再努力,以无动于衷的态度来应对挫折。冷漠情绪既不利于大学生的身心健康,也不利于大学生的全面发展,因此国内外的教育、心理健康工作者都在努力探讨克服冷漠情绪的方法。

对大学生来说,要消除冷漠情绪,应充分意识到冷漠的危害性,分析自己冷漠的原因,从而进行有针对性的调整。首先,积极转变观念并采取行动是很关键的。人际关系是相互的,要获得别人的友情,就不能对人冷漠,若不伸出自己的手,又怎能握住对方的手?在人际交往中,顾影自怜是在为自己设置陷阱。其次,人与人之间需要感情的交流,性格内向、情感含蓄的大学生更应主动走出自己的情感世界,与他人相互沟通;克服观望、等待或被动的态度,意识到自己是生活的主人和创造者,自己要对自己负责任,积极地投身于各项活动,从中获得热情、乐趣,实现自身价值。再次,明白生活中虽然有假、恶、丑,但毕竟人间处处有真情,不应遭遇几次挫折和不幸就失去信心,正如俄国诗人普希金所说的:"假如生活欺骗了你,不

---

① 张笑恒.崔永元的做人之道[M].北京:中国铁道出版社,2014.

要悲伤,不要愤慨!苦闷的日子暂且忍耐:相信吧,欢乐终究会到来。"①对于处于冷漠状态的大学生,周围的人应热情地给予关心与帮助,使他们树立信心,振作起来,以免他们"破罐子破摔"。

4.易　怒

大学生正处在热情高涨、激情澎湃的青年时期,有时候激情似乎难以控制。容易发怒,便是大学生中常见的一种消极激情。有的大学生因一句刺耳的话、一件不顺心的事,就激动得暴跳如雷,或出口伤人,或挥拳相向,铸成大错。盛怒过后,莫不后悔不迭。正如古希腊学者毕达哥拉斯所言:"愤怒以愚蠢开始,以后悔告终。"

发怒是客观事物与人的主观愿望相悖时产生的强烈情绪反应。发怒对一个人的身心健康有明显的不良影响。通常,当人发怒时,心跳加速,心律失常,严重时可能心脏停搏甚至猝死,发怒导致心悸、失眠、高血压、胃溃疡以及心脏病的人也不在少数。此外,众所周知,发怒会使人丧失理智,阻塞思维,导致损物、殴人等许多失去理智的不良行为。

易怒与个性和生活经历有较大的关系。易怒的人中以胆汁质类型的人(情感发生迅速、强烈的人)为多,这不是说别的气质类型的人就没有发怒的时候,而是因为他们更能自我克制,更少冲动。一些人成长在充满争吵的环境中,往往容易染上易怒的脾气。一些缺乏良好教养的人,自制力不强,常常以发怒来应对外界环境。

易怒行为与一些人的错误认知有关。比如有的大学生认为发怒可以威慑他人,可以抵挡责难,可以挽回面子,可以推卸责任,可以逃避努力,可以满足愿望,等等。然而事实上,易怒者所得到的不是尊严、威信,而是他人的愤怒、厌恶、更恶劣的后果和自己的心绪更加不宁。

如何有效地控制发怒?以下方法会对大学生有所帮助:①明理。只有尊重他人才能获得他人的尊重,凡事多想想别人,多想想后果。②宽容。只有宽以待人才能真正帮助、教育他人,才能赢得友谊。③自制。俄国作家屠格涅夫就曾经劝告那些易怒的人,在发怒之前,先将舌头在口内转10圈,以加强自制。④转移。当感到自己难以控制愤怒时,采用转移注意力或转换环境的办法是明智的。

5.嫉　妒

嫉妒是大学生中有一定普遍性的不良情绪。容易引起大学生嫉妒的因素主要有以下几类:外表、成绩、能力、物质条件、恋人、运气等。自尊心过强、虚荣心过盛、自信心不足、以自我为中心、认知有偏差、自控能力弱的大学生更易嫉妒,而且程度也较一般人更重。

嫉妒会影响大学生的人际关系,造成同学间的隔阂甚至对立,同时使自己处于烦躁、痛苦的情绪中,因而需要克服。首先,要学会进行正确的比较,每个人都既有长处,亦有短处,关键是要善于学习别人的长处,弥补自己的短处。其次,要化消极的嫉妒为积极的进取,"你行我也行",奋发努力,缩小差距。再次,要充实自己的生活,培根在《论嫉妒》中说道:"嫉妒是一种四处游荡的情欲,能享有它的只能是闲人,每一个埋头于自己事业的人是没有工夫去嫉妒别人的。"

6.压　抑

大学时期是情感最丰富、最强烈的时期,同时也是充满压力和冲突的时期。情绪的压抑

---

①　普希金,等.秋天的哀歌:俄罗斯抒情诗选[M].汪剑钊,译.成都:四川人民出版社,2016.

也是大学生中常见的情绪问题。近年来大学生中流行的"郁闷"情绪就是压抑的表现。这种情绪有些是由自己意识到的原因引起的,而有些则是自己也不知道的,只觉得自己有一种不满、烦恼、空虚、寂寞、孤独、苦闷、疑惑的感觉。

大学生情绪压抑的原因是多方面的,比如,在解决自我认同的危机中会出现精神上的迷茫、情绪上的苦闷和心理上的不安;在实际生活环境中,大学生会遇到许多问题,如人际关系的紧张、生活的枯燥、成绩下降的烦恼、失恋带来的痛苦、性冲突的苦闷、情感丰富而无所寄托造成的孤独寂寞、对社会现实难以理解而产生的疑惑、才能难以施展导致的空虚、激烈竞争形成的心理压力等。这些都会使敏感的大学生有挫折感,当这种困扰无法宣泄时,就会日积月累,形成压抑情绪。此时的压抑往往已经失去了原来的具体内容而主要表现为一种形式,就是所谓的"郁闷"。

一个时时感到压抑的大学生常会表现出精神萎靡不振,缺乏朝气,缺少活力;成天唉声叹气,感觉活得太累;丧失广泛的兴趣,失去敏感的知觉与灵活的思维;与人交往总是缺少热情,逢人好发牢骚,对他人的喜、怒、哀、乐缺少共鸣。长期的、严重的压抑会诱发胃溃疡、高血压等疾病,还会导致心理异常,甚至使人厌弃人生而自杀。专家们认为,适当的宣泄是防治压抑的有效途径。

　心灵视窗

人无完人[①]

达芙妮·海淑德-本雅德

他们说……没有人完美无缺

但是,我不同意!

我恰好是一个完人的完美例证

我非常擅长自己所擅长的

当我生气时,会极其愤怒

当我争论时,会完全不讨人喜欢

我会犯愚蠢的错误

当我心情低落时,我会带着一种全然否定的态度

在高兴时,我会完全沉溺于快乐之中

在悲伤时,我会放声大哭

我可以保持绝对的冷静

也有难以掩盖的缺点

而当我把事情搞得一团糟的时候……情况完全失控

我会不打折扣地生气……大叫……打人

愚蠢地生活在这个非常不完美的世界里

---

① 尼尔森·古德,亚伯·阿可夫.心理学与成长[M].田文慧,译.北京:世界图书出版公司北京公司,2009.

所以说人无完人？

哈！我完全不同意！

行动课堂：情绪稳定性测验

行动课堂：焦虑自评

行动课堂：抑郁自评

第二节　情绪管理

■引子：情绪管理的重要性

　　从前，有一个男孩的脾气很差，于是他的父亲就给了他一袋钉子，并且告诉他，当他想发脾气的时候，就在后院的围篱上钉一颗钉子。第一天，这个男孩钉下了 37 颗钉子。慢慢地，男孩可以控制自己的情绪，不再乱发脾气，所以每天钉下的钉子也逐渐减少了，他发现控制自己的脾气比钉下那些钉子容易一些。终于，有一天他一颗钉子也没有钉，就高兴地告诉了父亲。父亲又建议他，现在开始每当他能控制自己的脾气的时候，就拔出一颗钉子。一天天过去了，最后男孩告诉他的父亲，他终于把所有的钉子都拔出来了。于是，父亲牵着他的手来到后院，告诉他说："孩子，你做得很好。但看看围墙上的坑坑洞洞，这些围篱将永远不能恢复从前的样子了，你生气时所说的话就像这些钉子一样，会留下很难弥补的疤痕，有些是难以磨灭的呀！"男孩终于懂得情绪管理的重要性了。

一、情绪管理概述

（一）情绪管理的含义

　　情绪管理（emotion management）是指通过研究个体对自身情绪和他人情绪的认识、协调、引导、互动和控制，充分挖掘和培植个体的情绪智力，培养个体驾驭情绪的能力，从而确保个体保持良好的情绪状态，以更好地适应社会。[①]

　　简单来讲，情绪管理，就是用对的方法、正确的方式探索自己的情绪，然后调整自己的情绪，理解自己的情绪，放松自己的情绪。情绪管理不是要消除或压制情绪，而是在觉察情绪后，调整情绪的表达方式。在情绪管理和调节过程中，通过一定的策略和机制，可以使个体

———————

① 李江雪.大学生情绪管理与辅导[M].北京:北京师范大学出版社,2010.

在生理活动、主观体验、表情、行为等方面发生一定的变化。虽然说情绪有正负之分，但问题的关键不在于情绪本身，而是情绪的表达方式。以适当的方式在适当的情境表达适当的情绪，这就是健康的情绪管理之道。

(二)情绪智力和情商

美国耶鲁大学的彼得·萨洛维和新罕布什尔大学的约翰·梅耶首先提出情绪智力(emotional intelligence)和情商(emotional quotient)概念并对其进行研究。他们把"情绪智力"描绘成个体监控自己及他人的情绪和情感，并通过识别、利用这些信息来指导自己的思想和行为的能力。情商(EQ)是相对智商(IQ)而言的，指的是情绪智力的高低。

美国《纽约时报》的科学专栏作家、哈佛大学心理系教授丹尼尔·戈尔曼在1995年出版的《情绪智力》一书中明确提出："真正决定一个人成功与否的关键是情商而非智商。"在他看来，"个人的成功，80%取决于情商，20%取决于智商"。很多人也认识到对自身情绪状态有无强大的控制、调节能力，往往成为现代人是否具备社会适应能力、事业成功的潜力以及是否能获得独特的幸福生活和健康感受能力的一个不可忽视的重要标志。

情商概念的提出，表明情绪负载智慧，它不再是一种简单的主观体验，而是一种反映个人智慧水平、包含丰富内容的复杂的主观体验。因此，提高自己的情绪智力水平，进而促进智力水平的发挥，能使自己在学习、工作和生活中取得更大的成功。

情绪智力包括以下五种能力。

(1)情绪的自我觉察能力

自我觉察，是指当自己的某种情绪出现时能够觉察，它是情绪智力的核心能力。一个人所具备的、能够监控自己的情绪以及经常变化的情绪状态的直觉，是自我理解和心理领悟力的基础。如果一个人不具有这种对情绪的自我觉察能力，或者说认识不到自己的真实情绪、感受的话，就容易受自己情绪的任意摆布，导致自己做出许多遗憾和后悔的事情。伟大的哲学家苏格拉底的一句"认识你自己"，道出了情绪智力的核心与实质。

(2)情绪的自我调控能力

情绪的自我调控能力是指控制自己的情绪活动以及抑制情绪冲动的能力。情绪的自我调控能力是建立在对情绪状态的自我觉察的基础上的，是一个人能够有效地摆脱焦虑、沮丧、激动、愤怒或烦恼等消极情绪的能力。自我调控能力的高低，会直接影响一个人的工作、学习与生活。当情绪的自我调控能力低下时，自己就会总处于痛苦的情绪漩涡中；反之，则可以在情感遭受挫折或失败后迅速调整，进而摆脱消极情绪。

(3)情绪的自我激励能力

情绪的自我激励能力是一种自我指导能力，是个体为服从自己的某种目标而产生的调动与指挥自己情绪的能力。一个人要想成功，就要集中注意力，学会自我激励、自我把握，尽力发挥出自己的创造潜力，也就是说，需要具备对情绪的自我调节与控制能力，能够延迟满足自己的需要，能够压抑自己的某种情绪冲动。

（4）对他人情绪的识别能力

对他人情绪的识别能力就是觉察他人情绪的能力，也就是同理心，即能站在他人的立场，设身处地地为他人着想。具有同理心的人，更容易进入他人的内心世界，也更容易觉察他人的情感状态。

（5）处理人际关系的能力

处理人际关系的能力是指善于调节与控制他人的情绪反应，并能够使他人产生自己所期待的反应的能力。一般来说，能否处理好人际关系是一个人是否被社会接纳与受欢迎的基础。在处理人际关系的过程中，能否正确地向他人展示自己的情绪、情感是非常重要的，因为个体的情绪表现会对接受者即刻产生影响。如果你发出的情绪信息能够感染和影响对方，那么，人际交往就会顺利进行并且深入发展。

  行动课堂："情绪接力"

二、情绪管理理论

（一）情绪 ABC 理论

情绪 ABC 理论是由美国心理学家阿尔伯特·艾利斯提出的。该理论认为我们的情绪不是由某一诱发事件直接引起的，而是由经历这一事件的主体对此事件的认知和评价引起的。

 微课：情绪 ABC 理论

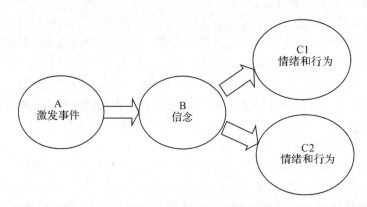

图 2-1　情绪 ABC 理论

如图 2-1 所示，我们通常认为情绪和行为结果 C（consequence）是由外界激发事件 A（activating event）直接导致的，但根据艾利斯的观点，从前因到后果之间，会经过一座桥梁 B（belief），这座桥梁就是主体的信念和对情境的评价与解释。因此，虽然有同样的前因 A，但经过不同的桥梁 B 后，会产生不一样的后果 C1 和 C2 等。例如，同样看到半瓶水，有些人认为"幸好还有半瓶水"，这样会产生积极的情感体验；而有些人则会认为"只剩下半瓶水了"，这样就会产生消极的情感体验。因此，我们所体验的消极情感和行为障碍通常是由主体对激发事件的不正确的认知和评价所产生的错误信念直接引起的。错误信念也称为非理性信念或不合理信念。

日常生活中普遍存在的非理性信念具有以下三个典型特征。

（1）绝对化要求

绝对化要求通常与"必须""应该"之类的字眼联系在一起,指人们从自己的主观意愿出发,认为某一事件必定会发生或不会发生,例如"别人必须帮我""我应该得到嘉奖""别人应该对我好""我必须成功"等。这些信念对己对人都太过苛求,个体一旦遇到不如意,就会陷入困扰。

客观事物都有一定的发展规律,而不以人的主观意志为转移,所以事物的发展出乎人的意料是很正常的。大学生不应该持绝对化要求,而应合理地对待自己及周围的人和事。

（2）过分概括化

> 以一件事的成败来评价整个人的想法是一种理智上的法西斯主义。
>
> ——艾利斯

过分概括化是一种以偏概全的不合理的思维方式,表现为对自身和他人的不合理的评价。持这种思维的人,一旦自己遇挫,就认为自己"一无是处",从而产生焦虑等负性情绪;也会因别人的过失而对他人失去信心,产生敌对情绪。世界上没有完美无缺的人,每个人都应该接受自己和他人都会犯错这一现实。大学生不要因为某几件事就去评判自己或他人,而只需评价人的行动、行为和表现,即对事不对人。

（3）过度悲观

过度悲观的人认为,如果一件坏事发生,那将是非常可怕的、非常糟糕的灭顶之灾。这种思维模式会使人陷入极端不良的情绪体验(如内疚、自罪、自责、焦虑、抑郁)的恶性循环中而难以自拔。对任何一件事情来说,都有可能发生比它更糟的情况,而没有任何一件事情是百分之百糟糕透了的。遭受了挫折,应该庆幸自己得到了经验教训;遗失了物品,应该庆幸它不是最珍贵的。

不管我们有多么不愿意,非常不好的事情确实有可能发生,我们也难以掌控。因此大学生面对这种糟糕的事情时,应该努力接受现实,在可能的情况下去改变这种状态,而在不能改变时应学会如何更好地适应和生活。

(二)合理情绪疗法

合理情绪疗法(rational-emotive theory,简称 RET),也称"理性情绪疗法",是帮助个体解决由非理性信念产生的情绪困扰的一种心理治疗方法。人们的情绪和行为反应与个体对激发事件的看法有关,合理的信念会引起人们适当、适度的情绪和行为反应,而不合理的信念则会导致不适当的情绪和行为反应,因此,当人们坚持某些非理性信念,长期处于不良的情绪状态之中时,最终就会产生情绪障碍。

虽然情绪宣泄可能会使我们一时感觉好受一点,但从长远来看,宣泄并不能使我们下次面对同一情形时情绪有所改善,反而还可能因此产生所谓的负情绪,即人往往对自己情绪加以解释而产生的继发情绪。例如,因为生气而产生的罪恶感,"我发脾气实在是没修养";因为愤怒而产生的生气情绪,"我气自己为什么要这么生气";因为无法控制自己的怒气而产生的挫败感,"我为什么就控制不了自己的脾气呢"。所以,要从根本上管理好情绪,我们需要反思自己的想法,与不合理的信念进行辩论,进而调节自己不合理的信念,使之变成合理的信念。

心灵视窗

应对非理性信念

应对非理性信念的基本步骤如下。

第一步,接受你已经产生的情绪。允许自己拥有负面情绪,不需要否认自己的情绪。

第二步,接受拥有这些负面情绪的你。虽然有这些负面情绪,但并不表示自己就是一个很糟糕的人。这只能证明自己是一个平凡的人。

第三步,确定你需要改变的认知,进行辩论。产婆术式的辩论是从个体的信念出发进行推论,在推论过程中会因不合理信念而出现谬论,个体必然要进行修改,经过多次修改,个体持有的将是合理的信念,而合理的信念不会使人产生负性情绪,从而使个体摆脱情绪困扰。

辩论方法举例如下。

针对绝对化要求的不合理信念的辩论,直接提问"有什么证据表明你必须获得成功(或是别人的赞赏)","别人有什么理由必须友好地对待你","事情为什么必须按照你的意志来发展",等等。

针对过分概括化的不合理信念的辩论,直接提问"你怎么才能证明自己是个一无是处的人","毫无价值的含义是什么","如果你在这一件事情上失败了,就认为自己是个毫无价值的人,那么你以前许多成功的经历表明你是个什么人","你能否保证每个人在每件事情上都不出差错?如果做不到这一点,那么又有什么理由表明他们就不可救药了",等等。

针对过度悲观的不合理信念的辩论,直接提问"这件事到底糟糕到什么程度?你能否给出一个客观数量来说明","如果这件可怕的事情发生了,世界会因此而灭亡吗?你会因此而死去吗","如果你认为这件事糟糕至极,我可以举出比这个还要糟糕十倍的事例,你若遇到这些事,你又会怎样",等等。

第四步,改变你的认知——将不合理的想法转换为合理的想法。

情绪ABC理论强调用认知来管理情绪,这是情绪管理的重要方面。我们要学会运用这套理论来改变我们对事实的认知,了解我们受挫的原因,以增强管理情绪的能力。[①]

三、情绪管理策略

痛苦让你觉得苦恼,只是因为你惧怕它、责怪它;痛苦会对你紧追不舍,是因为你想逃离它。所以,你不可逃避、不可责怪、不可惧怕。你自己知道,在心的深处完全知道——世界上只有一个魔术、一种力量和一个幸福,它就叫爱。因此,去爱痛苦吧。不要违逆痛苦,不要逃避痛苦,去品尝痛苦深处的甜美吧。

——赫曼·赫塞

---

① 李江雪.大学生情绪管理与辅导[M].北京:北京师范大学出版社,2010:49.

在现实生活中,喜、怒、哀、乐乃人之常情,这些情绪会随着不同的状况而有起伏。但是很多大学生不想有甚至惧怕那些负面的情绪,只希望自己时时拥有积极乐观的心境。其实,愉快的情绪需要自己精心去培养。缺乏对情绪的自控能力是大学生中较为普遍的现象。正因为如此,大学生才需要通过学习、练习掌控自己的情绪,让情绪的光芒给自己带来快乐、希望和幸福。

下面将介绍几种实用且有效的管理情绪的策略。

 心灵视窗

踢猫效应[①]

一位父亲在公司受到了老板的批评,回到家就把沙发上跳来跳去的孩子臭骂了一顿。孩子心里窝火,狠狠地踹身边打滚的猫。猫逃到街上,正好一辆卡车开过来,司机赶紧避让,却把路边的孩子撞伤了。

这就是心理学上著名的"踢猫效应",它描绘的是一种典型的坏情绪的传染所导致的恶性循环。生活中,每个人都是"踢猫效应"长长链条上的一个环节,遇到地位低自己一等的人,都有将愤怒转移出去的倾向。当一个人沉溺于负面或不快乐的事情时,就会接收到负面和不快乐的信息。当他把怒气转移给别人时,就是把焦点放在不如意的事情上,久而久之,就会形成恶性循环,好心情也一样。所以,为什么不将自己的好心情传递出去呢?

(一)合理宣泄

不良情绪已经产生了,怎么办? 有人以为最好的办法就是克制自己的感情,不让不良情绪流露出来,做到"喜怒不形于色",这种说法是不对的,而且对人的健康不利。强行压抑自己的情绪,把自己弄得表情呆板、情绪漠然,不是情绪的成熟,而是情绪的退化,是病态心理的表现。强行压抑情绪的外露,还会给人的生理健康带来很大的危害。近些年,医学心理学领域出现了一个新概念——c型行为。c是英文cancer(癌)的第一个字母,c型行为就是容易使人患癌症的心理行为模式,主要表现就是过度压抑情绪,尤其是不满的情绪,如愤怒、悲伤等,不让它们得到合理的宣泄。人的情绪处于压抑状态时,应合理宣泄,这样才能调节机体的平衡,缓解不良情绪,恢复正常的情绪状态。

要合理宣泄,例如,遇到挫折或不顺心的事情感到苦闷、痛苦时,不妨痛痛快快地大哭一场。哭,也是释放积聚能量、调整机体平衡的一种方式。许多人在痛哭一场后,痛苦和悲伤情绪就减少了许多。

---

① 佚名.踢猫效应[J].领导科学,2015(18):60.

又如,出现不良情绪时,可以找亲朋好友倾诉一番。你倾诉了自己的苦恼,不仅可以从别人那里得到安慰,还可以获得更多的情感支持和理解,获得认识和解决问题的新思路,增强克服困难的信心。我们应当尽可能地使不良情绪得到及时宣泄,同时也要讲究方法,通过正常的途径和渠道来发泄和排遣不良情绪。如用喊叫的方式发泄情绪时,不仅要去别人听不见喊叫声的地方,还要注意别太拼命地喊叫,以免损伤自己的声带。

再如,可以把导致不良情绪的人和事写在纸上,想怎样写就怎样写,毫不掩饰地写,痛痛快快地写,写完之后一撕了之。在这个过程中,情绪就已经得到了宣泄。

(二)调控期望值

需要是人的情绪产生的根源和基础,需要越强烈,情绪反应也就越强烈。在现实生活中对自己、对他人的期望值过高,势必在需要难以满足时产生消极的情绪反应。因此,调控期望值,就成为自我调节情绪的方法之一。不要苛求自己,不要把目标定得过高,脱离实际。一个情绪健康的人应能够对自己的能力做出客观的评价,在此基础上确定适合自己的奋斗目标,并通过自身的努力最终实现目标。在实现目标的过程中,个人的需求得以满足,个人的价值得以实现,能使自己的情绪处于良好的状态。在现实生活中,每个人都不是完美无缺的,都具有优点和缺点。人们在生活、学习和工作中都需要相互关心和帮助,但一个人也不可能凡事都寄希望于他人,尤其不能有不切实际的过高期望。在做各类事情时,首先应当立足自身,主要依靠自己的力量努力把事情办好,其次才是考虑他人的可能性。否则,对他人期望值过高,而期望得不到回应就会备感失望,就会抱怨他人,其结果是使自己的心理平衡受到干扰,从而产生不良情绪。

(三)暗　示

暗示是运用内部语言或书面语言以隐含的方式来调节和控制情绪的方法。暗示现象在日常生活中随处可见。比如,中国古代汉语中所描述的"望梅止渴""草木皆兵""杯弓蛇影"等,都是暗示作用的生动写照。暗示对人的情绪乃至行为都会有一定的影响和调节作用,既可以松弛过分紧张的情绪,也可激励自己。自我暗示一般是用不出声的内部语言默念进行,但也可以通过自言自语,甚至在无人处大声对自己呼喊的方式来加强效果,还可以将提示语写在日记本上、条幅上,贴在墙上、床头等,以便经常鞭策自己。遇到挫折时,适当地进行自我安慰,可以缓解矛盾冲突,有助于保持心理的稳定。如考试不理想,可用"胜败乃兵家常事""失败是成功之母"来自我安慰;被小偷掏了钱包很气恼时,可用"破财消灾""塞翁失马,焉知祸福"来安慰自己。自我安慰是种自欺欺人的行为,偶尔用一下对于缓解紧张情绪有积极的作用,但经常使用,可能导致当事人不能认清现实,不能恰当地认识和评价自我,反而对身心健康造成不良的影响。

(四)环境调节法

环境对人的情绪具有一定的调节作用。一个干净整洁、光线充足的房间,一个风景优美、空气清新的地方,是会让人心情愉悦的。而拥挤、脏乱、昏暗的空间,只能让人感到心情压抑和烦闷。所以,情绪不佳时,不要闷在自己的小天地里,不妨出去走走,呼吸呼吸新鲜空气,感受大自然的魅力,或者进行一次短途旅行,让紧张、压抑的心情得以放松。通常大自然的美景会让人感到自身的渺小、烦恼的微不足道。如果没有条件外出,也可以重新布置、整理一下自己的房间,变换床单或服装的颜色,换一个发型,买一两盆绿色植物,养几条可爱的小鱼,或者放一首轻松、优美的曲子……总之,环境改变了,心情也会随之改变。

(五)放松训练

当一个人陷入紧张、抑郁、焦虑等不良情绪时,学会放松是自我调节的有效方法。放松一般分为静的放松(如练气功、做瑜伽、听音乐、冥想等)和动的放松(如跑步、打球等)。

 心理游戏

放松练习

调整环境和气氛,使室内安静、整洁、光线柔和,周围无噪音。尽可能舒适地靠在沙发或躺椅上,闭上眼睛,配以放松的音乐。放松的具体步骤如下:将注意力集中到头部,咬紧牙关,使面颊感到很紧,然后再将牙关松开,咬牙的肌肉就会产生松弛感,逐一将头部各肌肉都放松下来。把注意力转移到颈部,先尽量使脖子的肌肉保持紧张,感到酸、痛、紧后,再使脖子的肌肉全部放松,以觉得轻松为度。将注意力集中到双手上,用力紧握双手,直至手发麻、酸痛,然后两手逐渐松开,放置到自己觉得舒服的位置,并保持松软状态。把注意力集中于胸部,开始深吸气,憋几秒钟,缓缓地把气吐出来,再吸气,反复几次,让胸部感觉舒畅。依此类推,将注意力集中于肩部、腹部、腿部,逐次放松。最终,全身处于放松状态,保持一两分钟。按照此法学会如何使全身肌肉都放松,并记住放松程序。每日照此操作两遍,持之以恒,必会使心情及身体获得放松,睡前做一遍则有利于入眠。

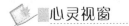 心灵视窗

一则中国民间流传的故事

有两个秀才结伴赴京赶考,路上他们遇到一支出殡的队伍。看到黑乎乎的棺材,两个秀才心中都"咯噔"了一下。一名秀才心凉了半截,心想"赶考的日子居然碰到棺材,这是不吉利的兆头",他的心情一下子低落起来,硬着头皮走进考场,"黑乎乎的棺材"如影随形,挥之不去,结果他文思枯竭,名落孙山。而另一名秀才一开始也紧张了一下,但转念一想:"棺材,不就是有'官'又有'财'吗?好兆头,看来今年我红运当头,一定高中。"他心里十分高兴,情绪高涨地走进考场。结果文思泉涌,一举高中。赶考路上碰见棺材可以引起两个秀才不同的看法,一名秀才认为其是不吉利的兆头,而另一名秀才认为它是好兆头,红运当头。于是,前者沮丧,影响考试,名落孙山;后者喜悦、自信,一举高中。这说明,一件事所产生的作用是和个人对事情的看法息息相关的。

 知识链接

情绪管理小技巧

6H4AS情绪管理方法,可以增加快乐,减少烦恼,保持合理的认知、适当的情绪、理智的

意志与行为。

6H(happy),即快乐,指用智慧去打开六种快乐的资源,以便增加快乐,优化情绪。

(1)奋斗求乐;

(2)化有为乐;

(3)化苦为乐;

(4)知足常乐;

(5)助人为乐;

(6)自得其乐。

4AS:当陷于苦恼、生气等负性情绪,出现行为冲动时,使用该技术来管理情绪,以便改变情绪。A(ask),即反问,反思;S(step),即步骤。

(1)值得吗? 自我控制!

(2)为什么? 自我澄清!

(3)合理吗? 自我修正!

(4)该怎样? 自我调适!

四、健康情绪的培养

(一)健康情绪的标准

情绪是人内心世界的晴雨表,它在很大程度上反映了个体的心理健康状况,与人们的学习、工作和生活息息相关,直接影响人的发展,因此必须学会控制和调节情绪,使自己经常处于健康的情绪状态下。那么,什么是健康的情绪呢? 心理学家就情绪健康或情绪成熟的标准问题进行了研究。一般说来,情绪健康的主要标志是情绪的目的性适当、反应适度,正性情绪体验较多。具体而言,包括以下三个标准。

首先,情绪反应适时、适度。情绪健康的人的情绪反应,不论是积极的还是消极的,都是由具体的、可感知的现象、事物引起的,而非莫名其妙的无端的反应。而且,情绪反应的强度、性质及持续的时间也与引起这种情绪的情境相符合。

其次,情绪稳定性好,善于表达自己的情绪。情绪健康的人既能克制约束,又能适度宣泄,不过分压抑,使情绪的表达既符合社会的要求,也符合自身的需要,在不同的时间和场合能够采用为自己和社会所接受的方式去表达和宣泄情绪。

再次,情绪反应的特点应与年龄阶段相符。例如,青少年虽然情绪易激动,但其情绪的自我控制能力和情绪稳定性要比小学生和中学生好,若停留在小学生的水平,则是情绪不健康的表现。

对于大学生而言,健康的情绪状态具体表现为:情绪的基调是乐观、积极向上、稳定的,能调控自己的不良情绪,情绪反应适时、适度,高级的社会性情感(如理智感、道德感、美感等)得到良好的发展。

(二)创造和保持健康情绪的策略

对于每一位大学生来讲,能够经常地保持健康情绪是非常重要的,因为健康情绪是身心活动和谐的象征,是心理健康的标志。我们提倡情绪健康,不仅应克服不良情绪对自身的伤害,更应把创造和保持健康情绪作为一项重要任务。快乐是一种能力,需要我们精心地培养。下面介绍几种有效创造和保持健康情绪的策略。

1. 在运动中寻找快乐

众所周知，运动有很多好处，可以锻炼身体，增强身体免疫力，还可以缓解压力，释放情绪。现有研究表明，运动可以使人变得更加快乐。因为运动促使人分泌"脑内吗啡"，其中包括被科学家称为"快乐素"的一种物质"内啡肽"，它可以让人产生愉悦的感觉，促进人的心理健康。该物质通常只能在大脑中存在 2～3 天，我们可以选择自己喜欢的运动，持之以恒地坚持下去，延长这份快乐的体验。

2. 笑对生活

人快乐时，可有多重表现形式，而其中最常见的就是笑。快乐的人不一定都会笑，但欢心大笑的人必定是快乐的。事实证明，一个人倘若能经常带着微笑投入生活，他就会发现生活的美好。他在生活中发现的美好事物越多，就会用更多的微笑迎接生活的挑战。笑能使肺部扩张，增强呼吸功能；笑能消除精神和神经的紧张，使肌肉放松；笑能增强血液循环，促进新陈代谢；笑能调整人的心理活动，减轻生活的紧张感和环境的束缚感；笑有助于克服羞怯和困窘，并有利于人们之间的交往和友谊。当你把微笑慷慨地赠予别人时，你会得到更多快乐。

✍ 心灵视窗

著名科学家法拉第年轻时，工作十分紧张，导致精神失调，身体非常虚弱，虽然长期进行药物治疗，但毫无起色。后来一位名医对他进行了仔细的检查，但未开药方，临走时只说了一句话："一个小丑进城胜过一打医生！"法拉第仔细琢磨这句话，终于明白了其中的奥秘。从此以后，他经常抽空去看马戏、滑稽戏等喜剧，经常高兴得开怀大笑，愉快的心情使他恢复了健康。[①]

✍ 视频：微笑背后隐藏的力量

3. 善于捕捉生活中的快乐

有一位哲人说得好："在我们的生活中，不是缺少美，而是缺少发现美的眼睛。"我们是平凡的人，过着平凡的生活，我们只有善于从身边平凡的琐事中发掘乐趣，积极参与生活，才能找到不竭的快乐源泉。日常生活中，我们每天面对学习与工作的压力、生活琐事的困扰，每天都在匆匆赶路，而任由最美的风景从身边溜过。你今天微笑了吗？你有多久没有开怀大笑了？有研究显示，孩子每天可以微笑 400 次以上，而随着年龄的增长，人们微笑的次数越来越少。孩子们天真、快乐，他们对生活中的每个小细节都很关注，这些细节可以给他们带来快乐。他们可以在玩耍中，享受小花、小草、蚂蚁、小鸟、雨滴等带给他们的快乐，而成人则经常被过去和未来牵绊，忽略能给自己带来快乐的事物。所以我们要认识到当下的生活最重要，活在当下，捕捉、感受、体验生命中正在经历的美好。

---

① 徐端海.不高兴了你怨谁：精神健康自我疗法[M].北京：作家出版社，2003.

4.给自己制造好心境

积极的心境有利于人体各种激素的正常分泌,能促使细胞兴奋和血液循环,有助于人的积极性、主动性和创造性的发挥,提高学习和工作效率。如何给自己制造好心境呢?

(1)学会宽容

宽容不仅是一种美德,也是情绪健康的前提条件。宽容既表现为对他人的宽厚容忍、不斤斤计较,也表现为对自己的悦纳包涵,不苛求自己。一个不肯宽容别人的人,既容易被别人怨恨,不受欢迎,也会使自己的身心受到伤害;一个不肯宽容自己的人,则常常处于自责和悔恨之中。

(2)乐于助人

多一点奉献精神,少一些私心杂念,急人所难,解人所忧,将使你领悟到天地之宽、助人之乐,心情舒畅。

(3)学会忘记

记忆是人脑的一项重要功能,但忘记的功能却不是很多人都具备的。可以肯定地说,忘记并不一定是坏事,它本身就是人生来就拥有的自我保护机制。有的人在不良情绪产生后,郁积于心,耿耿于怀,放不开,丢不下。结果,只能使这些不良情绪持续蔓延,日益加重。因此,我们都应该主动地尝试忘记生活曾经给我们造成的不幸和痛苦,清除心灵上的暗流,放下包袱,充分地享受生活赋予我们的各种乐趣。忘记不是逃避,而是一种振作、一种成熟、一种超脱。

(4)学会幽默

幽默是人的一种健康机制,是美化心境的良方。幽默风趣的言行可以给人带来欢乐,能够缓解生活中的矛盾和冲突,是不良情绪的消毒剂,是生活的润滑剂。学会幽默,适时幽默,可以拉近人际距离,有助于人际关系的建立和维系,具有维持心理平衡的功能。

5.拥有乐观精神

培养乐观精神是快乐的关键。日常生活中不难发现,有些人是先天的乐观派,笑对人生,勇于迎接挑战;而有些人则是先天的悲观主义者,遇到事情总是喜欢往糟糕的方向想,体验到的是消极情绪。值得庆幸的是,研究者已经提出了培养"后天乐观主义"的技巧,即改变归因方式。悲观主义者习惯性地把问题归咎于自己,倾向于对外部事件进行稳定性的归因,认为坏事会永远持续。而乐观主义者则倾向于寻找坏事发生的外部原因,认为它们不久就会过去,同时认为好事很快就会出现。因此,我们可以通过有意识的练习从不同的角度解释事物,全面地分析问题,保持希望和信心,从而使悲观主义倾向降低,以乐观和积极的心态看待周围的人和事。

 心灵视窗

山不过来　我过去

我改变不了环境,但我可以改变自身。

我改变不了现实,但我可以改变态度。

我改变不了过去,但我可以改变现在。

我不能控制他人,但我可以把握自己。

行动课堂:纽芬兰纪念大学幸福度测量

行动课堂:烦恼有妙招

心理老师案例点评

他的问题:

"我真的很烦躁,我知道我这样子每天从早到晚打游戏很不应该,但是我一旦停下来,不打游戏,就会觉得无所适从,不知道自己应该做什么,感到特别的空虚、无聊、孤单。于是,我又会不由自主地打开电脑打游戏,现在我除了打游戏之外,做什么事情都提不起劲。快期末考试了,不想复习,但又害怕会挂科,烦躁得不得了,真想摔东西。"

过程回放:

小A是大二学生,刚考上大学时,父母非常高兴。亲戚也都以他为骄傲,常常让子女以他为榜样,因为他是家族里第一个考上大学的孩子。父母对他的期望也很高,希望他在大学里好好学习,毕业后找个好工作。

小A带着父母的期望,怀揣着自己美好的梦想来到大学,发现原先憧憬的大学生活不过如此,老师也不像高中时那样管着自己,学习、生活都要靠自己。他很不适应,因为他是独生子,上大学以前都被家人宠着、惯着,洗衣服、打扫卫生之类的活从来没干过。他经常和室友发生冲突,室友们觉得他特别以自我为中心,也不和他亲近。小A脾气较为暴躁,与别人无法沟通,索性去网吧打游戏,他发现,当他扮演那些虚拟的角色去杀敌的时候,心情特别舒畅。可是,当考试成绩出来,看到那么多科目都不及格时,小A内心又克制不住地对自己失望,非常急躁,很多次都想和别人争吵、摔东西。他不敢和家里人说,生怕让他们失望。

问题分析:

情绪与行为有着密切的联系,处理好自己的情绪从某种程度上说就是提高个人的情商。小A可以按以下步骤恰当地处理情绪。

首先,每次要宣泄情绪的时候,在心里默数10下,还不行的话就默数100下甚至更多,到能控制自己的情绪为止。每个人都会有消极情绪,但总是无缘无故地发脾气,别人也会因为受不了而远离你。因此,适当控制自己的情绪很重要,而这种默数的方法是很多心理学专家推崇的比较有效的控制情绪的方法。

其次,要站在别人的角度看问题,告诉自己,要是现在你是他(她),你会怎样做。每个人有自己生活的方式、习惯,谁也不能以自己的意愿要求别人像自己一样做。

最后,换种方式宣泄情绪。情绪是需要合理疏导的,否则容易引发心理问题,但向身边的人乱发脾气、逃避到网络游戏中显然是不恰当的情绪疏导方式。其他宣泄情绪的方法还有很多,比如找好朋友聊天、做运动、听音乐等,也可以寻求专业心理咨询的帮助。

另外,小 A 无法调控情绪,与他人相处困难,于是逃避到虚拟世界,由此可能引发的网络成瘾问题也应引起重视。

点评:

　　每个人都有情绪,这是正常的反应,但每个人都需要了解情绪,学习管理情绪的方法。提升情商,让情商助力美好生活!

本章小结

　　情绪是个体对外界刺激的主观体验和感受,通常伴随着一定的生理反应和在行为或表情上的外在表现。情绪是以个体需要为中介的一种心理活动,当外界刺激可以满足个体的需要时,个体会产生积极的情绪体验;而当外界刺激不能满足个体的需要时,个体会产生消极的情绪体验。

　　情绪本身并没有好坏之分,任何一种情绪(即使是焦虑、恐惧、抑郁和愤怒等消极情绪)的产生及存在,都有其独特的意义和价值。

　　情绪管理,是用对的方法、正确的方式探索自己的情绪,调整自己的情绪,理解自己的情绪,放松自己的情绪。情绪管理不是消除和压抑情绪,而是在觉察情绪后,调整情绪的表达方式。

　　情绪 ABC 理论给我们的重要启示是:情绪管理的法宝是调整不合理的认知方式。

思考与讨论

　　1.请结合实际谈一谈情绪对身心健康的影响。

　　2.你自己经常使用的、最有效的情绪调节策略有哪些?

　　3.你经常受到哪些不良情绪的困扰? 结合本章内容,尝试制定一个个性化的情绪管理方案。

阅读书目和电影推荐

　　[1]奇普·康利.如何控制自己的情绪:最有效的 22 个情绪管理定律[M].谢传刚,译.北京:中信出版社,2014.

　　[2]约翰·辛德莱尔.情绪自控力[M].杨玉功,译.北京:金城出版社,2012.

　　[3]弗雷德曼·肖普.别让小情绪害了你[M].于非,译.长沙:湖南文艺出版社,2014.

　　[4]电影《头脑特工队》(美国,2015)。

习题测试

■ 优秀心理情景剧赏析

■ 参考文献

[1]豆宏健,王成德.大学生成长心理学[M].北京:高等教育出版社,2010.

[2]郭小艳,王振宏.积极情绪的概念、功能与意义[J].心理科学进展,2007(5):810-815.

[3]李江雪.大学生情绪管理与辅导[M].北京:北京师范大学出版社,2010.

[4]尼尔森·古德,亚伯·阿可夫.心理学与成长[M].田文慧,译.北京:世界图书出版公司北京公司,2009.

[5]佚名.负面情绪对人的影响[EB/OL].(2015-11-06)[2018-07-01].http://www.360doc.com/content/15/1106/10/28917761_511130313.shtml.

[6]佚名.踢猫效应[J].领导科学,2015(18):60.

● 插画作者:周琴微　指导老师:唐泓

第 3 章

恰到好处的关系——大学生人际交往

▌导 言

> 现实主义疗法大师威廉·格拉瑟指出,几乎所有的心理问题都始于令人不满的人际关系现状。[①] 亚里士多德在《政治学》中提到:从本质上讲人是一种社会性动物;那些生来离群索居的个体,要么不值得我们关注,要么不是人类。社会从本质上看是先于个体而存在的。那些不能过公共生活,或者可以自给自足不需要过公共生活,因而不参与社会的,要么是兽类,要么是上帝。
>
> 人际交往是我与他人、我与世界联系、互动的方式,人类在互动中不断了解自我、发展自我、成为自我。大学阶段是个体自我同一性发展的关键期,人际交往对个人发展起着重要作用。

第一节 人际交往概述

▌引子:宿舍那点事儿

杭州某高校生活区 1 幢 432 寝室有了新的成员:小 A、小 B、小 C 和小 D 。四位女生来自不同的城市,性格迥异。小 A 做事果断,学习努力,家庭经济条件较好。父母对小 A 严格要求但又比较宠溺,使小 A 形成了以自我为中心、清高自傲并且大大咧咧的性格特点,她被称为 432 寝室的"小公主"。小 B 幼时父母离异,跟随母亲生活,个性要强、敏感,喜欢帮助他人,是寝室里最勤快的妹子。小 C 整天痴迷动漫,喜欢角色扮演(cosplay),开学就加入了相关社团,喜欢洛丽塔风,是 432 寝室的"萌妹子"。小 D 来自南方,五官姣好,相貌出众,学习目的很明确,一进校就确定了出国留学的目标,整天学习英语,是 432 寝室的美女"学霸"。

小 B 乐于助人,经常帮室友打扫寝室卫生、带外卖、取快递。但这些付出都被室友认为是理所当然的,室友动不动就让小 B 帮忙。久而久之,小 B 觉得自己越来越不被尊重。而

---

① 杰拉德·科里.心理咨询与治疗的理论及实践[M].谭晨,译.北京:中国轻工业出版社,2010:221.

且她睡眠不好,需要早睡,但室友小 A 每晚都要数落她,小 C 爱深夜追剧,小 D 又常常复习英语到很晚,这些都会影响她的睡眠。小 B 几次向室友提出意见,室友都不理会她的诉求,反而开始孤立小 B。小 B 想找辅导员申请调换寝室。

寝室,换还是不换?

互动话题:为什么要学习人际交往?

人际交往是人保持身心健康的需要,是人获得安全感的需要,也是人生幸福的需要。良好的人际关系是社会正常运转的润滑剂,然而有时我们会在不经意间将自己和别人的关系搞僵搞坏。怎样建立和发展良好的人际关系?怎样修复人际关系?如何拥有更好的人际关系?

一、人际交往的含义

人际交往指个体通过一定的语言、文字或肢体动作、表情等形式,通过认知、情感表达和互动交流将某种信息传递给其他个体的过程。其中,认知、情感表达和互动交流是人际交往不可或缺的三个重要因素。通过人际交往,个体与他人建立和发展不同的人际关系,实现学习、工作和生活目标,最终实现个人价值。

心理学将人际关系定义为"人与人在交往中建立的直接的心理上的联系",反映了人与人之间的心理距离。大学生的人际关系包括亲属关系、朋友关系、同学关系、室友关系、师生关系、老乡关系、"同事"关系等。

马克思曾说过,人是各种社会关系的总和。在关系中分享资源、合作共赢,是人类的社会属性的本质特征。因为合作,人类在艰苦的原始社会中得以幸存。人类用高度复杂、巧妙的方式相互交流,实现共同目标,就是人类社会得以繁荣发展的主要原因。

人是无法离开社会生活的,人的社会化必须在社会交往中得以实现,否则其发展就不可能正常。"狼孩"的故事就证明了这一点。

二、人际交往理论

(一)舒适圈理论

对很多人来说,人生中存在很多不可预知的风险和困难,关键是如何面对它。领导力大师诺埃尔·蒂奇提出了"舒适圈"的概念。舒适圈指的就是一个人习惯处于自己熟悉的行为模式之中,面对熟悉的人、事、物时表现出惯用的言行。当他离开熟悉的行为模式,马上会面临变化和挑战,会感到不舒适,从而退回到自己的舒适区。

舒适圈理论将人的人际交往环境分为三个区:舒适区、学习区和恐慌区。

(1)舒适区。其属于个体擅长的技能领域。该环境中有个体熟悉的人、事、物,个体感觉自在、舒适并能熟练应对。大学生长期处于人际交往的舒适区,容易安于现状,一成不变,思维和眼界变得狭窄。他们一旦离开舒适区,容易焦虑、心慌、失措,只有退回舒适区才会自在。

(2)学习区。其属于个体未曾踏足或者并不擅长的技能领域,这些技能可以通过适当的学习或训练得到提升。踏入学习区,对大学生来说是一种新的挑战或尝试,他们会感觉紧张、焦虑,但一旦熟练掌握学习区的技能,就可以将其扩展为舒适区。

(3)恐慌区。对大学生来说,恐慌区是难以应对的情境。在该领域中,个体会产生恐慌、害怕等情绪,个体需要应对超过自己能力范围的人、事、物,在恐慌中个体无法正常学习或工作。

每个人舒适区的大小及其所处区域不同。一个人最理想的状态是处于学习区,学习具有适当挑战性的知识或技能,等学习区慢慢扩展为舒适区,一部分的恐慌区也会相应变成学习区。

 互动话题:你打算如何扩展你的舒适区?

(二)人际关系三维理论

心理学家舒茨以人际需要为主线提出了人际关系三维理论。他认为,人有三种基本的人际需要:①包容需要(inclusive need),指个体想与他人建立并维持一种满意的关系的需要;②支配需要(dominant need),指个体控制他人或被他人控制的需要,即个体在权力问题上与他人建立并维持满意关系的需要;③情感需要(need for affection),指个体爱他人或被他人所爱的需要,即个体与他人建立并维持亲密关系的需要。

  知识链接:人际关系三维理论

人有以下六种人际关系取向。

(1)主动包容式:主动与他人交往,积极参与社会生活。

(2)被动包容式:期待他人接纳自己,往往退缩、孤独。

(3)主动支配式:喜欢控制他人,能运用权力。

(4)被动支配式:期待他人引导,愿意追随他人。

(5)主动情感式:表现出对他人的喜爱、友善、同情及与他人的亲密。

(6)被动情感式:对他人冷淡,负面情绪较多,但期待他人与自己亲密。

(三)人际沟通分析理论

人际沟通分析理论由加拿大心理学家艾瑞克·伯恩于1964年在《人们玩的游戏》一书中提出。该理论认为个体的个性是由三种比重不同的心理状态构成的,即父母(parent)、成人(adult)、儿童(child)状态,也称为PAC理论。PAC理论把个人的"自我"划分为父母、成人、儿童三种状态,这三种状态在每个人身上都存在。

父母状态以权威和优越感为标志,通常表现为统治、训斥、责骂等家长式作风。当一个人的人格结构中"父母"成分占优势时,其行为特点表现为凭主观印象办事、独断专行、滥用权威,这种人讲起话来总是"你应该……""你不能……""你必须……"。

成人状态表现为注重事实根据,善于进行客观、理智的分析,能从过去存储的经验中估计各种可能性,然后做出决策。当一个人的人格结构中"成人"成分占优势时,其行为特点表现为冷静、慎思明断、尊重别人,这种人讲起话来总是"我个人的想法是……"。

儿童状态表现为服从和任人摆布,一会儿听话、可爱,一会儿乱发脾气。当一个人的人格结构中"儿童"成分占优势时,其行为特点表现为遇事畏缩、感情用事、喜怒无常、欠考虑,这种人讲起话来总是"我猜想⋯⋯""我不知道⋯⋯"。

根据 PAC 理论,人与人相互作用时的心理状态有时是平行的,如父母—父母、成人—成人、儿童—儿童。在这种情况下,对话会无限制地继续下去。如果遇到相互交叉作用,出现父母—成人、父母—儿童、成人—儿童状态,人际交往就会受到影响,信息沟通就会中断。最理想的相互作用是成人刺激—成人反应。

 知识链接:人际沟通分析理论

 行动课程:不同人际关系中的自我状态

运用人际沟通分析理论分析自身的人际关系,请你思考自我的三种状态在不同的人际关系中所占的比例,完成表3-1。这对你有什么启示?

表3-1 不同人际关系中自我的三种状态

人际关系	父母状态	成人状态	儿童状态
亲子关系			
师生关系			
同学关系			
朋友关系			
恋人关系			

三、大学生人际交往的特征与功能

(一)大学生人际交往的特征

大学生在人际交往方面体现出网络化、多样化和理想化的特征。

随着互联网的快速发展,网络交往已经成了"90后""00后"大学生人际交往的重要途径。手机、电脑等高科技产品成了大学生的标配,微信、微博和 QQ 等社交平台与渠道彰显当代大学生人际交往的网络化特征。

大学生在人际交往方面也表现出更显著的多样化特征。网络时代,大学生的人际交往对象可以扩展到不同年级、不同专业、不同组织、不同民族、不同国籍、不同职业的人。多样化的人际交往特征增加了大学生人际关系的复杂性。

大学生在人际交往方面还呈现出理想化的特征。"被动""冷漠"和"孤独"被称为"90后""00后"大学生的写照。"应该"思维、以自我为中心以及对交往的迫切需求使大学生在人际交往过程中容易遭受挫折。

(二)大学生人际交往的功能

人是社会的人,每个人的成长、发展、成功和幸福都离不开与他人交往。大学生人际交往具有以下功能。

1. 促进身心健康发展

假如你将这样度过一个月的假期：住在美丽豪华的别墅，室外是无边泳池、柔软沙滩和碧海蓝天，室内有网络、电脑、游戏、书刊和美食，也有触手可及的其他娱乐消遣设施。唯一的遗憾是，你身边没有任何朋友，不能上网收发信息，也不能打电话联系任何人。整个假期你无法与他人取得任何联系。这样的假期你觉得如何？

人类需要和其他人接触。这也是关禁闭、单独监禁对人而言是一种惩罚的原因。人类是社会化的动物，如果和他人亲密接触的权利被剥夺，人就会非常痛苦。与他人的关系是人们生活的中心内容。现实主义疗法认为，人们产生大部分心理问题的原因不是存在让自己不满的人际关系，就是缺乏一定的人际关系。无法与自己所处环境的老师、同学、室友、亲人、朋友等建立良好的关系，成为大学生产生心理问题甚至深陷心理问题囹圄的一个重要原因。

美国心理学家马斯洛把人的需要分为生理需要、安全需要、归属和爱的需要、尊重需要和自我实现的需要。美国心理学家贝克斯顿等人在其著名的感官剥夺实验中，剥夺被试者与人交往的权利，让被试者一个人待在一个房间内，测试他能待多长时间。实验结果表明，短时间内被试者可以忍受，时间长了，其会感到恐惧、焦虑，精神会崩溃以致产生人格障碍。

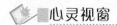心灵视窗

著名的感官剥夺实验

1954年，心理学家贝克斯顿、赫伦和斯科特等人付给学生被试每天20美元的报酬，让他们在缺乏刺激的环境中逗留。具体地说，就是让被试在没有图形视觉（被试须戴上特制的半透明的塑料眼镜）、限制触觉（被试的手和手臂上都套有纸板做的手套和袖头）和听觉（实验在一个隔音室里进行，室内只有空气调节器的单调嗡嗡声）的环境中静静地躺在舒适的帆布床上。开始阶段，许多被试都是大睡特睡，或者思考其学期论文。然而，两三天后，他们便决意要逃脱这单调乏味的环境。实验的结果显示，感到无聊和焦躁不安是被试最基本的反应。在实验过后的几天里，被试注意力涣散，不能进行明晰的思考，智力测验的成绩不理想。另外，被试的生理也发生了明显的变化。对其脑电波的分析证明，被试的全部活动严重失调，有的被试甚至出现了幻觉。

一个人心理健康状态的决定因素之一是其和他人一起实现共同目标的能力。大学生拥有的人际关系质量会影响其生理、心理健康。研究证明，不论年龄、种族、民族、信仰、身体状况如何，与他人保持接触的人比孤独的人更长寿。不过，单一的人际关系也不足以支持健康、幸福的生活。人必须拥有不同类型的关系，建立、发展和维系好的社会支持系统，如拥有婚姻和关系亲密的家人、朋友、邻居，成为一些社会组织或团体的成员等。有一项调查表明，在我国，压抑、人际关系和谐度低和人际关系压力是导致人们自杀的三大因素。一些社会学家指出，社会关系的丧失是人们自杀的主要原因之一。

2. 促进自我认识与自我实现

自我，亦称自我意识或自我概念，是个体对自己存在状态的认知，包括对自己生理状态、心理状态、人际关系和社会角色的认知。镜我，是由他人的判断所反映的自我概念。我们所属的社会群体就是观察自己的一面镜子。我们眼中的自己和别人眼中的自己越一致，我们越能获得自我认同。

我们在与他人互动的过程中理解世界，确定真实和虚幻，依靠他人来验证自己的认知和判断。大学生通过与他人比较，从他人对自己的评价和态度中，确定自己在他人心目中的形象和地位，了解自我，调整自身形象，纠正不良行为。大学生拥有的人际关系本质揭示了自己是个什么样的人。通过人际关系，大学生认知自己的过去、现在以及将来。

人之所以表现出"人性"，就是因为人在与他人的互动中得到了关心、真诚、善良、温柔、体贴、同情等情感体验。一个冷漠无情甚至残忍暴虐的人是无法与人建立良好的人际关系的。

心灵视窗

1920年的一天，在印度加尔各答西南的一个小城附近，一位印度传教士辛格救下了两个由狼抚养长大的女孩。这两个女孩，大的七八岁，人们给她起名为卡玛拉；小的不到两岁，人们给她起名为阿玛拉。当她们被领进孤儿院时，她们的一切生活习惯都同野兽一样。她们不会用双脚站立，只能用四肢走路。她们害怕日光，不断地眨眼，习惯在黑夜里看东西。她们经常白天睡觉，一到晚上则活跃起来。她们每天22点、1点和3点都发出非人非兽的尖锐的怪声，完全不懂语言，也发不出人类的音节。她们不愿与他人接近，不会用手拿东西，吃起东西来真的是狼吞虎咽，喝水也和狼一样用舌头舔。在太阳下晒得热时，她们张着嘴，伸出舌头来，像狗一样喘气。她们不肯洗澡，也不肯穿衣服，并随地便溺。卡玛拉最后活到了十七岁，阿玛拉在不到三岁时就死在了孤儿院里。

自我实现是一种内在驱动力，驱使着你去发挥自己的潜能，去享受获得自己所能争取的一切成就之后的快乐与满足。自我实现就是要发现自我、塑造自我，成为自己本来的样子。糟糕的人际关系会使个体沉溺在糟糕的情绪体验和感受之中，迷失在举步维艰的人际交往中。能够自我实现的人清楚地知道在任何特定情境中他人对自己的期望，并懂得按照自己的意愿选择是否去迎合他人期望。他们既不是"内控型"的人——受早年生活经验中的价值观和原则支配，不论处于什么样的场合都墨守成规，也不是"外控型"的人——受他人期望和从众压力的支配。

3. 提高人际效能，促进职业发展

真正的朋友，就是全世界都弃你而去时，依然靠近你的人。

——沃尔特·温切尔

人际效能就是你的行为所引发的结果与你的初衷相吻合的程度，取决于你的个人能力——在交流中是否能够准确地传递你想沟通的信息、达到你想要的效果以及按照你预期的方式影响他人。

朋友是你给自己的礼物。

——罗伯特·路易斯·史蒂文森

朋友是个体的社会性、情感及认知得以健康发展的必要因素。一个人的友谊状况就是一个有力的预测指标，预示着这个人的社会适应能力如何、能取得哪些成功。

当个体与他人合作、共同对环境产生影响时，其认知能力和推理能力都得到了进一步的发展。我们需要应对日常学习、工作和生活中超出我们能力范围或被强加于自身的各种要求，而良好的人际关系有助于我们自由地表达真实情感和体验，良好的社会支持系统可以提升我们应对压力与逆境的能力。

一个人的成功，15%是靠专业知识，85%是靠人际关系与处世能力！

——安德鲁·卡内基

事业的成功并不完全由你的专业技术或业务水平决定。任何有意义的工作都需要团队成员一起努力完成。真正让人获得成功的是你的人际交往技巧。大部分职场失利的人都是因为人际交往技巧太差。员工选择辞职的原因中，最常见的就是他们的老板和上司缺乏人际交往技巧。

第二节　大学生人际交往困扰及调整

■引子：孤独

小 D 性格温和，是一个典型的"佛系青年"——无欲无求，只求大学四年好好学习，最后拿到毕业证书和学位证书，然后回家找一份安稳的工作。在学校里，她与人为善，自得其乐，对班级和学校的活动不排斥，但也不积极主动参加。周末，她就在寝室里上网玩游戏、看电视剧，偶尔和朋友一起逛街购物。偶有烦心事，她就找高中同学倾诉一番。随着同学和朋友因谈恋爱、实习或者备考研究生和她的联系日渐减少，她内心的孤独感油然而生。

有形的距离是疏远，无形的距离是孤独。孤独并非是因为无人可交往、无人可沟通，而是因为沟通与交往中缺乏一种感觉，这种感觉就是亲密感。当你发现在一段关系中，对方并没有真正了解你、关心你的时候，内心的疏远、寂寞和孤独感便悄然滋生。

行动课堂：测测你的"独商"

一、大学生人际交往困扰

互动话题：你在人际交往中遇到的困扰有哪些？

人们想避免和他人亲密接触,有两种不同的原因。一种是人们期望和他人交往,但又对他人戒心重重,害怕被人拒绝和欺骗。另一种是人们独立自主、自力更生,真正地喜欢我行我素和自由自在,而不愿意与他人发生紧密的依恋关系。

从心理咨询和大学生日常生活中可以发现,大学生的人际交往困扰主要表现在"人际敏感——不敢交往""人际回避——不愿交往"和"人际焦虑——不善交往"三个层面。

(一)人际敏感——不敢交往

有的大学生认为自己是不值得被别人爱的,随时都有可能被讨厌和抛弃。在行为上,这一类人会尤为关注别人对自己的态度,害怕被人拒绝。这一类人对他人的拒绝信号十分敏感(rejection sensitivity)和警觉(hyper-vigilance)。如有的大学生因家境贫困而自卑,在人际交往中表现为缺乏信心,采取逃避、退缩的应对方式。贫困大学生经济上的拮据和消费需求之间产生的尖锐矛盾也成为他们人际交往的一个重要障碍。

(二)人际回避——不愿交往

进入大学后,大学生不愿意人际交往的原因一般有以下几个。

1. 心理失衡

有些学生进入大学后发现了理想与现实之间的落差,心理失衡。如有的学生发现现实中的大学并非如自己想象的那么完美,有的学生上了并非自己所愿的大学。他们将对学校的一切不满表现为拒绝融入集体,不愿意与他人交往。

2. 对新环境不适应

学生离开了家,面对从未接触过的大学校园环境,难免会产生孤独感和寂寞感。另外,同学大多来自全国各地,有着不同的文化背景、生活习惯和处世风格,特长爱好也千差万别,因此在相互交往中,难免会产生些许矛盾和冲突。

3. 缺乏交往动机

有的大学生认为别人都是不可靠、不值得信任的,靠自己才是唯一的出路。在行为上,这一类人表现得很独立(self-sufficient),不太愿意表达甚至掩盖自己的需求和情感,拒绝接受别人的帮助,认为事情靠自己解决才是最好的。

(三)人际焦虑——不善交往

某生是独生女,漂亮,聪明,学习成绩优异,堂、表兄弟姐妹中数她最出色,父母等长辈十分宠爱她,家庭经济条件好,很早就有自己独立的卧室。到学校后,四人一间宿舍,她感到委屈和不适应,经常埋怨宿舍同学,还耍娇小姐脾气,支使别人干活,认为别人帮自己是理所当然的。这样一来,其他三位同学开始逐渐疏远她。她感到十分孤单,却又不知道别人为什么远离她。

有的大学生由于在早年生活经历中被过分宠溺或者缺乏人际交往技巧,在人际交往中表现出性格有缺陷、交往能力有限、不注意交往的原则与底线、不懂得进退等特点,影响了与同学的进一步深入交往。

1. 独生子女人际关系不和谐

父母对独生子女的关心、体贴过度,导致独生子女对父母、家庭的依赖性强。长辈的过度宠溺使得他们中的一部分人以自我为中心,一旦进入大学,远离父母和家庭,他们的各种缺陷就会暴露出来,心理健康问题也可能随之而来。

2.长期虚拟网络交往导致实际交往能力下降

一些整日沉溺于网络的大学生所产生的心理障碍和互联网成瘾综合征给其人际关系带来了许多消极影响。这些学生对现实世界的反应能力退化,甚至无法与人正常交往。

3.人际交往技巧缺乏

在缺少人际交往实践锻炼的情况下,大学生的人际交往技巧自然不是很理想,经常表现为:①言辞不当。在大学校园里,有的学生说话夹枪带棒,有的用语尖酸刻薄、言外有意,有的冷言冷语或冷嘲热讽。这些言辞必然会引起他人对说话者的反感,从而影响其人际关系的融洽。②交际礼仪缺乏。有的大学生极度缺乏交际礼仪方面的知识,与老师说话时不够尊重,和同学的交流更是火药味十足。这种礼仪上的不讲究使许多同学之间的第一次交往就成了最后一次交往。

二、大学生人际交往误区

科技发展改变了人们的交往模式,减少了面对面的人际交往。只要我们愿意,我们可以随时随地与我们想要交流的对象进行沟通。但事实是,沟通突破空间和时间的限制之后,我们内心的孤独感却越来越强烈。

亲密,乃健康人际关系之本,安全感、满足感之温床。你可以把亲密视为友情、爱情、亲情和激情的基础。[①] 孤独的本质是亲密关系匮乏或者亲密关系不良。

(一)大学生眼中的友情

"只要我关心别人,广交朋友,我就不会孤独。"

小张,女,进入大学两个月。小张希望在大学拓展自己的人脉,广交朋友。她积极主动认识同学、结交朋友,想同学之所想,急同学之所急,但是一腔热情换来的却是同学的"君子之交淡如水"。每到夜深人静时,小张都觉得自己很孤独。

海内存知己,天涯若比邻。当你孤独时,走入人群是否真的会让你感觉好一些?答案很明确:有时如此。如果你主动参与集体活动、结交新朋友,当然最好。如果你走入人群,却感觉尴尬、被排斥,这只会让你感觉更糟。

过于主动地进行人际交往,我们会无法分辨哪些人被我们吸引,哪些人只是因为特定情境而与我们交往。后一种情况中的人际关系是非主动人际关系,也被称为"情境式亲密"。同一宿舍的四位室友,一起上课的同学,同一个学生组织的成员,等等,皆属于此种关系。情境式亲密意味着很多人与你保持较好的人际关系,原因只是你们临近或者同处一个环境,与爱或者深层次联系无关。那种无法预测的孤独感在很大程度上就来源于这种情境式亲密。

孤独感源于心理距离的遥远。减少孤独感最有效的办法就是创建小而精的团队,选那些在同一个环境中的人,以一种舒服的方式建立亲密关系。走入人群、融入集体、保持亲密会减少孤独感,彼此疏远则会加重孤独感。

(二)大学生眼中的爱情

"我以为,爱情可以让我不那么孤单。"

① 基拉·阿萨特里安.恰到好处的亲密[M].熊思思,译.北京:新世界出版社,2017:2.

小刘,女,大三,父母工作繁忙,自小由外婆抚养长大。外婆对她疼爱有加,但也导致她养成了依赖他人的习惯。小刘进入大学后,无法适应大学里一个人的生活,先后找了几个男朋友,但最后都以分手告终,因为爱情无法弥补她内心的孤独与寂寞。

　　有些人会说:"爱不是化解孤独最好的良药吗? 所有重要的人际关系不都源于爱吗?"答案是:"是,也不是。"

　　俗话说"情人眼里出西施",爱情很神秘,带有情感投射的成分。爱情还似一把双刃剑,有时候给人以包容、体贴、关心、呵护,有时却给人带来控制、伤害、怨恨。所以,爱情也会变化多端,让你无所适从,甚至会加深孤独和痛苦。

(三)大学生眼中的亲情

　　"爸爸妈妈很关心我,但他们从来不曾真正了解我。"

　　小秦,男,大四。从小他喜欢摄影和艺术,希望将来从事与摄影相关的工作。父母非常重视小秦的培养,对他严格要求,希望他毕业以后能考取公务员,有一份稳定的工作。小秦内心很矛盾。父母虽然爱自己,但是却不了解自己,他感到极为孤独。

　　我们有理由相信,最亲密的人际关系来自家庭。我们经历的第一种人际关系就是家庭关系。自古以来,家庭关系往往被视为人生最重要、最有价值的关系之一。

　　我们都知道,并不是所有住在一起、和你有血缘关系的人都能让你体验到亲密感。事实上,没有任何一种人际关系具有天然的亲密感,它们都需要你了解他人、付出关爱。家庭关系的确能让人感到亲密,但那也只是你辛苦付出的回报而已。家庭也许是永恒的,但缺少主动、持续的付出,家所带来的那份亲密感也绝对永恒不了。

> **互动话题**
>
> ● 感到孤独时,你会怎样安慰自己? 这些方式包括使用电脑或手机吗?
> ● 你生活中的各种人际关系,哪一种需要离开网络去维系?
> ● 你生活中的哪些地方可以为亲密关系创造更多机会?

行动课堂:有影响力的关系

　　(1)在表3-2第二列中,写下10个给你的生活带来积极影响的人的名字,他们可能是你的亲戚、朋友、老师,也可能是某个从未谋面的人。完成之后再进行下一步。

　　(2)在表3-2第三列中,写下这10个人给你带来的影响。

　　(3)在表3-2第四列中,按照从1(稍微感激)到5(非常感激)的分数,给你对这10个人的感激之情打分。

　　(4)在表3-2第五列中,写下你想跟对方说的表达感激的话。

　　(5)你也会对他人形成影响,列出那些曾经被你影响过的人。考虑一下,如何告诉这些人你愿意走入他们生活的原因(仿照表3-2自己建表)。

表 3-2　给你的生活带来积极影响的人

序　号	名　字	影　响	感　激	想跟对方说的话
1				
2				
3				
4				
5				
6				
7				
8				
9				
10				

　　要开始、发展并维持一种积极的人际关系并非易事,需要付出大量的精力并具有一定的人际交往技巧。建立并维持积极的人际关系的困难在于:①人际关系的复杂多变;②积极情感和印象建立过程的缓慢;③人际关系的脆弱。

　　在人际交往中,很多困难都围绕着"关系的天然法则"产生。"关系的天然法则"包括:对他人积极的认知和情感很难形成却极易消失;对他人消极的认知和情感极易形成却很难消失。和他人建立牢固的关系需要彼此之间进行大量、积极的互动,而一段消极的体验就可以给一段美好的关系画上句号。所以,良好的人际关系需要用心维护,定期刺激。

　**行动课堂:友谊调查**

　知识链接:DISC——发现你的行为模式

　　DISC 工具将人的行为模式分为谨慎型、稳健型、支配型、影响型,如表 3-3 所示。

表 3-3　DISC 工具对人的行为模式的划分

	谨慎型(C)	稳健型(S)	支配型(D)	影响型(I)
一般描述	准确的、有分析力的、谨慎的、谦恭的、善于发现事实、高标准、成熟的、有耐心的、严谨的	友善的、亲切的、好的倾听者、有耐心的、放松的、热诚的、稳定的、团队合作者、善解人意的、稳健的	爱冒险的、有竞争力的、大胆的、直接的、果断的、创新的、坚持不懈的、问题解决者、自我激励者	有魅力的、自信的、有说服力的、热情的、鼓舞人心的、乐观的、令人信服的、受欢迎的、好交际的、可信赖的
对团队的贡献	• 善于下定义、分类、获得信息并检验 • 客观的 • 保持高标准 • 有责任心,稳健可靠 • 综合性的问题解决者 • 小团体的亲密关系	• 可靠的团队合作者 • 为某一领导或某一原因而工作 • 有耐心和同情心 • 逻辑性的思维 • 服务取向	• 基层组织者 • 前瞻性的 • 以挑战为导向 • 发起运动 • 有创新精神	• 乐观、热情 • 创造性地解决问题 • 激励其他人为组织目标而奋斗 • 团队合作者 • 通过协商缓解冲突

	谨慎型(C)	稳健型(S)	支配型(D)	影响型(I)
压力下的倾向	• 悲观的 • 挑剔的 • 过分批评 • 紧张的、大惊小怪的	• 非感情表露者 • 漠不关心 • 犹豫不决 • 坚定的	• 高要求的 • 紧张的 • 有野心,好侵略 • 自负的 • 非日常工作的 • 善于承担有挑战性和机遇的工作	• 自我提高 • 过分乐观 • 过多的言语 • 不现实的
可能的缺陷	• 受批评时采取防御措施 • 常陷入细节之中 • 对环境过分关注 • 似乎有点冷漠和疏远	• 倾向于避免争论 • 在确定优先权时遇到困难 • 不喜欢非正当的变化	• 过度使用地位 • 制定的标准太高 • 缺乏圆滑和变通 • 承担过多的责任	• 不注意细节 • 在评价人方面不现实 • 不加区分地相信人 • 情境下的倾听者
理想环境	• 需要批判性的思维 • 技术或专业领域 • 相似的工作环境 • 私人办公室或工作环境	• 稳定的、可预测的环境 • 变化较慢的环境 • 长期的团队合作关系 • 人们之间冲突较少 • 不受规则的限制	• 不受控制、监督和琐事的困扰 • 革新的、以未来为导向的环境 • 表达思想和观点的论坛或集会	• 人们之间密切联系 • 不受控制和琐事的困扰 • 活动自由 • 传播思想的论坛或集会 • 相互联系的民主氛围
情绪特征	害怕(高C)	非情绪化的(高S)	愤怒(高D)	乐观(高I)

小测验:你属于哪种类型?

当你面对一个拥挤的电梯,你会怎么做?

• D 型:按关门按钮,而且连续按三次。

• I 型:对电梯外等待的人群说"进来吧,进来吧,挤挤都能进来"。

• S 型:向电梯里面看了看,发现电梯满了,然后走楼梯。

• C 型:先查看电梯的载重量,然后马上开始心算。根据心算结果,发现电梯里多了三个人,于是要求他们出去。

三、大学生人际交往认知的调整

人际交往认知,指个人在与他人交往时,根据他人的外在显性行为表现来推测或判断自己和他人的心理状态、性格特征、行为动机和意向的过程。个体的人际交往认知与早年的依恋模式有关。

依恋模式是人与人之间形成情感纽带的关键。大学生的人际交往尤其受到早年经历和经验的影响。幼儿时期形成的亲子间的依恋模式决定了个人对自我形象和他人形象的认知,并影响着其日后的人际关系和成年之后的亲密关系。简单来说,依恋模式分为两个维度:焦虑与回避。依恋模式中的焦虑维度决定了一个人对自我形象的认知(值得被爱还是不值得被爱),而依恋模式中的回避维度决定了一个人对他人形象的认知(值得信任还是不值得信任)。因此,人际交往认知也包括对自我形象的认知和对他人形象的认知。

对自我形象的认知包括对自己身体状况的认知(如健康与否、胖瘦等)、对自己心理状况的认知和对自己社会关系的认知。对他人形象的认知主要包括对他人仪表的认知、对他人表情的认知、对他人人格的认知、对他人心理状态的认知、对人际关系的认知、对社会角色的认知等。

1.对自我形象的认知

大学生对自我的认知、情感和态度影响着个体的自我接纳度。

合理情绪疗法(RET)的创始人阿尔伯特·艾利斯认为:"自我责备是我们的大部分情绪困扰的来源。"[1]我们每个人都有各种干涉我们思考的基础观念和假设,艾利斯把这些基础观念和假设称为非理性信念。非理性信念是一些有关世界应该如何运作、我们和他人应该如何行动的严酷规则。这些规则是死板的、绝对的,包括"总是""从不""完全地""必须""不得不"之类的词语。在艾利斯看来,这些非理性信念都可归结于以下三种错误的假设。

(1)我必须做好(如果没有做到,我就毫无价值)。

(2)你必须善待我(如果你没有做到,你就必须受到惩罚)。

(3)世界一定是容易的(如果不是,那它就是无法容忍的)。

我们如果将"必须""一定"改为"可以",我们的认知就容易发生改变,我们将更好地接纳自我、关爱自我。

(1)"我必须做好"变为"我可以做好"(我也可以接纳失败)。

(2)"你必须善待我"变为"你可以善待我"(别人对你的好不是理所当然的)。

(3)"世界一定是容易的"变为"世界可以是容易的"(世界也可以是不容易的)。

 知识链接:合理情绪疗法

2.对他人形象的认知

我们对他人形象的认知往往会影响我们的人际关系,主要表现在以下几个方面。

(1)首因效应。首因效应也叫"首次效应""优先效应"或"第一印象效应"。

(2)近因效应。近因效应是指在人际认知活动中,最近的印象对人的评价起着重要作用。最近获得的信息对人的刺激强,给人留下的印象清晰,冲淡了过去的有关印象。

(3)光环效应。光环效应又称"晕轮效应""成见效应",是指在人际交往过程中,人们常将对方所具有的某个特征泛化到其他有关的一系列特征上,根据局部信息形成对方的完整印象,如"一见钟情"。

(4)定势效应。定势效应是指当人们认识他人时,常常会不自觉地产生一种有准备的心理状态,按照事物的一定外部联系对他人进行认知和评价。

(5)投射效应。投射效应是指以己度人,认为自己具有某种特性,他人也一定会有与自己相同的特性,把自己的感情、意志、特性投射到他人身上并强加于人的一种认知障碍。

(6)正性偏差。正性偏差是指人们对他人的正面评价往往超过负面评价的倾向。

---

① 杰拉德·科里.心理咨询与治疗的理论及实践[M].谭晨,译.北京:中国轻工业出版社,2010:193.

（7）刻板效应。刻板效应是社会上对于某一类事物或人的一种比较固定、概括而笼统的看法。

值得一提的是，我们对他人形象的认知往往受我们早年经验的影响，带有强烈的主观色彩，常常把周围的人当成自己早年生活经验中的重要他人（如父亲或母亲），从而造成人际交往的不和谐。

3. 保持适度的自我开放：了解彼此

自我开放就是向他人坦陈你对当前情境的认知和反应，披露有关你个人的相关信息，帮助他人理解你的这些认知和反应。当我向你敞开心扉，让你知道我对当前所发生的一切的真实反应，我就是在让你了解我。自我开放要注意这几点：①自我开放的重点是现在，不是过去。②对人和事件的反应不仅包括事实，还包括情绪和情感。③自我开放有两个维度——广度和深度。交流涵盖的主题越来越广，向对方披露的自我也越详细。④在交往的初期阶段，自我开放是相互的。

值得注意的是，自我开放要保持适度。只有在适当的时候，你才可以进行自我开放。一般来说，一段关系是逐渐建立、分阶段发展的。如果你不肯定自我开放是否适当，可以遵循这些指导意见：①我确定自己的开放不是随机、孤立的行为，而是一段持续的关系中必不可少的一部分。②我把开放的重点放在与眼前的几个人直接相关的内容上。③我开放的内容会对他人形成什么影响，对这个问题我保持敏感。④只有在对方投桃报李时，我才会继续开放。⑤当关系中出现危机时，我会加大开放的尺度。⑥我会逐渐向更深的层次敞开自己。⑦当其他人和我有竞争关系或者不值得信任时，我会对自己的想法和感受守口如瓶。

开放关系包括自我觉察、自我接纳和信任，如图3-1所示。

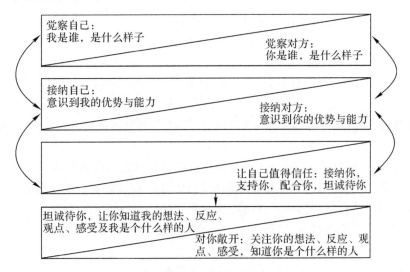

图3-1　开放关系

（1）自我觉察

对他人的坦诚始于你对自己的了解——我是谁，是什么样子。在向他人坦陈自己的感受和反应之前，你必须首先意识到它们的存在。

行动课堂：测测你的"自知之明"

自我觉察的功能有：①帮助你确定在不同的场合中采取哪些行动才能让自己应对得体；②帮助你恰当地展示自己，给人留下你所期待的好印象；③增加社交敏感度；④提高有效沟通的能力；⑤促进自我理解；⑥帮助你成为理想中的自己。

自我觉察的危险有：①可能会导致抑郁——因为觉得生活没有达到自己的标准。自我觉察理论认为，真实自我与理想自我之间的差距可能会激发行为的改变，也可能会导致对自我觉察的逃避。②无益的自我觉察可能导致对自我的过分关注。面对失败，抑郁者把注意力集中于内心世界的时间比非抑郁者更长（完全没有意识到可以依靠行为来缩小现实与理想的差距）。

在日常生活中，大学生自我觉察的方法有：内省；自我观察；向他人解释自己的感受、认知、反应以及经验；与他人进行比较；与各种各样的人互动；寻求他人的反馈，了解他们怎么看自己，对自己的行为有什么样的反应。

（2）自我接纳

世界上会有理智的人喜欢自己吗？我太了解自己了，实在没法喜欢。我很清楚，这个我不是自己想要的样子。

——果尔达·梅厄

自我接纳就是用赞同或满意的态度看待自己和自己的行为，既不对自己评价过高，也不怀疑、嘲讽自己。

至少有5种方法可以帮助你增强自我接纳感。

①反射性自我接纳：以别人对你的看法为基础对自己下结论，如"别人喜欢我，我就可以倾向于喜欢自己"。

②基础性自我接纳：你可以坚定不移地相信，自己是一个可以从本质上被无条件接纳的人。

③条件性自我接纳：根据自己的实际情况与外在标准和期望值之间的差距来确定自我价值。

④自我评价：在与同龄人进行比较后，评估自己具有哪些积极的品质。

⑤现实—理想比较：通过与理想自我的比较，你可以判断真实自我是什么样的，也就是确定比较现实中你的样子与你认为自己应该成为的样子之间的对应关系。

大学生不仅要学会接纳自己，还应该学习掌握建设性的自我价值判断方法。通常，无条件的自我接纳被视为最有建设性的方法。

你越懂得自我接纳，就越倾向于自我开放；你越愿意自我开放，他人就对你越接纳。而且，他人对你越接纳，你就会对自己更接纳。同时，自我接纳还与对他人的接纳有关。对自我接纳，有利于你接纳他人，建立更好的人际关系。高水平的自我接纳反映在人们的心理健康状态中。

（3）信　任

拥有一个朋友的最好办法就是成为他人的朋友。

——拉尔夫·沃尔多·爱默生

在人际关系中,别人怎么对你是你教别人的。你在人际关系中怎么做决定着对方如何对待你。

建立与维持信任是让自己值得他人信任,这是建立关系的开始。

在开放式沟通中,信任必不可少。讨论问题时,拥有高度信任感的人披露出更精确、更相关、更完整的数据的可能性更大。高度信任感可以让信息得到公开交流,让问题在复杂化之前就得以发现、诊断并纠正。反之,不信任可能会在沟通中制造各种问题。当你和一个自己不信任的人打交道时,沟通的目标就变成了自我保护和减少焦虑感,而不是准确地传递信息、表达观点。

行动课堂:自我开放与自我觉察练习

第三节　大学生人际交往技巧与策略

引子:如何与人交往

大一女生小 C 自小父母离异,自己跟随母亲生活。母亲性格强势,凡事都替她做主,造成了小 C 胆小、缺乏主见、敏感和依赖他人的性格特点。进入大学后,小 C 不能很快适应大学生活,在和同学相处中自我价值感低,经常被同学的意见左右,又不敢拒绝别人的提议,自己委屈但又不敢说,和他人说话时不敢与他人对视,和异性说话会脸红。想到未来还要进入社会,小 C 内心充满焦虑。

一、大学生人际交往的原则与规则

> **互动话题:现实生活中,好的人际交往具有什么特征?**

心理学把人际关系称为关系动态(relationship dynamics)。也就是说,人际关系不仅仅取决于自身的行为和心理活动,也取决于对方的行为和心理活动。大学生人际交往需要遵循两个原则:①保持恰当的距离;②鼓励与表达。

1. 保持恰当的距离

合适的关系就是保持恰当的距离。恰当的距离是指人际关系中双方都能感受关系带来的安全、舒适和自在。关系过近,缺乏私密空间,会让人有被吞噬感、压迫感;反之,关系过于疏远,长时间不维护关系,可能会让对方感觉到冷漠、疏离或者不安全感。所以,要找到双方的合适的距离,保持对关系的尊重、对距离的尊重。

恰当的距离包含了三个维度:空间、时间和心理。空间维度的距离指环境因素、地理因素,更准确一点说是物理学意义上的距离。时间维度的距离指维护关系的频率,关系的保持需要不定期或定期的刺激,刺激频率过低或过高都会影响彼此的关系。心理维度的距离指心理上的认同感、愉悦感、舒适感,这是一种接近人格或气质层面的互相吸引或欣赏,需要了解人际交往对象的喜好。正所谓"投其所好",这是建立良好人际关系的重要条件。

2.鼓励与表达

会表达、会沟通,是拥有良好的人际关系的基础。人际关系建立的基础是交往双方有交集,没有交集就等于没有共同点或共同话题,关系也就不可能建立。因此人际关系不和谐的人首先要培养各方面的能力,让自己具备与人沟通的能力。与他人共性越多,越容易有交集,关系也会越稳固。对于没有交集或者有分歧的人,要尊重并保持距离。

大学生人际交往还要遵循"四步走"规则。

(1)摸清底线:明确对方的底线和原则,求同存异。

(2)定期刺激:保持固定周期或时间的互动交流,刺激关系良好发展。

(3)维系与调整:关系出现状况时要及时修复、调整。

(4)升华:维持恰当的关系,从熟人变成好朋友,从好朋友升级为挚友。

值得一提的是,与权威人士交往和沟通要会"三步走"。

(1)沟通表达:肯定和接纳权威人士的观点。

(2)陈述理由:表明自己的理由和观点。

(3)适当承诺:承诺为自己的行为负责,并且在规定期限内达到权威人士(父母或领导)的期待。

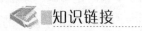知识链接

人际关系发展的四个阶段

奥特曼等人认为,良好的人际关系是在逐渐自我暴露的过程中发展起来的,一般经过四个阶段:定向阶段、情感探索阶段、情感交流阶段和稳定交往阶段。这一过程中的人际关系状态及交往双方的相互作用水平如表3-4所示。

1.定向阶段

定向阶段包括注意并选择交往对象、与交往对象进行初步沟通等方面的心理活动和行为。在这个阶段,人们自我暴露的程度很低,如谈谈自己的学习、工作等。在不同的情况下,定向阶段的时间跨度不同。相遇而相见恨晚的人,定向阶段会在双方第一次见面时就完成。

2.情感探索阶段

在情感探索阶段,双方探索彼此在哪些方面可以建立情感联系。自我暴露的不仅仅是情趣爱好方面,随着双方共同情感领域的发现,双方的沟通也会越来越广泛,会暴露一些个人的态度和看法,有一定程度的情感卷入,但是还不会涉及太多隐私。双方的交往也会受到社会礼仪、角色规范等方面的制约,相对而言其交往较正式。

表 3-4　人际关系状态及交往双方的相互作用水平

图　解	人际关系状态	相互作用水平
○　○	零接触	低
○→○	单向接触	
○↔○	双向接触	
◖◗	表层接触	
◖◗	情感轻度卷入	
◖◗	情感中度卷入	高
◖◗	情感深度卷入	

3.情感交流阶段

人际关系发展到情感交流阶段,双方的关系开始发生实质性变化。双方的信任感、安全感开始建立,沟通深度和广度有所发展并有较深的情感卷入,会涉及自我概念和个人的人际关系状况。双方会谈论一些相对私密的问题,如相互诉说工作和生活中的烦恼、自己的自卑情绪、和家人的关系等。同时,双方会提供评价性的反馈信息,进行真诚的赞许和批评。

4.稳定交往阶段

在这一阶段,交往双方在心理上的相容性会进一步增强,自我暴露也更广泛、深刻。此时,人们已经可以允许对方进入高度私密的个人领域,分享自己的生活空间和财产。但在实际生活中,很少有人能获得这一情感层次的友谊,也就是人们常说的"人生难得一知己""千古知音最难觅"。

二、大学生人际沟通技巧

人际沟通一般指人与人之间的信息交流过程,就是人们运用言语、文字、表情等进行的事实、思想、意见、情感等方面的交流,以达到人与人之间对信息的共同理解,取得相互了解、信任,形成良好的人际关系,从而实现对行为的调节。

大学生需要在人际沟通中学习和提升人际交往技巧,与他人保持高效沟通。人际沟通技巧决定了你的人际交往智商——理解、掌控自己与他人的互动并机智应对的能力的高低。

📖 微课:人际关系与沟通技巧

(一)沟通的含义

练习:请你尝试将下面的句子补充完整。

沟通是＿＿＿＿＿＿＿＿＿＿＿。

请你将补充后的句子和同学补充的句子做对比,然后思考:你对沟通的定义是否全面?是否解释了有效沟通?是什么导致了无效沟通?

我们可以把沟通定义为"信息的有效传输"。我们有一个想法,把这个想法转化成文字,努力把这个想法传递出去,并希望接收者知道这个想法,这就是信息的传递。

从这个意义上来说,沟通的第一项要点是:沟通始于信息接收,而非信息传递。无论信息传递有多高效,只要信息接收者没有接收到,就不能称为沟通。

"沟通"一词起源于拉丁文 communis,意为"共同的""共有的"。在沟通过程中,我们努力共享意义(信息)。因此,沟通是创造共识的过程。人们尝试用各种技术和方法创造共识,如使用电话、短信、微信,通过报告、演讲、海报、网页等。但沟通的基本形式还是交谈。人们通过交谈建立关系,影响彼此的想法、感受和行为;人们也通过交谈解决问题,展开合作,达成目标。

(二)沟通的基本技巧

沟通的三个基本技巧是给予关注、理解内容、将理解置于情境之中。

1. 给予关注

沟通始于给予关注,而非仅仅拥有沟通意向。个体可能就关注到的一切事物与他人沟通。注意力的选择决定你看到了什么、感受到了什么、联想到了什么。

2. 理解内容

理解是我们将感官所获取的信息与内在已有的心理感知模式相连接并创造意义的过程。人们往往倾向于将感官获取的信息补充完整,与内在已有的心理感知模式相匹配、连接,以此来理解、认识、评估和预测事件的发展方向,使事件处于自己的掌控之中。

请观察图 3-2,你能看到什么?

大部分人看到了一个白色三角形。但事实上白色三角形并不存在,是你的大脑自动填补了缺少的线条,形成了三角形的图像,这就是卡尼莎三角。这是大脑将感官获取的信息与已有心理认知模式相匹配的过程。科学家称之为"感知修复"。感知修复原理表明我们所理解的一切都是对于原本存在事物的最佳猜测。我们看到的世界都是我们眼中的世界,是我们幻想出来的世界。

图 3-2　卡尼莎三角

3. 将理解置于情境之中

既然所有的理解都是一种最佳猜测,解读情境就至关重要。情境猜测中,我们会留心对方的语调、语速、音量、面部表情、手势和身体姿势等,这些被称为非言语信息。情境还会让我们思考环境、身份、角色、文化背景等因素。

以上是沟通最基本的三个技巧。为了更加有效地让接收者获得信息,还需要进一步了解彼此和建立默契。

我们可以经常问自己:我这样说会产生什么影响?我这样说是满足我情感表达的需要还是为了使对方获得信息?我这样说传递的重要信息是什么?对方会如何理解和感知该信息?现实是,对方通过"感知修复"获得的内容远比我们要表达或传递的信息更重要。甚至只要对方关注我们的非言语信息以及我们的行动,不需要刻意"说",沟通就已经产生。正如美国著名的心理学家保罗·瓦兹拉威克所说的那样:我们无法做到不沟通。

若一个人的言谈和肢体语言不吻合,人们往往会相信肢体语言。因此,建立默契首先要在肢体语言方面展现出热情、放松、真诚、坦率、尊重等促进人际交往的积极情感因素。音调是第二个重要因素。我们可以调整音调和音量,让自己配合对方的言辞,使对方感觉到我们在说"他的语言"。最典型的就是我们和小朋友说话时,使用他们的语言往往更容易被他们接受。

(三)促进优质交谈

交谈是沟通的基本形式。交谈一词源自拉丁语,意思为"伴随某物移动"。

练习:请思考我们用哪些词语描述交谈,并把想到的词语写在下面的横线上。

_____

这些词语有何区别? 例如,你可能会想到"聊天"或"讨论",这两者有何区别?

1.优质交谈的三个基本规则

(1)每次一个人发言

优质交谈的第一个基本规则是每次只有一个人发言。要遵循依次发言的规则,让交谈双方或多方都有发言权。

要做到轮换发言,就要学会倾听,在倾听中关注两个信息:when(何时轮到自己发言)和what(对方发言的内容是什么)。倾听中还需要掌握三个小技巧:一是把握说话的时机,研究表明,说话中半秒钟的间隔足以吸引对方注意,使之对你产生关注;二是表明自己始终在倾听;三是轮到自己发言时,发言内容要与对方之前说的内容相关。因此,为提升交谈质量,你要做到随时做好发言准备,积极回应,表明倾听状态,发表与对方发言内容相关的评论。

(2)设想对方的交谈具有意义

沟通是为了创造共识,研究交谈的心理学家将其称为"合作原则"。优质交谈的推进需要做到忽略发言人的任何错误,澄清理解不清晰的部分,并设法补充话语中的空缺信息。若有必要,在发言时向对方表明你已经准确了解对方所说的内容。

(3)遵循 TRAC 规则

优质交谈要遵循 TRAC 规则,即交谈应具备真实性(truth)、相关性(relevance)、充分性(adequacy)和清晰性(clarity)。

2.优质交谈的三个维度

(1)语　境

语境指向交谈目的、时间、场所和预设。具体指交谈双方是否清楚交谈的原因、背景和时间(时间是否合适)等因素,以及交谈的场所是否舒适且不受干扰,对问题的预设认知是否清晰。交谈双方所持有的某种认知倾向也是需要考虑的因素。

(2)关　系

上级与下级、长辈与晚辈、恋人、师生、旅友或牌友等不同的关系会影响交谈的范围、深度和广度等,应根据与交谈对象的关系确定交谈的范围、深度与广度。

(3)行　为

交谈不只是语言交流。手势、目光的移动和身体的姿势及彼此的站位等非言语信息都可以成为交谈的重要组成部分。心理学家指出,当有压力时,我们的身体会泄密,真实感受会通过姿势表露无遗。

3.非暴力沟通技巧

著名的马歇尔·卢森堡博士发现了神奇而平和的非暴力沟通方式,其包括以下四个技巧。

(1)观　察

留意发生的事情,清楚地表达观察结果,关注事实,不判断或评估。

印度哲学家克里希那穆提曾经说过,不带评论的观察是人类智力的最高形式。对于大多数人来说,观察他人及其行为,而不评判、指责或以其他方式进行分析,是很难做到的。

(2)感　受

表达感受,如受伤、害怕、喜悦、开心、气愤等。

非暴力沟通强调,感受的根源在于我们自身。我们的需要和期待以及对他人言行的看法,形成我们的感受。别人的行为可能会刺激我们,但并不是我们感受的根源。我们可以通过"我(感到)……因为我……"这种表达方式来认识感受与自身的关系。

(3)需　要

说出哪些需要(或价值、愿望等)导致怎样的感受。

每一种感受的背后都有一种需要,非暴力沟通提倡关注自己和对方尚未被满足的需要,会让自己的生活发生质的变化。

(4)请　求

为了改善生活,我的需要是什么?

我们要清楚明确地告知他人我们期待他采取何种行为来满足我们的需要。

(四)有效地发送和接收信息

广义的人际沟通是所有能被他人感知的言语或非言语行为,不过更为普遍的人际沟通定义是一个人以影响信息接收者的行为为目的,特意向对方发出的信息。发起沟通的目的,就是在一定程度上改变另一个人。

当沟通的对象——信息接收者以发送者期待的方式对信息进行解读时,就实现了有效沟通。

1.有效地发送信息

有效地发送信息有三个基本要求:信息可理解;发送者可信;能说明信息对接收者的影响。

有效地发送信息需要具备以下五个技巧。

(1)清楚地宣告你对信息的"所有权",使用诸如"我""我的"之类的词语,让对方了解你的想法和感受。

(2)只须描述,不必评价。客观地描述他人的行为,不进行任何审判、评估,也不去推测他人的动机、人格或态度。如描述"你经常打断别人的讲话",而不是评论"你是一个以自我为中心的人"。

(3)做好关系陈述。关系陈述是描述你对这段关系或者两个人之间互动方式的看法的信息。一种好的关系陈述会清楚地表明你是信息的所有者,并描述你是如何看待这段关系的。如"我认为咱们需要讨论一下昨天的分歧"。一种差的关系陈述是以别人的名义讲话,并且对这段关系加以褒贬。

（4）理解他人的立场。同样一条信息,对不同的人来说可能有着完全不同的含义。立场的选择是有效沟通的一个重要技巧。你需要了解的是:接收者的立场;接收者对这个问题已经有了哪些了解;接收者需要哪些信息,他想要的又是什么。

（5）保证双向沟通。要寻求接收者的反馈。反馈就是沟通过程中信息发送者从接收者那里得到的信息,该信息阐明接收者如何解码并接受发送者传递的内容。双向沟通比单向沟通更有效率。

2.提高信息接收技巧

　　倾听每个人说话,但尽量保持沉默。

——莎士比亚

恰到好处的讲话与认真仔细的聆听可以提高信息接收技巧。

良好的倾听的基本原则是释义,就是用你自己的语言将别人说的话、表达的感受和言下之意重申一遍。释义可以帮助个体避免审判、评估他人,加深对发送者所传递的信息的理解。释义传递了你的合作意图。

在倾听他人讲话并恰当回应的过程中,很重要的一点是觉察自己的预期、希望、需要、信仰、态度以及可能会选择去感知的内容。可以尝试用你自己的语言描述你所理解的信息;用"我认为你的意思是……"或"这是你的意思吗"等作为描述的开场白;避免任何赞成或不赞成的暗示。

三、大学生人际交往策略

(一)遵循心理定律

1.首因定律——首次见面要给人留下好印象

首因定律也称第一印象效应或首因效应,是指个体在认知社会的过程中通过第一印象最先输入的信息对个体以后的认知产生影响。

2.诚信定律——人无信则不立

诚信是人际交往的基础,是做人的根本。一定要信守诺言,一定不要许下力所不及的承诺。

3.赞美定律——人人都渴望得到赞美

卡耐基说:"天底下只有一种方法可以促使他人去做任何事情——给他想要的东西。""在你的生活之旅中,别忘了为人间留下一点赞美的温馨,这友谊小火花会点燃友谊的火焰。"[1]真诚的赞美要注意两点:①赞美事实而不是人。要把赞美的焦点放在对方所做的事情上。②赞美要具体。针对某件事的细节赞美会更有力量。

4.面子定律——给人面子就是给己面子

卡耐基说:"设身处地为他人想一下,可以缓解许多不愉快的场面。""别人犯错,而我们是对的,如果我们没有为别人保留面子,就会毁了一个人。"[2]凡事要为人留情面。面子的本

---

①②　卡耐基.卡耐基口才的艺术与人际关系[M].马剑涛,肖文健,编译.北京:中华工商联合出版社,2016.

质是尊严,用需求层次理论来讲,面子就是受人尊重、得到认可的需求。给别人留面子就是给自己留退路。

5. 婉转定律——善意的谎言常常是美丽的

当我们为了他人的幸福和希望而适度地撒谎的时候,谎言即变为理解、尊重和宽容。它具有一种神奇的力量,没有任何的恶意。善意的谎言是出于美好愿望的谎言,是人生的滋养品,也是信念的原动力。它让人从心里燃起希望之火,也让人确信世界上有爱、有信任、有感动!

善意的谎言能让人找到笑对生活的理由。善意的谎言具有神奇的力量,鼓舞你一次又一次地努力,为了心中的梦想绝不轻言放弃,未来的道路将完全被愉悦的心情照亮,生活因此变得更加美好。

6. 忍让定律——忍让创造和谐

忍让并不是不讲原则,也不是提倡当"老好人",而是在不违背自己原则的情况下,以忍让为主,得饶人处且饶人,以宽广的心胸去面对别人,与人为善。"忍一时风平浪静,退一步海阔天空。"和谐的人际关系需要忍让。世界上没有完全相同的两个人,人们的年龄有大小,经历不同,性格各异,为人处世的风格也不一样,因此相处起来总会存在分歧和矛盾。遇事多忍让,做到明他人之长,知他人之短,容他人之过,才能和睦相处。

7. 刺猬定律——距离产生美

刺猬定律指的是一种非常有趣的现象。在寒冷的冬天,两只困倦的刺猬由于寒冷而拥在一起,可因为各自身上都长着刺,它们怎么睡都不舒服。于是,它们离开了一段距离,但又冷得受不了,就又凑到一起。几经折腾,两只刺猬终于找到了合适的距离,既能感受到对方的体温又不至于被扎。这就是人际交往中的刺猬定律。在现实生活中,你与一个你非常钦佩或者喜欢的人亲密接触一段时间后,他的缺点就会显露出来,你就会在不知不觉中改变对他的认知和情感,甚至开始讨厌对方。人与人之间保持一定的距离,会更有利于关系的良性发展。

8. 互惠定律——帮人就是帮自己

英国哲学家培根说,你希望别人如何对待你,就先如何去对待别人。对于个人而言,在人际交往中真诚地帮助别人,会有意想不到的收获。从社会学的角度来看,人际关系就是人与人之间的一种心理关系,这种关系是在彼此的交往过程中形成的,是直接的、可感知的,并且蕴含着一种价值关系。换言之,互惠与互利是人际交往的一个准则。与人交往,首先要做到在心理上与对方互惠,然后才能在现实的人际交往中互惠,收获友谊。

互惠定律在人际交往中的应用如下。

(1)要了解对方,理解对方。理解对方正是一种最基本的互惠,是对对方的尊重,是获得对方对你的付出的肯定的前提;否则,很容易引起对方对你的"反射性"否定,使互惠产生负面影响。

(2)要经常说"我很感激你"。心理学家指出,人际交往是朝着酬赏增加和代价减弱的方向发展的。我们知道,随着时间的推移,物质酬赏带给人的满足感会越来越弱,而心理酬赏则不会。因此,要想满足对方越来越多的酬赏需求,选择心理酬赏才是明智的,而感恩正是心理酬赏的一种主要方式。而且,你的感恩能够感染对方,让他也知道感恩,使互惠的效果得以保证。

(3)不要抱怨。从付出到获得,要经历一个过程,有时等待的时间会远远超过我们所预期的。这时如果我们抱怨,那么之前所有的努力都会白费。

(4)改变自己。蒙哥马利说,对别人经常心灰意冷、束手无策的人,他们不是无法改变别人,而是不能改变自己。如果发现自己的努力全都白费,就要自我反省,然后改变自己。问问自己是不是一开始就选择错了对象,毕竟这个世界上两个人天生不合的情况是存在的;想想自己是否有举措不当的地方,对于度的把握是否恰当。

人与人相处就是这样:给予就会被给予,剥夺就会被剥夺,信任就会被信任,怀疑就会被怀疑;爱就会被爱,恨就会被恨。这就是人际交往的互惠定律。

(二)冲突解决策略

(1)倾听是首要的。在倾听过程中积极回应并反思,通过询问来确保自己理解对方的观点。

(2)明确地表达自己的立场。比如,"当我要自己打扫寝室卫生时,我有点不知所措"比"我讨厌你从来不打扫寝室"要好。

(3)明确是否有需要解决的冲突。

(4)明确讨论冲突的时机和地点是否恰当。

(5)采用头脑风暴法提出可行方案。

(6)确定一种解决方案,必要的话再次确认。

(7)必要时,乐意妥协。妥协也是解决冲突的一种方法。

人与人之间不可能没有冲突。每个人的想法、信念不同,因此冲突注定会发生。在一段关系中,隐藏自己的想法和信念可以逃避冲突,但这既不健康,也不利于关系的持续。不要忘了:冲突可以增进人与人之间的关系,让关系更加亲密。

(三)积极行动策略

对于那些必须先学习才会做的事情,我们通常是边做边学。

——亚里士多德

首先,要增强自身的人际吸引力。没有人会和讨厌的人互动,如果对方非常反感你,那么无论你如何努力都是徒劳的。因此,修炼好自己的人际吸引力是人际交往的前提。如,我们可以进行合适的"形象修饰";增加对他人的熟悉度;多学习,提升自身的学识、才干、品德等。

其次,我们要从经验中学习有效的行为模式,以指导自己形成自动化反应。这种行为模式的基础是行动理论。行动理论就是在一定的条件下,为了达到期望结果,需要采取某种行动的理论。所有理论的共同形式都是"如果……,那么……"。

行动课堂:我的行动理论

回想一下你在特定场合的行为方式。例如,你想结识一位新同学,你会怎么做?你的行为是怎样产生你想要的结果的呢?列举三种你最近经历过的具体情形,描述你的行为及你所期待的行为后果。完成之后，你就确定了几个属于自己的行动理论。

具体场合	如果我这样做……	那么结果就会是……
1._____	_____	_____
2._____	_____	_____
3._____	_____	_____

行动理论是经验学习的核心。经验学习包括以下四个步骤。

（1）在当前的行动理论基础上采取行动；

（2）评估结果，获取反馈；

（3）反思行动效果，重新制定或修改行动理论；

（4）实施改进后的行动理论。

行动课堂：测测你的友谊质量

 心理老师案例点评

她的问题：

"我很失落，自从进入大学以来，我一直很努力地和大家交朋友，大学里不都说要重视发展自己的人脉圈嘛。但是每次和大家互动交流，都感觉自己有点受冷落，吃力不讨好。以前在高中的时候，同学们都不会这样，大家都很亲切。到了大学，同学们好像都不愿意和我交流。我也不知道问题在哪里，我很困惑，不知道自己该怎么办。"

过程回放：

女生小杨在三年级时父母离异，父亲重组家庭并生了一个男孩，从此父亲再也没有来看过她。小杨一直跟随母亲生活，因为父爱的缺失，妈妈和外婆、舅舅等对小杨非常疼爱，也对她寄予厚望。在老师眼里，小杨是一个学习主动、认真负责的好孩子。经过自身努力，小杨终于没有辜负家人的期望，顺利地进入了大学校园。

大学校园生活丰富多彩，但也有不小的学习和生活挑战。小杨性子要强，凡事都以高标准要求自己。她积极加入学生社团，参与各类学生活动并积极表现自我，处处表现出强烈的好胜心。同时，小杨对室友缺乏学习动力、喜欢追剧和玩游戏等现象深感不屑，经常教育室友要好好学习，严于律己。她每日早出晚归，对室友没有打扫好寝室卫生、晚上影响自己睡眠等现象表现出诸多不满。多次沟通未果，小杨和室友的关系越来越紧张，室友们出去秋游也避着她，不让她参加。

问题分析：

大学生价值追求呈现出多元化的特点。每个人进入大学时有不同的学习目标、学习动机和自我期待。缺少父母和老师的监督、干预，大部分大学生都会经历一个由被动学习到主动学习的过程。学习不再是大学生活的唯一任务，如何与人相处、与人共事，更是大学生需要研究的课题。从小杨的经历出发，大学生处理好人际关系要注意以下三个方面。

第一，求同存异。进入大学的小杨，没有意识到有别于高中的大学环境里，个人价值观的差异导致每个人的生活习性和学习动机迥然不同。小杨用自己的价值观去衡量、评价他人，必然会导致同学与她疏远。要建立好的关系，首先要寻找共同价值需求或目标，发展新的团队关系。

第二，接纳、尊重。小杨处处表现优异、好强，以及对他人吹毛求疵，都反映了小杨内心期望得到别人认可的积极的一面，这和小杨的成长经历有莫大关联。小杨对别人不求上进的不认同，恰恰反映了内心对自己表现的不够满意。因此，小杨首先需要接纳自己的不足，同时尊重他人的选择。只有接纳自己的不完美，才能更好地接纳他人的不足。

第三，真诚维系。在人际互动中，小杨虽然主观上希望和大家融洽相处，但每日早出晚归，并经常对室友表现出不满，缺少与室友共同创造快乐、有趣的生活点滴的机会。朋友相处，贵在互相支持。在室友有困难时应给予及时的帮助，同时也应适当地向室友表达自己的需求。用心经营和维护情感，才能收获亲密友谊。真挚、坦诚地表达自己的需要，用心维系情感，定期刺激，明确底线，才能拥有良好的人际关系。

点评：

求同存异，建立自己的人际圈，用真挚、坦诚发展良好的人际网，用接纳、尊重巩固友谊，用真诚维系亲密关系。在一般的人际关系中，明确底线，定期刺激；在亲密关系中，投其所好。学会收下别人对自己的好，同时也能够对别人好。

本章小结

人际交往指个体通过一定的语言、文字或肢体动作、表情等形式，通过认知、情感表达和互动交流将某种信息传递给其他个体的过程。心理学将人际关系定义为人与人在交往中建立的直接的心理上的联系，反映了人与人之间的心理距离。大学生的人际关系包括亲属关系、朋友关系、同学关系、室友关系、师生关系、老乡关系、"同事"关系等。良好的人际关系能促进身心健康发展，促进自我认识与自我实现，提高人际效能，促进职业发展。大学生在人际交往方面体现出网络化、多样化和理想化的特征。

大学生人际交往困扰包括三个方面：人际敏感——不敢交往；人际回避——不愿交往；人际焦虑——不善交往。

亲密，乃健康关系之本，安全感、满足感之温床。你可以把亲密视为爱情、亲情、友情和激情等所有稳定关系的基础。孤独的本质是亲密关系匮乏或者亲密关系不良。

人际交往认知，指个人在与他人交往时，根据他人的外在显性行为表现来推测或判断自己和他人的心理状态、性格特征、行为动机和意向的过程。人际交往认知包括对自我形象的认知和对他人形象的认知。

自我开放就是向他人坦陈你对当前情境的认知和反应，披露有关你个人的信息，帮助他人理解你的认知和反应。

大学生的自我觉察方法有：内省；自我观察；向他人解释自己的感受、认知、反应以及经验；与他人进行比较；与各种各样的人互动；寻求他人的反馈，了解他们怎么看自己，对自己的行为有什么样的反应。

自我接纳就是用赞同或满意的态度看待自己和自己的行为，既不对自己评价过高，也不怀疑、嘲讽自己。你越懂得自我接纳，就越倾向于自我开放；越愿意自我开放，他人就对你越接纳。

大学生人际交往需要遵循两个原则:保持恰当的距离;鼓励与表达。

大学生人际交往要遵循"四步走"规则:摸清底线;定期刺激;维系与调整;升华。与权威人士交往和沟通要会"三步走":沟通表达;陈述理由;适当承诺。

沟通是创造共识的过程。沟通的三个基本技巧是:给予关注;理解内容;将理解置于情境之中。优质交谈的三个基本规则是:每次一个人发言;设想对方的交谈具有意义;遵循TRAC规则。

非暴力沟通的四个技巧是:观察、感受、需要、请求。

大学生人际交往策略有:①遵循心理定律:首因定律、诚信定律、赞美定律、面子定律、婉转定律、忍让定律、刺猬定律、互惠定律;②冲突解决策略;③积极行动策略。

思考与讨论

1.如果你有一个史上独一无二的人际效能提升计划,你希望这个计划是什么样的?

2.如果让你用三个关键词来描述大学生人际交往的现状,你会用哪三个? 对你的启发是什么?

阅读书目和电影推荐

[1]基拉·阿萨特里安.恰到好处的亲密[M].熊思思,译.北京:新世界出版社,2017.

[2]安·德玛瑞斯,瓦莱丽·怀特,莱斯莉·奥尔德曼.第一印象心理学:你都不知道别人怎么看你[M].赵欣,译.北京:新世界出版社,2017.

[3]汤姆·里奇,艾伦·阿克塞尔罗德.发现你的行为模式:DISC®帮助你改善人际关系,达成卓越成果[M].许江林,译.北京:电子工业出版社,2012.

[4]艾伦·巴克.提升你的沟通技能[M].白红岩,译.北京:中信出版社,2017.

[5]电影《教父》(美国,1972)。

[6]电影《背靠背,脸对脸》(中国,1994)。

[7]电影《闻香识女人》(美国,1992)。

[8]电影《隐藏人物》(美国,2017)。

[9]电影《在云端》(美国,2009)。

[10]电影《穿普拉达的女王》(美国,2006)。

[11]电影《成长教育》(美国,2009)。

[12]电影《傲慢与偏见》(英国,2005)。

[13]电影《全民情敌》(美国,2005)。

习题测试

优秀心理情景剧赏析

参考文献

[1]艾伦·巴克.提升你的沟通技能[M].白红岩,译.北京:中信出版社,2017.

[2]基拉·阿萨特里安.恰到好处的亲密[M].熊思思,译.北京:新世界出版社,2017.

[3]杰拉德·科里.心理咨询与治疗的理论及实践[M].谭晨,译.北京:中国轻工业出版社,2010.

[4]罗兰·米勒,丹尼尔·珀尔曼.亲密关系[M].王伟平,译.北京:人民邮电出版社,2011.

[5]马歇尔·卢森堡.非暴力沟通[M].阮胤华,译.北京:华夏出版社,2016.

[6]汤姆·里奇,艾伦·阿克塞尔罗德.发现你的行为模式:DISC®帮助你改善人际关系,达成卓越成果[M].许江林,译.北京:电子工业出版社,2012.

[7]夏翠翠.大学生心理健康教育[M].北京:人民邮电出版社,2017.

[8]约翰·戈特曼,琼·德克莱尔.人的七张面孔:人际关系背后的心理奥秘[M].李兰兰,译.杭州:浙江人民出版社,2017.

●插画作者:周琴微 指导老师:唐泓

第 4 章

破解爱情密码——大学生的恋爱与性

■ 导 言

> 很多学生说,爱情是大学的一门必修课,无论如何努力,总觉得要重修。不知道从什么时候开始,很多人认为大学阶段是谈恋爱的黄金时期,总觉得没有恋爱的大学生活是有缺憾的。"谈一场轰轰烈烈的恋爱"成为很多大学生的一种期待。"00 后"开始进入大学校园,他们在成长过程中较早地接触到了偶像剧、与爱情有关的综艺节目等,对爱情的懵懂几乎从小学开始,喜欢、暗恋、表白的时间提前到初中,很多人在高中都有过恋情。但是他们对于爱情以及性知识的了解依然很少,相关教育的缺失导致学生在成长的过程中面对突如其来的校园恋情时不知如何把握。

第一节 寻找爱的真谛

■ 引子:爱情对我来说真的有点难!

小林是一个感情特别细腻的男孩,从小父母离异,一直和重组家庭的父亲生活。虽然后母对他也很好,但是小林总觉得自己心里缺少了一些什么。进入大学后,小林认识了一个大大咧咧的北方女孩。在短暂的交往后,小林觉得和这个女孩的交流填补了自己内心缺失的那部分情感。他和女孩开始了热恋。但是随着时间的推移,小林越来越觉得和这个女孩没法沟通,两人经常争吵,都会说出非常伤害对方的话。终于在经历了一次激烈的争吵后,女孩果断地提出分手。分手之后的小林非常痛苦,他觉得自己其实很在乎这个女孩,希望能够和她继续下去,但是这次的分手不同于以往的任何一次,女孩非常坚定。小林每天郁郁寡欢,没心思上课,也没精神学习,一下子瘦了近十斤。他不明白为什么相恋容易,相处就那么难。

随着社会的开放以及大学生心理和生理的成熟,爱情成为大学校园里具有生命力和吸引力的话题。"真爱是什么? 我感觉到的是不是爱? 我如何去延续爱? 为什么爱情中总有那么多的烦恼? ……"这些都是现实中大学生恋爱时经常面对的问题。

一、爱情概述

什么是爱情？有人说爱是牺牲，有人说爱是奉献，有人说爱是索取，有人说爱是给予，有人说爱是永恒，有人说爱是性……这些说法都表明了爱情的某种特征。那么，究竟什么是爱情呢？

有人说，爱情是人类最美好、最深沉的情感，是人类最富魅力和最神秘的社会现象，是两个人相互向往、吸引、依恋直至精神升华的产物，是人类特有的一种高尚的精神生活。也有人说，爱情是一对男女基于一定的客观物质条件和共同的人生理想，在各自内心中形成的对对方的最真挚的倾慕，并渴望对方成为自己终身伴侣的最强烈的、稳定的、专一的感情。

名人爱语：古今中外无数的文学家和思想家用最华美、动人的语言去赞美爱情，歌颂爱情。例如：泰戈尔认为"爱情是理解和体贴的别名"，古希腊哲学家苏格拉底认为"爱情是爱一切的善，是一种动人的欲望"，社会心理学家马斯洛认为"爱的需要涉及给予和接受爱，我们必须懂得爱，才能教会爱、创造爱"，心理学家海德说"爱是深度的喜爱"，马克思说"真正的爱情表现是恋人对他的偶像采取含蓄、谦恭甚至羞涩的态度而绝不是随意流露热情、过早的亲昵"。

> **互动话题：你所憧憬的爱情是什么样子的？**

（一）爱情三角理论

美国心理学家斯滕伯格提出了爱情三角理论，认为爱情由三个基本要素组成，即亲密、激情和承诺。

1. 亲密

亲密是两个人亲近、温暖的一种体验。简单来说，爱情能够给人带来一种温暖的感觉，它包括：渴望促进被爱者的幸福；跟被爱者在一起时感到幸福；当一起做事情时，恋爱双方都感到十分愉快，并留下美好的回忆，对这些美好时光的记忆能成为艰难时刻的慰藉和力量；尊重被爱者；跟被爱者互相理解；与被爱者分享自我和自己的占有物；接受被爱者感情上的支持；给被爱者以感情上的支持；跟被爱者亲切沟通；珍重被爱者。

2. 激情

激情是基于浪漫、身体吸引的性冲动和性兴奋，是爱情中的性欲成分，是爱情的主要驱动力，也是爱情中的情绪成分，是一种强烈的渴望跟对方结合的状态。通俗地说，激情就是指见了对方有一种怦然心动的感觉，和对方相处时有一种兴奋的体验。性的需要是引起激情体验的主导形式，是引起激情的主要原因。自尊、照顾、归属、支配、服从也是引起激情体验的原因。

3. 承诺

承诺是爱情中的理智成分，是对情绪和动机的一种控制因素，包括将自己投身于一份感情的决定及维系感情的努力。具体来说，承诺包括两方面：短期承诺和长期承诺。短期承诺就是要做出爱不爱一个人的决定。长期承诺则是做出维护这一爱情关系的承诺，包括对爱情的忠诚、责任心,是一种患难与共、至死不渝的承诺。一个人不一定同时做出短期承诺与长期承诺,比如决定爱一个人,但是不一定愿意承担责任;或者决定一辈子只爱一个人,但不一定说出口。

亲密、激情与承诺组成了爱情三角理论的三个顶点,成为对爱情进行描述的维度。完美的爱包含这三个成分,这三个要素的不同组合形成了爱情的七种类型,如图 4-1 所示。亲密是温暖的,激情是热烈的,承诺是冷静的。大学生只有理解了爱情的内涵与真谛,才能获得真正的三要素合一的完美爱情。

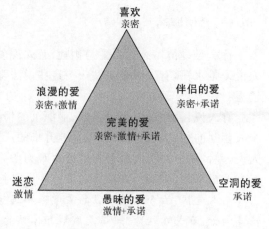

图 4-1　爱情的七种类型

知识链接:爱情心理学理论
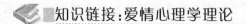

(二)爱情的特征

1.排他性

排他性是爱情的核心,有利于爱情稳定长久的维持。马克思指出,性爱按其本性来说是排他的,排他性决定了爱情必须是专一的。同时,排他性也使得恋爱中的一方本能地抗拒异性接近自己的恋人,本能地保护自己的恋人,同时也表现出对恋人的专一和执着,容不得两人之间有第三者插足。

2.隐曲性

爱情是一种高尚的道德情感,以双方的相互吸引为前提。爱情是一种说不清道不明的情感,恋爱双方在交往中表达比较隐曲,避免"直露"的生硬,一般会别出心裁,不断制造"悬念",让对方惊喜。

3.直觉性

爱情是男女之间相互吸引、心动的结果,反映了人对异性的外在形象和气质风度的直观感受。"一见钟情"是爱情直觉性的典型表现:双方两眼相望,认准对方就是冥冥之中注定的那个人,但是却说不出理由,找不到原因。一般来说,每个人都有对未来伴侣的一种潜在意向,当碰到刚好与自己的意向吻合的那个异性时,就会产生"原来你就在这里"的感觉。

4.冲动性

爱情总是与性联系在一起,它具有冲动性,有时候甚至达到了不顾一切的程度。现实中经常有人被爱冲昏头脑而不顾一切地做出一些冲动的事情。

5.持久性

爱情所包含的激情和承诺,不仅存在于整个恋爱过程,而且存在于婚后的夫妻生活和家庭生活中。真正的爱情不是一时的心血来潮和冲动,而是两性之间的一种持久的热情。爱情能够经得起时间、空间以及艰难挫折的考验。

（三）爱情的五个要素

弗洛姆在《爱的艺术》一书中总结道：不成熟的爱是我爱你，因为我需要你；而成熟的爱是我需要你，因为我爱你。不成熟的爱是我爱人，因为我被人爱；而成熟的爱是我被人爱，因为我爱人。弗洛姆认为成熟的爱情要具备以下五个要素。

1. 给　予

弗洛姆认为人应该用爱换爱，用信任换信任。如果你想欣赏艺术，你必须是一个有艺术修养的人；如果你想对他人施加影响，你必须是一个能鼓舞他人的人。如果你在爱别人，但却没有唤起他人的爱，也就是你的爱不能使对方对你产生爱情，对方无法把同样的爱给你，那么你的爱情就是单方面且软弱无力的。

爱情是一种积极的而不是消极的情绪，即爱情首先是"给予"而不是"索取"。给予就是付出，给予是力量的最高表现。恰恰是通过给予，你才能体验自己的力量。给予能比索取带来更多的愉快，这不是因为给予是一种牺牲，而是因为通过给予自己的生命力得以表现。但给予不限于物质范畴，它更多的是指一个人内心有生命力的东西，比如与人分享自己的欢乐、兴趣、理解力、知识、幽默和悲伤。给予，不仅丰富了他人，也丰富了自己。

2. 关　心

爱情是对生命以及我们所爱之物的积极的关心。如果缺乏这种积极的关心，就不是爱情。爱的本质是创造，爱情和劳动是不可分割的。人们爱自己劳动的成果，人们为所爱之物劳动。

3. 责任心

如今人们常常把责任心理解为义务，认为它是外部强加的东西。但是责任心这个词原本的含义是一种完全自觉的行动，是我对另一个生命表达出来或尚未表达出来的愿望的回应。"有责任心"意味着有能力并准备对这些愿望给予回应。

4. 尊　重

如果没有尊重，那责任心就有可能变成控制别人和奴役别人的主观倾向。尊重别人不是惧怕对方。尊重就是有能力实事求是地正视和认识对方独有的个性。尊重就是努力使对方成就和发展自己。爱一个人，就应该接受他本来的面目，而不是要求他成为我希望的样子，以便使我能把他当作使用的对象。只有当我自己独立，在没有外援的情况下独立地走自己的路，即不想去控制和利用别人，尊重对方才成为可能。爱情是自由之子，永远不会是控制的产物。

5. 了　解

只有认识对方、了解对方，才能真正做到尊重对方。如果不以了解为基础，关心和负责任都是盲目的，而如果不是从关心的角度出发去了解对方，那么也无从了解。了解作为爱的一个方面，不能停留在表面，要深入事物的内部，不能满足于一知半解。只有多站在对方的立场考虑他的需求，才能真正地了解和理解对方。

尽管不同国度、不同时期的人们对爱情的描述与理解各有千秋，却都不约而同地阐明了一个观点，那就是"理解和尊重"。我们在理解爱情时，要关注以下三个方面问题：首先，恋人在感到孤独时，会强烈地希望获得对方的陪伴和宽慰，对对方有强烈的依恋；其次，相互真诚,眷恋对方,会高度关注对方的情感状态,具有强烈的让对方快乐和幸福的使命感,这种炽热的情感体验是爱情产生的内在心理动机;再次,双方有亲密的行为,爱情产生的自然前提和生理基础是随着性意识的成熟而萌发出对异性的欲望与需求,处于爱情中的恋人,有着特殊的身体接触的需求,人类依赖于这种生理本能和亲密行为来繁衍后代。

(四)爱的五种语言

根据心理学的研究,一段至死不渝的恋情,平均寿命只有两年。一旦激情过去,进入现实的婚姻,个人的真实愿望、情绪和行为模式都会现出原形。婚姻辅导专家盖瑞·查普曼博士经过 20 多年的研究发现,爱情寿命短并非因为人们之间的示爱方式不好,而是因为示爱的方式貌似用错了地方,就像对英国人说着流利的汉语,毫无用处。在他看来,每个人需要的爱的语言都能归纳为以下五种:肯定的言辞、精心的时刻、接受礼物、服务的行动和身体的接触。

1.肯定的言辞

心理学家威廉·詹姆斯说过,人类深处的需要,就是被人欣赏。那些安全感低、有自卑情绪的人,缺少安全感时,就会缺少勇气。而这时,如果恋人能说一些鼓励的话,往往会激发对方极大的潜力。

很多人成长的家庭管教严厉,无论自己多么努力,父母还是吝于夸奖。这样的孩子成年后,会有比较严重的自信危机,这也就发展出他们需要的主要爱语——肯定的言辞。对他们而言,被欣赏、被赞美,胜过其他任何物质和语言的奖励。当然,鼓励并不是施加压力,不是要去改变对方。很多人在对对方进行鼓励的时候,总会捎带着一些目的。比如,女生不是很想减肥,但是男友可能会说"相信你通过努力,一定会变得更瘦",这就不是一种鼓励的爱语。在对方心甘情愿去做一件事的时候,送上他(她)需要的肯定的言辞,才会达到理想的效果。

如果你发现你的恋人需要的爱语是肯定的言辞,你可以做这样的练习:定一个目标,即坚持一周对恋人说不同的赞赏的话。寻找恋人的优点并告诉对方你很欣赏他(她)的优点,然后再来看看你们之间的沟通和交流有没有变化。

2.精心的时刻

什么是精心的时刻呢?答案就是给予对方你全部的注意力。不知道大家是否留意过,婚前的男女朋友在用餐时和已婚夫妇有很大的不同:前者彼此注目——我的眼里只有你;后者要么东张西望,要么各自玩着手机。精心时刻必须全神贯注地交谈,或是一顿只有你们两人的烛光晚餐,也可以是手拉手散步。活动都是次要的,重要的是花时间来"锁住"对方的情感。

如果恋人需要的爱语是精心的时刻,你可以进行这样的练习:了解对方最喜欢做的事情、最喜欢的话题,尽量多地只和对方待在一起,而不是经常带着恋人参加各类聚会。

3.接受礼物

礼物是爱的视觉象征。它可以是买来的、自己做的或者是找到的。礼物是提醒对方"我还爱着你"的东西。事实上,这是最容易学习的爱的语言之一。记得一个电视节目里,一个女孩在每个月的不同节日里都需要恋人给自己送不同的礼物,对礼物的需求其实就是对爱的需求。

如果恋人需要的爱语是接受礼物,那么,你要尝试着记住一些纪念日,在不同的时刻给对方惊喜,准备不同的礼物送给对方,相信这会为你们之间的互动加分。

4.服务的行动

服务的行动是指做恋人想要你去做的事情,你为他(她)服务而使他(她)高兴,表示对他(她)的爱。男女之间热恋的时候,为对方做任何事情都是自愿的。但是随着时间的推移,激情褪去,很多人变得完全不同了。

如果恋人需要的爱语是服务的行动,你可以做这样的练习:列出你想为对方做的服务的行动,邀请对方进行排序,然后你慢慢地完成。

5.身体的接触

身体的接触是人类情感沟通的一种奇妙的方式,也是表达爱的有力工具。要说明的是,性只是这种爱语的方式之一,牵手、亲吻、拥抱、抚摸都是身体的接触。对有些人来说,身体的接触是他们最主要的爱的语言,缺少了它,他们就感觉不到爱。身体的接触的爱语的表达方式有:见面的时候,给对方一个拥抱;散步的时候,挽着对方的手;对方伤心难过的时候,抱抱对方;等等。

二、大学生恋爱心理

青少年恋爱心理发展一般经历以下四个阶段。

(1)异性疏远期。一般在12～14岁,进入青春期的少男少女,生理发生急剧变化,引起心理的不安、害羞,使男女之间产生隔阂,关系疏远甚至相互反感。不过,随着社会的现代化进程加快以及各类传媒的发达,人们的观念日趋开放,这一阶段的表现已越来越不明显。

(2)异性向往期。一般在15～16岁,随着性生理的发育,尤其是性意识的发展,男女生逐渐从疏远、抵触开始转为彼此产生好感,愿意在一起学习、游戏和活动。

(3)异性接近期。一般在16～18岁,随着性生理的进一步成熟,异性间产生向往和倾慕之情,往往采取各种方式接近异性,和异性相处感到愉快,初恋开始出现。

(4)恋爱期或爱情产生期。一般在18岁以后,随着性生理和性意识的成熟、男女生交往频率的增加以及环境因素的影响,多数青年进入恋爱状态。

单从年龄上看,多数大学生处在恋爱心理发展的后两个阶段。但由于个人经历及社会文化背景等方面存在差异,大学生在恋爱心理发展的阶段特征上的表现可能有很大的落差。

人在社会中始终不是孤立的存在,在人生的不同阶段,对心理健康产生重要影响的人际关系的侧重点也是不同的。对大学生而言,曾经对他产生过重要影响的亲子关系、师生关系、朋友关系,正慢慢让位于两性间的恋爱关系。恋爱关系对于大学生的意义,事实上有时已超出了这种关系本身,其成为大学生自我认识和自我价值感的基础。所以,大学生恋爱是身心发展的需要,如能建立在真正的、健康的爱情基础之上,对其心理健康也有积极的促进作用。反之,恋爱不仅不利于心理健康,而且由于大学生的身心发展并未完全成熟,可能对其身心健康造成很大的危害。

(一)大学生恋爱心理特点

1.恋爱动机多元化

两个坠入爱河的大学生,其情感是炽热的。在怦然心动、表白、确认恋爱关系后,他们便高频率地交往起来,双方关系日渐亲密。但对于为什么恋爱、恋爱的目的是什么,他们的答案不尽相同,表现出了恋爱动机多元化即恋爱观多元化的特点。恋爱的目的本应该是寻找一个志同道合、可以相伴终生的伴侣,努力为将来的婚姻和家庭打下基础。但是现实生活中,部分大学生恋爱时讲究实惠主义,贪图享受,追求功利,满足个人心理、生理的需求和虚荣心,把爱情当儿戏。

2.恋爱行为公开化

西方性解放意识的传入、社会对性行为的某种程度上的宽容、一些家庭对大学生谈恋爱的支持等,使现在的一些大学生一改过去的羞涩和含蓄,恋爱行为从隐蔽转为公开,他们出双入对、形影不离。一些大学生在校园公共场所张扬亲密关系,大胆而自我。这是对恋爱对象的认可,但也可能为后来恋爱关系的终结埋下一些隐患。

3.恋爱过程体验化

传统的爱情观认为,爱一个人就是要和他地老天荒、海枯石烂。但现在有些大学生将谈恋爱当作大学的必修课,很少将爱情与婚姻联系在一起,他们在乎当前的快乐,注重恋爱过程,提出了"不求天长地久,只在乎曾经拥有""初恋与婚姻分开来考虑""毕业了我们就分手"等论调。很多大学生认为大学应该谈一次恋爱,主要是体验恋爱的过程。他们不一定将恋爱与未来的婚姻结合在一起考虑,导致在恋爱过程中带有功利性,不一定是全情投入。

4.恋爱方式多样化

传统的爱情多半为双方一对一的逐步交流、沟通、了解。而现实社会中的大学生恋情速食化,他们有许多的拓展空间,借助微信、QQ、微博等多种途径寻觅爱。社交软件的多元化使大学生人际交往的方式和途径越来越多。借助一些软件,大学生可以选择在星座、价值观、兴趣等方面与自己匹配的对象。

(二)大学生选择恋人的影响因素

1.情投意合

一些大学生认为爱情是最纯洁、最真挚的感情,尤其是初尝恋爱滋味的大学生,他们认为自己的爱情没有功利、世俗的色彩,选择恋人就是凭感觉,较少考虑物质条件、家庭背景等因素。只要双方情投意合,就可以成为形影不离的恋人。

2.外在形象

在选择恋人时,外在形象起着至关重要的作用。社会学家的实验表明,在智力、社交、能力、性格、身体等项目中,只有身体吸引因素与男女被试初次见面以后的再约会存在着相关关系,这从一定程度上说明外在形象因素比其他因素更能引发异性的关注。

3.性格特点

性格也是大学生选择恋人时非常重要的影响因素,为了选择性格合适的人,人们甚至可以放弃对外表的追求。温柔体贴、善解人意往往是男性选择恋人的首要性格条件,而正直、诚实、坚强、勇敢、男子特质十足也多成为女性选择恋人的重要条件。但现实生活中,许多大学生在选择恋人时候,会选择双性化的异性。双性化是美国性别学家桑德拉·贝姆提出的概念,她认为男性化主要涉及固执己见和控制等特征,女性化则主要涉及情感表达和人际交往。在对男性化和女性化特征的评判中得分都较高,称为双性化。一项研究表明,大学生认为双性化的人比单纯的男性化、女性化或者未分化的人更有趣、更受欢迎,适应能力更强,更容易成功。

4.心理需求的满足

现实生活中,许多大学生在成长过程中都遇到了不同的挫折或者陷入过不顺的境遇,如高考失利、父母离异等。一旦发现某个异性的行为特征符合自己的心理需求,弥补了缺失的心理需求,就容易产生自己认为的爱情。

5.家庭、社会因素

人在成长过程中,对男人、女人的认识以及与男人、女人关系的建立,就是从父母开始的。原生家庭对孩子选择恋人的影响很大。一些大学生在选择恋人时,会受自己对父母的印象和态度的影响。换言之,一个女孩在选择恋人时,会把"父亲"当作标准,但会把"厌恶的父亲"作为反面教材;相反,一个对母亲欣赏的男孩,也会按照母亲的标准去选择恋人。现实社会也会影响大学生的择偶观。一些大学生在选择恋人时,也会不自觉地将金钱、物质、地位等作为标准。

 电影赏析:《那些年,我们一起追的女孩》片段

三、大学生常见恋爱心理困扰及调适

爱情的领悟:诗人但丁说,爱情使人心的憧憬升华到至善之境;戏剧家莎士比亚说,爱情里要是掺杂了和它本身无关的算计,那就不是真的爱情;而作家三毛认为,爱情有如佛家的禅,"不可说,不可说,一说就是错"。

 微课:爱情中的一见钟情

(一)单 恋

单恋即人们常说的单相思,一般是指对某一个异性一厢情愿的相思成灾,不求回报地爱慕对方,幻想某一天对方会被自己感动,苦尽甘来。

单恋一般有两种情况:一种是单方面深爱对方,对对方有强烈的亲近、依恋的愿望,碍于羞怯或者怕遭拒绝而不敢主动表达,却又无法控制对对方的暗恋;另一种是爱情错觉,误以为对方对自己"有意",或者把对方正常的行为、情感以及正常的友谊当作爱情的来临。

单恋一般发生在性格内向、自卑、敏感的人身上。有的大学生一旦喜欢上一个人,不管对方是否接受,都苦苦纠缠,完全干扰了对方的正常学习和生活,给自己和对方都造成了不小的困扰。单恋是一种有臆想性的恋爱情结。单恋者固然能体验到一时的快乐,但体验到更多的是情感的压抑,会陷入其中不能自拔,如果不及时纠正,可能会严重影响其知觉和理性判断,甚至导致精神错乱。

其实对于大学生来说,单恋本是一件正常的事情,不是大的问题,因为单恋有时也是一件很幸福的事情。不过有些大学生性格内向、自卑感强,不能接受爱情挫折,并且长期将这种情感压抑在心里,使自己的学习、生活状态一团糟,因此也要对单恋进行适当的调适。首

先，避免爱情错觉，学会准确地观察和分析对方的表情，理性思考，不要将偶尔出现一次的信息当作交往信息的全部，要客观冷静地提取全部信息并理性分析，不要强化内心的浪漫爱情。其次，将心事告诉好友，学会倾诉，让朋友帮着出谋划策，从而减轻自我的压力。再次，可以鼓足勇气向对方表白，如果成功了，岂不是皆大欢喜？万一被拒绝了，也只能说明两人之间没有缘分，从而冷静客观地分析自己的感情，转向适合自己的对象。最后，要尽可能地恢复理智和自信。

（二）失　恋

失恋是恋爱关系的中断、交往的停止以及恋人的离散，是一个痛苦的过程，会给失恋者带来一定程度的伤害，甚至可能会影响到失恋者将来对爱情和婚姻的态度。

恋爱关系终止无外乎以下几种原因。

第一，性格不合。该因素在大学生失恋原因中占了较大比例。现在的大学生崇尚一见钟情，注重外在形象，喜欢光环效应，但一旦两个人在一起后，在长时间的磨合中会发现彼此性格不合。当一方提出分手，而另一方舍不下这段感情时，失恋的痛苦就会笼罩他（她）。

第二，喜新厌旧。恋爱中的人会逐渐发现对方身上的缺点，而这时如果出现了另一个更好的异性，那他（她）很可能会见异思迁、移情别恋。一般来说，这种因一方喜新厌旧导致的分手对另一方造成的伤害是巨大的，其所承受的痛苦也很大。

第三，外界压力。由于现在的大学生大多来自不同的地域，并且独立自主性较弱，父母对孩子的掌控较强，因此家庭的压力等一些外界压力也会导致恋人分开。

多数大学生能够在失恋后采取多种方式调整自己，迅速地处理好恋爱受挫的情绪，顺利走出失恋困惑，开始新的生活和学习。但也有不少大学生不能及时排解这种强烈的受挫感，往往会产生极度的绝望感，陷入以下消极状态。

第一，情绪抑郁。失恋者陷入自卑和迷茫，情绪低落，对生活极度冷漠，心情抑郁，怀疑自己，极度不自信，不相信爱情，等等。更有甚者，借助酒精、香烟来消除愁闷心情。有些失恋者长期不能走出抑郁的心境，最终产生了严重的心理障碍；有些失恋者甚至对世界绝望，走上了轻生的道路。

第二，苦苦纠缠。失恋者对原来的恋人一往情深，将分手的原因全部归结为自己的不足，盲目地进行弥补，否认失恋的存在，陷入单恋的境地；有些人甚至会去苦苦哀求对方，不断纠缠对方，希望重归于好。其实这些都是幼稚的行为。爱情是需要双方共同经营的，只有一方的付出，就不是爱情。

第三，试图报复。失恋者因失恋而绝望，产生报复心理，对对方进行不同程度的污蔑、陷害等。更有甚者，不能接受分手，采取暴力行为伤害自己和对方。典型的心理反应是："我不幸福，你也别想幸福！"这是一种极度扭曲的心态。

失恋是一杯苦酒，不论谁喝下去，都会有一段时间的痛苦。因此，只有学会调适自己的心情，才能使自己顺利度过这段煎熬的时期。可以采取以下方法进行调适。

第一，如果自己想分手，要冷静思考。想清楚为什么要分手，尽量考虑周全，避免做出决定后后悔；要分析清楚如果提出分手，对方可能产生的情绪反应，尽量避免给自己和对方造成较大的伤害；在分手前释放一些信号，让对方感知到，从而有一定的心理准备；要调整好情绪，温和而坚定地提出分手，真诚而具体地说出分手的原因，避免责备对方；选择分手的时间最好是白天，因为晚上人的情绪比较难控制，选择公开、安静、有旁人但不会干扰到你们谈话的地方,也是对自我的一种保护。

第二,如果是对方提出分手,要保持冷静。冲动会搞砸很多事情,先听听对方怎么说,不要从"我被对方甩了"的角度思考问题;不要拒绝沟通,要坦诚地讨论,争取机会,死缠烂打只会让对方更加讨厌自己,也会让自己更加痛苦;失恋是一个创伤事件,这种创伤需要一定的时间和措施处理,应找亲近的人多陪陪自己;不要因此否定自己,爱情是双向选择的结果,失恋不是你的错。

第三,如果自己陷入了失恋的痛苦中,可以按照以下方法进行调适。

(1)接受现实。面对失恋,应该接受失恋的现实,不能因痛苦而失去理智,理解分手只是暂时失去了爱情而不是全部的生活。要冷静地思考分手的原因,如果是因为对方的品行问题,那失恋就是一件值得庆幸的事情;如果是双方都觉得性格不合,说明双方并不合适;如果是对方移情别恋,那说明自己不是对方的理想伴侣,也要善意地祝福对方。

(2)学会倾诉。失恋之后可以找自己的朋友或者父母倾诉,将失望、遗憾、愤怒、孤独等情绪都宣泄出来,也可以通过写日记的方式把心情记录下来,从而释放自己的情绪,获得心理的安慰和寄托。

(3)转移注意力。失恋不失志,失恋了还有学习、工作、友情、亲情等,要学会转移情绪,用别的目标和状态来弥补爱情的缺失。要全身心地投入另一个目标,"失之东隅,收之桑榆",在恋爱中的失败,很可能会激发你的斗志,让你在别的事情上创造辉煌。

(4)完善自我。冷静分析自己在这场恋爱中的得失,理性看待自己的优点与不足。恋爱可以是一个完善人格、激发潜能的过程,这就看个体如何培养自己的爱情压弹能力。个体要理性地分析自己,及时反省,努力地提升自我、完善自我,从而改进自身在人格、性格等各方面的不足,实现脱胎换骨的变化。

(三)多角恋

陶行知先生说:"爱之酒,甜而苦。两人喝,是甘露。三人喝,酸如醋。随便喝,毒中毒。"[①]恋爱是一件严肃的事情,恋爱双方必须是专一的。现在的一些大学生游戏人生,采取"普遍发展,重点培养"的不道德的恋爱行为,结果导致自己筋疲力尽,并且一旦败露,被对方看清面目,往往会落得遭人唾骂、被对方抛弃的下场。多角恋是大学生恋爱中最不应该发生的行为。

(四)恋爱中的嫉妒与猜疑

当前大学生恋爱中的争吵多半是由于嫉妒和猜疑。很多"90后""00后"是独生子女,在家里养尊处优,以自我为中心。他们在恋爱后,也总是希望对方能围着自己转,对方的世界中只有自己一个异性,禁不住嫉妒与猜疑。从心理学角度分析,嫉妒和猜疑主要来源于两个方面:一是对自己不自信,总担心对方爱上了别的人;二是猜疑心很重,缺乏安全感。现在的大学恋爱环境的宽松化、恋爱行为的公开化,导致不少大学恋人出于强烈的嫉妒心理完全绑定对方,将对方牢牢地抓在自己身边,久而久之,失去了自己的生活圈子。他(她)们固守着一个理念:我为了你什么都愿意舍去,你也应该为了我放弃很多东西。殊不知爱情是心甘情愿的付出,而不是要求对方必须有所回报。这样的"绑定"会使对方感到很累,最终导致矛盾爆发、冲突升级,以分手收场。

---

① 陶行知.知行诗歌集[M].北京:海豚出版社,2012.

鉴于这种情况，双方应该注重自我修养，允许对方独自与异性正常交往，自己也要走出狭窄的天地，扩大自己的交往活动范围。双方的相对独立有助于进一步激发和增进双方的感情。同时，对自己要有足够的自信心，坚信自己的人格魅力和彼此的感情，给予对方足够的信任，始终相信彼此之间是真诚相爱、忠贞不渝的。

 视频：《失恋33天》预告片

互动话题：你在情感上遇到过哪些困扰？你是如何调适的？

第二节　了解大学生的性心理

引子：我该如何保护自己

"我在婚前发生了性行为，我是一个不纯洁的女孩吗？我觉得很对不起妈妈，我是个坏女孩，如果以后男友跟自己分手了该怎么办？自己是不是再也找不到真爱了？而且万一怀孕了怎么办？"心理咨询室的一名来访者表达了自己的苦恼。

肉欲不是罪过，我们应该正视它、欣赏它。所有健康、成熟的男人和女人都会渴望它、需要它。

性在大学生中是一个不可回避的话题，大学生性生理发育基本完成，性心理发展也已达到一定水平。然而，大学时期是人格迅速发展的时期，一直要持续到青年晚期人格发育才基本完成。因此，在大学阶段，大学生个体始终处于性与人格的不协调状态中。这就意味着：一方面，个体在生理上已具备了性能力，也有性欲需要满足；另一方面，个体尚没有成熟的价值观、道德观和良好的调节与适应能力，这可能导致性心理与行为的失调。

一、大学生性心理的特点

性心理的产生，一般受两方面因素的影响。一是生理发育。进入青春期后，男性睾丸发育，产生精子和雄性激素，并由于雄性激素的作用，出现并维持男性第二性征；女性卵巢发育，产生卵子和雌性激素，并由于雌性激素的作用，出现并维持女性第二性征。生理发育强有力地影响着人的心理发展，促使性心理的萌芽。二是外部环境与两性交往活动。外界各种有关性知识的书刊、文艺作品中的爱情描写以及成年人的两性交往活动等，都会对大学生产生影响，促使其性心理的产生。所以，性心理的产生，既受自然本能的驱动，又是外界环境、两性交往活动的结果。性心理的产生是不可避免的，是正常的，不要把性心理看成是羞耻的东西。

（一）对性生理发展的关注

女性的生理成熟一般要比男性早1～2年，相应地，女性性意识的产生和发展也较早。

女性月经来潮,男性发生遗精之后,性意识会随着对社会、生活的理解开始逐渐形成,主要表现为开始关注异性。大学阶段,学生的性生理和性体征的发展已经基本完成,许多人会不同程度地对自我欣赏,会非常在乎自己的容貌、着装等,甚至会私下跟别人做比较,如果自己的性生理发展不如己意,会产生各种烦恼和焦虑。

(二)对性知识的兴趣

由于性发育和性成熟而表现出对性知识的兴趣,是性心理发展的结果。由于传统文化的影响,一般来说,女孩对性知识的兴趣比男孩要小。她们的性知识多来源于同伴,部分来自书籍和各类刊物,在网络发达的今天,网络成了女大学生获取性知识的一个重要途径。而男孩的性知识多从伙伴、书籍、杂志、影视作品中得到,同样,男大学生也将网络作为获取性知识的重要载体。

(三)对异性的爱慕

进入大学以后,青年们逐渐进入了性爱恋期。他们已经不再满足于对异性那种朦胧的好感,而是会明显地流露出与异性交往和相处的意愿。女孩子开始注意自己的形象和气质,学习修饰、打扮自己,用时尚的衣着等引起异性的注意,在异性面前表现出文静、端庄的样子。男孩也一样,以自己的勇敢、果断、大方等出众的表现,赢得女孩的好感。他们在共同的学习、工作、活动中相互接近、结识,相互了解、建立好感,最后单独相处。

(四)性欲望和性压抑

现在的大学生大多已满18周岁,会出现性欲望和性冲动,这是正常的生理现象与心理现象。当然,受传统文化和家庭教育的影响,女性对待性行为的态度一般比较慎重,大部分女性特别看重自己的贞操。但由于女性的感情投入十分深沉、强烈,在对方提出性要求时,又往往出于对对方的感情而屈从于对方。而男性则不同,他们在和异性的交往中往往表现出对性的追求和对对方的占有。研究表明,女性在没有性体验之前,性欲要求不明显,一旦有过性体验,性欲就开始变得强烈。而男性一旦有了性行为,便会保持到相当的年龄。由于受教育、环境的影响,部分大学生会压抑自己的性欲望或者否认自己的性需求,长久下去可能会形成严重的性压抑。

二、大学生常见性心理困扰

(一)性别认同困扰

近年一项关于大学生性心理的调查显示,90%的男生对于自己的性别满意度高,而有近20%的女生表示在可能的情况下愿意改变自己的性别。这与我国长期的"重男轻女"观念有一定的联系,这种性别认同度不高的心理是不健康的,会给大学生的成长带来不利的影响。

(二)性幻想

性幻想(sexual fantasy)是与性有关的虚构想象,又称性想象。根据精神分析学观点,幻想的性质与梦相似,是人们内心愿望的反映,人们借助于幻想使内心某些被禁止的愿望获得部分代偿性满足,减轻对自我的压力,消除焦虑。性幻想主要是指在某种特定因素诱导下,自编、自导、自演与异性交往有关的活动,如幻想与异性约会、接吻、拥抱、性交等。性幻想是一种普遍的心理现象,也是一种心理防御机制,使不能实现的性需求获得部分代偿性心理满足。但是,如果过分沉溺于性幻想中而影响了正常生活或社会功能,甚至幻想过分离奇并坚信幻想的是真实的,就属于病理性幻想或妄想了,可能是精神分裂症或其他精神疾病的表现,应当寻求精神科医生的帮助。

(三)性 梦

性梦(sexual dream)是一种正常的性生理和性心理行为,它与身体内性激素水平密切相关。对于男性来说,性梦的活跃期多在 18～30 岁,女性多在 20～40 岁。大学生性生理和性心理逐渐成熟,对异性会产生爱慕或是性冲动,但由于社会规范、道德、环境等诸多因素的限制,没有排解的条件,这种爱慕或性冲动被理智所抑制。而在睡梦中神经系统兴奋度下降,抑制作用减弱,性行为便可进入梦境,会出现与异性拥抱、亲吻、性交的幻境。如果每隔 10 天左右出现一次性梦,则是正常的生理现象,如果性梦频繁,则要查找原因。倘若是心理上有较大压力和负担,则应找专业人员咨询,少量服药、改善睡眠也是一种方法。

心灵视窗

性 梦

性梦是人性成熟后出现的正常的心理、生理现象,在青年中普遍存在。性梦是指人在梦中与异性谈情说爱,甚至发生两性关系。性梦的本质是一种潜意识活动,是人类正常的性思维之一。性梦是不由人控制的,梦和现实有巨大差别,梦不代表人的真正意愿。

(四)自慰焦虑

自慰是自我抚弄性器官以达到性兴奋的行为。弗洛伊德在他的心理分析论述里首先提出"性"有其非生育的作用。他观察到幼儿的性本能是按照一定规律发展的。这种发展涉及身体几个部分。他将自慰分为三个阶段,第一阶段在婴儿初期;第二阶段在四岁左右;第三阶段则在青春期。现代医学认为自慰是一种自然的、正常的性行为,是对性冲动的缓解。但是一些大学生会因为道德感或者羞耻感,对自慰行为予以否定,会产生压抑、失眠、焦虑等症状,同时,还有一部分学生过度沉溺于自慰,这也会让他们产生焦虑、失眠、恐慌的状态,是一种不健康的表现,需要予以重视,可以通过运动、听音乐等其他方式来转移性欲望。

(五)性心理障碍

性心理障碍是泛指性心理和行为明显异常,并以这种异常作为性兴奋、性满足的主要或唯一方式的一种精神障碍。

评价性行为的正常或异常是困难的,因为至今没有一个绝对标准,正常与异常的区分是有条件的、相对的。以下几个要点有助于区分正常与异常性行为。

(1)凡是符合社会所公认的道德准则或法律规定,并符合生物学需要的,即可视作正常性行为,否则可视作异常性行为。

(2)某些特殊性行为可使性对象遭受伤害,行为者也为这种行为感到痛苦,或在某种程度上受到伤害,例如受到严重指责、名誉受到损害甚至遭受惩罚。这样的性行为就是一种异常性行为。

（3）长时间反复、持续发生的一种极端变异的性行为是异常性行为。

由于个人经历及家庭、社会的影响，少数大学生有性心理障碍。最为常见的有性指向障碍（即性欲对象与常人相异）、性偏好障碍（如异装癖、窥阴癖、露阴癖）和性身份障碍（如易性癖）等。

 心灵视窗

弗洛伊德简介

西格蒙德·弗洛伊德，犹太人，奥地利精神病医生及精神分析学家，精神分析学派的创始人。他认为被压抑的欲望绝大部分是属于性的，性的扰乱是精神病的根本原因。他著有《性学三论》《梦的解析》《图腾与禁忌》《日常生活心理病理学》《精神分析引论》《精神分析引论新编》等。

三、保持性心理健康

（一）性心理健康的标准

根据性心理健康的内涵，大学生性心理健康应符合以下标准。

1. 能正确认识和接纳自己的性别

一个性心理健康的人，首先能正确认识并接纳自己的性别角色，同时能扮演好自己的性别角色，具有与性别角色一致的自尊感和自豪感。

2. 有正常的性欲望

性欲望是一个人能够获得性爱和性生活的基础和前提，所以，一个性心理健康的人必须具有正常的性欲望，否则性心理健康就无从谈起。而且性欲望指向成熟的异性而不是其他替代物。

3. 与同龄人的性心理发展水平相当

不同发展阶段的人的心理特征是不同的，性心理特征也具有其阶段性。如果一个人的性心理与同龄人的性心理发展水平不相当，那他的性心理就可能有一些问题。

4. 具有较强的性适应能力

性适应是指个体的性活动与外界形成一种和谐关系，简单地说，性适应指的是个体出现性冲动后，知道如何排解、调控自己的性冲动，能够使自己的性行为与性活动符合社会的性规范和性要求。性适应能力则是个体达成这种和谐的关系的能力，一个人的性适应能力的获得是一个复杂而漫长的过程。

5. 能与异性保持和谐的关系

和谐的人际关系是人类群居要求的体现，对大学生来说，随着性生理和性心理的发育成熟，其渴望与异性交往并保持和谐的关系，这是自然而正常的性需求。如果这种需求得不到

满足,其性心理就很难健康,同时与异性和谐的关系对大学生的日常生活和学习也非常重要。

(二)保持性心理健康的方法

1.科学地掌握性知识

大学生应该科学地认识性。性知识综合了性生理学、性心理学、社会学、伦理学等多门学科的知识,大学生应该多方面学习性知识,避免性无知,消除对性的片面认识。大学生已经到了性成熟的时期,此后的几十年,正是体力和精力最旺盛、本领和技术水平最成熟、最能为社会做贡献、最能创造光辉成就的时期,因此需要科学地掌握性知识,使自身健康成长。

2.培养健康的性观念

毋庸讳言,性生活是人生的重要组成部分。在这里,我们不能不重温鲁迅先生在《彷徨·伤逝》中写的一句话,不能"只为了爱——盲目的爱,而将别的人生的要义全盘疏忽了"。所以,大学生要想顺利完成学业,健康圆满地踏上工作岗位,必须培养健康的性观念。

3.预防性传播疾病

1975年世界卫生组织决定用"性传播疾病"取代过去的性病一词,把通过性行为,包括生殖器的性行为和类似的行为发生的传染疾病称为性传播疾病,包括淋病、尖锐湿疣、生殖器疱疹、梅毒、滴虫病等。为避免这些疾病的发生,首先应尽量避免婚前性行为,如果发生了性行为,则要采取安全的措施,现今医学认为性交时戴避孕套是最安全的一种避免感染性传播疾病的方式。

 知识链接:简单的避孕知识
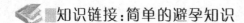

4.拒绝性骚扰

首先,大学生应该自尊、自重、自爱,举止大方,行为得体,不轻浮。其次,大学生应当学会自我保护,女孩子深夜不要单独外出,不要单独在异性住所长时间停留,与异性保持公众距离。面对异性的非分要求,要勇敢地反抗,必要时呼救或者求助公安部门。

5.寻求心理咨询帮助

学校的心理咨询室对每一位大学生都敞开,性不是羞于启齿的问题,在自己找不到科学的解决方法时,可以寻求心理咨询帮助。

6.慎重对待婚前性行为

一切无知都是令人遗憾的,但是对性这样的事无知则是严重的危险。

——罗素

随着西方性解放思潮的涌入,加上生理和心理发育的逐渐成熟,有些大学生轻率看待婚前性行为。一些大学生甚至认为只要双方愿意就可以发生性行为,有的男女双方认识不久就发生了性行为,有的在校外租房同居,有的做"周末夫妻"。他们常常不能对自己的性冲动进行理性的控制,不能对自己和对方负起责任。尤其是那些热恋中的大学生,他们认为只有将自己的全部给予对方才是真正的爱,才能表明自己的真心。事实上,婚前性行为可能会产生以下危害。

（1）可能使双方承受巨大的心理压力或痛苦

对大学生而言，男女双方对婚前性行为都有一定的禁忌感，均怕被别人知道，处于恐惧、紧张状态中。由于男方性冲动很强烈，他们的婚前性行为大多是突然发生的，很少采取避孕措施或根本不知如何避孕，很容易导致女方怀孕。一旦发生婚前性行为，女方往往在很长时间处于"怕被人知道"和"担心是否怀孕"的状态中，很少感到欢悦。在极度紧张、恐惧等心理状态下仓促进行的性生活根本谈不上和谐，而初次性生活的不和谐往往会给当事人造成心理压力，有可能影响其婚后的性生活。

（2）可能危害身体健康

婚前性行为大多是在无准备、性欲高涨时发生的。此时很少顾及卫生问题，可能带来意外怀孕、人工流产、生殖道感染和受伤、艾滋病等疾病的传播。有的女生怕受到校方的处分，怀孕后找"江湖医生"，在极不安全的情况下偷偷流产，生殖器受到很大损伤，很容易大出血、感染等，导致婚后习惯性流产、宫外孕或早产的概率大大增加，影响到以后的生育能力，严重的甚至会危及生命。流产后又怕被人知道，坚持学习或工作，得不到充分的休息和营养，严重影响身体恢复，给身体带来很大伤害。

（3）可能使恋爱关系失去平衡

婚前性行为可能使恋爱关系朝不利于女生的方向发展。在未发生婚前性行为时，恋爱双方是平等、自由选择的关系，可性行为发生之后情况就有所不同了。一是双方吸引力逐渐减弱。原以为两性关系很神秘，现在变得"不过如此"，过去的光彩、魅力显得不再夺目。二是女方再选择的机会减少。原来男方十分迁就女方，自女方委身于他之后，便可能出现"她再也离不开我了""她非我莫属了"等心态。发生性行为后，女方的依赖心理明显增强。由于害怕社会舆论和道德的谴责，很多女生会觉得自己已经是男方的人了或担心、害怕男方变心，唯恐被抛弃，处处迁就、忍让对方，极力维持现有关系，从而失去了相敬如宾的感情基础，妨碍了彼此了解及理想、情操的培养，即使发现对方有明显的缺点，可事已至此，只能将就结婚，这就耽误了终身大事，也破坏了婚后家庭幸福。三是双方的猜疑开始萌生。男生总希望女友只信任自己，对自己开放，一旦与之发生性行为，便又开始猜疑女方："她对别人是否也这样开放？""她对我是真心的吗？"而女方也有可能疑心对方的忠诚，这可能导致恋爱关系终止，也可能使双方的相处困难重重。因此，随便的"给予"，可能不仅得不到对方的珍惜，甚至连最起码的信任都可能得不到。

（4）可能感染上性传播疾病

这一点是最严重的危害了。大学存在"毕业就分手"的现象，由于诸多因素的影响，大多数人最终无法走到一起，大学生发生性行为，毕业分手后成为性伴的可能性较大，这就容易导致性传播疾病的产生或传播。

所以大学生要树立健康的性观念，正确认识自己的性行为带来的后果，并能有社会责任感。因此，在进行婚前性行为时，应仔细思考"我是不是能认识到自己性行为带来的后果，比如怀孕、紧张、担心、性传播疾病、妇科疾病等"，"我是不是能负起相应的责任"。

知识链接

艾滋病

艾滋病是由人类免疫缺陷病毒,也就是通常所说的艾滋病病毒引起的疾病。艾滋病病毒进入人体后要经过一定的潜伏期才发病,潜伏期为 10 年或更久。艾滋病病毒主要破坏人体免疫功能,使病人抵抗疾病的能力下降,最终导致病人重复感染带状疱疹、口腔霉菌感染、肺结核以及特殊病原微生物引起的肠炎、肺炎、脑炎及其他疾病,到后期一般会患上恶性肿瘤。病人最终因长期消耗、全身衰竭而死亡。目前还没有治疗艾滋病的特效药,也没有预防艾滋病的有效疫苗。所以可以说,艾滋病是一种病死率高达 100% 的非常严重的疾病。艾滋病病毒有很强的传染性,潜伏期病人的血液中有艾滋病病毒,血清艾滋病病毒抗体检查呈阳性反应,这样的人被称为艾滋病病毒感染者,或称为艾滋病病毒携带者,简称带毒者。艾滋病病毒感染者是艾滋病最重要的传染源。目前已经证实的艾滋病病毒主要传染途径有三条:性传播,通过两性行为传播是艾滋病病毒的主要传染途径;血液传播;母婴传播,已受艾滋病病毒感染的孕妇可通过胎盘,或分娩时通过产道,或生产后通过哺乳,将病毒传染给婴儿。

> 📖 **互动话题**:你如何看待婚前性行为?

第三节 爱是自我成长

■引子:我爱的那个人一定跟我"门当户对"

"全球第一'白富美'恋爱了:26 岁男友不仅是学霸还是马术冠军",2018 年春节,这样一条新闻占据了很多版面。主要内容为:世界首富比尔·盖茨的女儿詹妮弗低调地公布了与男友纳耶尔·纳塞尔的恋情,表示两人即将去夏威夷度假,字里行间满是幸福。22 岁的詹妮弗就读于斯坦福大学,还是专业的马术选手,曾在 2017 年马术比赛中夺冠。说起她和纳耶尔·纳塞尔在一起的原因,不得不提到他们的共同爱好——马术。纳耶尔·纳塞尔是一名专业的骑手,被认为是"世界杯"预选赛最有突破性的骑手。两人因共同的兴趣爱好马术而相识,外表温柔的詹妮弗也许有一颗狂野奔放的心,她自幼就特别喜欢马术,曾经多次参加马术比赛,在国际比赛中多次获得好名次,而她的男友纳耶尔更是常年霸占了马术冠军。

现在很多大学生都很苦恼,想谈恋爱,但是又很迷茫,看不到未来,这会影响现在的学习。向往爱情是大学生正常的心理需求,如果能够正确引导和释放这种心理需求,就会促进学业。要平衡学业和爱情的关系,不能让恋爱影响学业。因此大学生必须树立正确的恋爱观,把爱情纳入人生规划中,找准爱情的方向,坚定地走下去。

一、培养健康的恋爱心理与行为

(一)大学生恋爱时需要正确处理的几对关系

进入大学后,一些学生放肆地表达自己的情感,将爱情放在了第一位,将学业、亲情等都抛在了脑后。大学生要摆正自己的位置,正确处理恋爱与学业、恋爱与集体、爱情与友情、恋爱与道德的关系。

1.恋爱与学业的关系

大学生的首要任务依然是学习,应将最宝贵的时间用于学习,奠定生存的技能基础。从宏观意义上来说,大学生是国家的未来和希望,未来将是社会发展的中流砥柱,这就要求大学生必须努力学习,掌握好服务社会的本领;从微观意义上来讲,当前就业形势严峻,社会竞争激烈,大学生只有努力学习,全面发展自己,充分掌握就业技能,才能更好地适应社会、融入社会,为将来的爱情打下坚实的物质基础。因此大学生要能化爱情为动力,通过自己的努力去感染对方,互相鼓励、互相帮助,使双方在学业上取得更好的成绩,进一步巩固爱情的基础。

2.恋爱与集体的关系

现在不少大学生在恋爱时,与恋人形成一个很小的圈子,两个人完全脱离了朋友以及同学的圈子,整天黏在一起,久而久之,他们与自己的寝室、班级、社团等都疏远了,人际关系严重受损。因此要处理好自己与寝室、班级、社团等小集体之间的关系,同时也要处理好自己与"大集体"的关系。这里所说的"大集体"主要是指学校、家庭和社会,要关心学校、关心父母、关注社会。如果仅仅专注于恋爱而忽视对他人和社会的爱,这份爱情就是自私和庸俗的;反之,爱情则是高尚和稳固的。

3.爱情与友情的关系

很多大学生容易将爱情和友情混为一谈。不可否认,很多爱情都是从友情开始的。但是这两者有显著的区别。首先,友情与爱情的内涵是完全不同的,友情是开放的,人们可以和许多人成为朋友;而爱情则是封闭、忠贞的,仅限于一对特定男女。其次,友情与爱情的表达方式以及表现形式都不同。友情可能是暂时的、可变的;而爱情关系一旦确立,双方必须始终如一,坚贞忠诚。再次,友情与爱情的要求不同。朋友之间承担的只是道德义务,对朋友真诚、友爱、信任即可;而恋爱双方不仅要承担道德义务,在进入婚姻之后,双方还要承担法律责任。

4.恋爱与道德的关系

爱是一门艺术,需要用高雅的格调、文明的举止去体现,任何置伦理和道德于不顾的方式,都只会使爱情变得粗俗不堪。爱情的发展过程也需要道德去约束,需要用社会的公序良俗去考量。真正的爱情是通过全部生活体现的,是需要用心体验的。

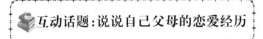

互动话题:说说自己父母的恋爱经历

(二)培养爱的能力

爱是一种能力,也是一种艺术。具备了爱的能力就会真正地爱他人,也会真正地爱自已,能真正地体验到爱给人带来的快乐与幸福,恋爱的过程也是培养爱的能力的过程。

1.接受爱的能力

当期望的爱来到身边时,能否勇敢地接受爱也是爱的能力的表现。有的大学生在别人向自己示爱之后,内心非常高兴,但是不敢接受别人的爱,或者对爱缺乏心理准备,因怕受到伤害而不敢接受,或者不够自信,觉得自己不配,因此失去了发展爱的机会。其实,最重要的一点是拥有足够的自信,有了足够的自信,也就拥有了强大的勇气去接受爱。

2.表达爱的能力

当你爱上一个人时,是否能够用恰当的方式和语言向对方表达爱,并达到好的效果? 表达爱首先需要勇气和信心,同时更需要艺术,需要采取恰当的方式和技巧;还需要宽容与大度,即使得不到回报,爱一个人也是幸福的;在表达爱的同时也要清醒地意识到自己应承担相应的责任。

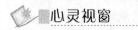心灵视窗

马克思如何向燕妮表达爱?

1843 年,马克思与青梅竹马的燕妮喜结良缘。他们之间的爱情一直是广为传颂的佳话。他们的爱情没有贫富之分,没有门第观念,有的只是相互之间的爱慕与支持……由于工作、学习等关系,他们经常天各一方,但他们默默地思念着对方,用文字传递着浓浓的爱意。他们之间的爱情始终为那些追求崇高、真诚爱情的青年们所向往。

然而有意思的是,当年马克思和燕妮都没有勇气彼此表白。在一次约会中,马克思满脸愁云,他说:"燕妮,我已经爱上了一个姑娘,决定向她表白,不知她会不会同意。"燕妮一直暗恋着马克思,此时不禁大吃一惊:"你真的爱她吗?""是的,我爱她,我们相识已经很久了,"马克思接着说,"她是我碰到的姑娘中最好的一个,我从心底里爱她! 这里还有她的照片,你愿意看吗?"说着他递给燕妮一个精致的小木匣。燕妮用颤抖的手打开后惊呆了——原来里面放着一面镜子,"照片"中的人就是她自己! 一股热流涌上心头,沉浸在幸福和甜蜜之中的燕妮猛地扑向马克思的怀抱。

3.拒绝爱的能力

拒绝爱的能力非常重要。在现实生活中,并不是每一次爱的表达都可以两情相悦,也不是每一次恋爱都可以顺利圆满。当遇到自己不愿意接受的爱时应该勇敢地拒绝。拒绝爱也是有技巧的。首先,要尊重他人,感谢对方对自己的欣赏和感情,不要伤害对方的自尊。其次,要果敢、态度明确地表达自己的意思,不要拖拖拉拉。若即若离,不给对方明确的答复,对双方都将造成较大的伤害。再次,要把握好拒绝的时间,采取恰当的拒绝方式,虽然每个人都有拒绝爱的权力,但是珍重一份真挚的情感既是对他人的尊重,也是一种自珍,要考虑到对方的现实状况,在合适的时间用合适的方式委婉地拒绝,将对双方的伤害最小化。

4.识别爱的能力

学会识别什么是真爱,是发展爱情的必要准备。人们通常以为自己因为爱才和对方走

在一起,但其实可能掺杂了许多其他的心理因素与物质因素。要学会分辨爱与好感、爱与喜欢、爱与友谊、爱与虚荣等。有识别爱的能力的人,是自信的人,也是尊重别人的人;有识别爱的能力的人,会自然地与别人交往,主动扩展交往的范围,珍惜友谊,会尽量多地考虑别人的感受。

5.解决爱的冲突的能力

相爱的两个人之间发生矛盾、冲突是很自然的事情。爱的冲突一方面来自两人日常生活习惯的不一致或者不协调,另一方面来自双方的性格差异。相爱的两个人不是要变成同一个人,不是为了一致性相互妥协,而是更好地协调双方之间的差异,更好地合作。爱需要包容、理解、信任和体谅。要用建设性的方式解决问题,巧妙地沟通,争吵时也要有原则。恋人间需要有效的沟通,清楚表达自己的想法、感受。伤害性的争吵或者冷战都不利于问题的解决。

6.保持爱情长久的能力

要保持爱情长久,需要综合以上几种能力。爱需要真正地关心对方,走进对方的内心世界,以对方的快乐为自己的快乐。要保持爱情常新,需要耐心与智慧,要在包容、尊重、关心对方的同时,保持自己的个性,有自己的追求,有自己独立的价值观,有自己的生活空间。不断学习新的东西,欣赏对方,善于交流和沟通,是爱情长久的源泉。

(三)树立健康的恋爱观

第一,选择恋人时最重要的条件应该是志同道合,思想品德、理想和生活情趣等情况大体一致,换言之,有着共同的价值观体系是最重要的,即在聊天时可以交流彼此思想并感到快乐。

第二,应把学业、事业放在首位,正确处理爱情与学业、事业的关系,不能把宝贵的时间都用于谈情说爱而放松了学习与工作。当把爱情当作唯一有价值的东西时,就会失去独立性和魅力,也很容易失去被爱的理由。

第三,爱情是相互理解、相互信任,更是责任和奉献。理解和信任能营造轻松和快乐的氛围,责任和奉献则是个人的道德修养,它是获得高尚爱情的基础。

(四)培养健康、文明的恋爱行为

在恋爱过程中,健康、文明的行为能发挥爱情的愉悦心理效应,低级、粗俗的行为则往往起着情感疏离的消极作用。因此,大学生要有健康、文明的恋爱行为。

> 如果我们生命的天平上,没有"理智"的秤盘平衡"情欲"的秤盘,那么我们身上下流的欲念就会把我们引导到荒唐透顶的结局。
>
> ——莎士比亚

1.平等相待

不拿自己的优点和对方的不足相比,借以抬高自己;不要想方设法考验对方或摆架子,这样会影响双方感情,因为每个人都是有自尊心的。

2.言谈要优雅,行为要大方

交谈中要真诚坦率,不要为显示自己而装腔作势、矫揉造作,否则会令人生厌,不利于感情的发展。交往期间要注意行为举止的检点,亲昵行为的过早表达只会适得其反。

3.亲昵行为要高雅,避免粗俗化

粗俗、鲁莽的亲昵动作有损爱情的纯洁与尊严,对恋爱者的心理健康造成损害,对他人影响也不好。

4.理性对待婚前性行为

对于恋爱中产生的性冲动,一方面要克制和调节,拒绝婚前性行为;另一方面要转移和升华,参加各种文体活动,广泛与同学交往,与恋人多谈谈学习与理想,把恋爱行为限制在社会规范内,使爱情朝着健康的方向发展。

 微课:婚前性行为

互动话题: 你是如何向你心爱的人表白的?

二、爱的真谛

(一)爱是什么?

爱的第一个环节,就是我不欲成为自我生存的孤单的人,我如果是这样孤单的人,就会觉得自己残缺不全。第二个环节,就是我在另一个人身上找到了自己,即获得了他人对自己的承认,而另一个人反过来对我也有这种感觉。

——黑格尔

1.爱是给予

大家所熟悉的童话故事"海的女儿"中,美丽的美人鱼为了自己心爱的人,牺牲了动听的歌喉,用心陪伴在爱人身边,最后为了救自己的心上人,不惜放弃生命化为泡沫。成熟的爱情是建立在客观理性地分析自我、保持自己的完整性和独立性的基础上的,也就是在保持自己个性的基础上与对方结合。爱情是一种积极的精神力量,这种精神力量可以推动个体创造生命的奇迹,可以推动个体找到人生的目标。爱是给予,不是索取,是将自己的心灵给予对方,同对方分享快乐、兴趣、价值观等,与对方共担苦难、疾患等。

2.爱是责任

爱的过程是承担责任的过程。不成熟的爱是"我爱,因为我被人爱",成熟的爱是"我被爱,因为我爱";不成熟的爱是"我爱你,是因为……",成熟的爱是"因为我爱你,所以……"。所有的爱情都包含着一份神圣的责任,这种责任不是义务,不是外界强加的,而是坠入爱河的人内心的自觉,是一种愿意为自己所爱的人承担风霜雨雪的激情,是一种对对方的包容。

3.爱是尊重

真诚的爱是建立在双方平等上的尊重。爱一个人就是爱他的全部,爱是一种发自内心的神秘的感觉,而仅仅因为某种需要产生的爱未必能承担爱的责任。大学生活虽然丰富多彩,但也有可能感觉到孤单与寂寞,在一些时刻需要异性的呵护,需要被关爱,如果因为孤单、寂寞甚至无聊而开始一段爱情,那是对对方也是对自己的不尊重和不负责任。不在乎明天而只关注此刻的感受也是对爱情的不尊重。尊重就是努力使对方成长和发展自己,而非剥夺对方的发展空间;是让自己爱的人以他自己的方式、为了自己而成长,而不是服务于我。如果爱对方,就应该接受他的全部,而不是要对方按照自己的目标、要求去改变。

4.爱是能力

爱是一种能力,需要学习。爱的能力不是与生俱来的,也非随着生理成熟自然形成的,而是在社会生活中逐渐发展的。有人说:"好男人是一所好学校,好女人也是一所好学校,由两性构成的学校促使男人与女人共同学习,共同进步。"只有掌握了爱的能力,才可以经营好爱情。爱的能力要求恋爱的人始终保持高度理性而非仅随着感觉走。

5.爱是创造

爱情是神奇的,爱情不仅能够创造新的生命,而且真正的爱情能净化我们的灵魂,鼓舞着我们为挚爱的人奋斗进取。有人说,爱情具有的魔力能够使人开创一个新的自我,也创造着两人美好的明天。

恋爱是一对相互倾慕的男女共同追求、培育及发展爱情的过程。恋爱中的男女双方常常心有灵犀,美化对方,有"一日不见,如隔三秋"之感,同时常会戒备对方被别人抢走,有独占对方的欲望。爱情不同于人类其他的情感体验,它是个体独特的心路历程,是惊鸿一瞥的心的颤抖,更是双方心与心的沟通与交流。爱情不可以被抑制,但也不可滥用。正确地理解爱情,才可能与幸福同行。

(二)正确的择偶观

成功的爱情是男女双方心理上相互呼应、主观上共同努力的结果。只有端正择偶观,才能拥有完美的爱情。

1.价值观一致

价值观是指一个人对客观事物的是非判断及对其重要性的估计。看一个人的追求往往可以推测出其价值观。心理社会因素对爱情有着重要影响,这是人类的爱情与动物性爱的区别。相同的价值观使男女双方有共同的理想、追求,对于纷繁复杂的客观事物有大致相同的取舍观,能在同一思想层面上交流沟通,有较多的共同语言。共同的价值观是爱情成功的心理基础。

2.相互包容

一对恋人相互包容就能体验到欢乐、幸福与美好,相互不包容则会感到惆怅、痛苦与失望。青年男女在恋爱阶段,对对方思想感情与心理特点方面的充分了解,是保证婚后相互包容的前提。青年夫妻绝不能认为结婚后相互了解的过程便结束了,结婚后仍需相互了解、相互包容。

3.性意向一致

性意向是爱情心理的主要组成部分。青年男女恋爱的结果是结婚,合法地发生性关系。青年夫妻正确对待与协调性意向是巩固爱情的重要条件。青年夫妻性生活的和谐有助于爱情的巩固与发展,青年夫妻性意向的矛盾与冲突造成感情不和甚至破裂的事例也屡见不鲜。

4.对对方忠贞

恋爱中对对方的忠贞是爱情成功的基础。爱情是一种纯真的爱恋之情,双方应挚笃专一、忠贞不贰,绝不可三心二意、"脚踏两只船"。男女青年的爱情本身包括性爱的成分,性爱具有排他性,这是符合现代人类社会伦理原则的。对爱情的忠贞与把爱人看成私有的附属品是完全不同的事情。对爱情的忠贞是一种美德,是真正的爱情的重要标志,它使男女双方感情相互交融,彼此心心相印。而对爱人的占有是一种自私的表现,会给对方极大的压力,从而导致双方的感情出现裂缝。

5.尊重与自尊

尊重与自尊是相辅相成、缺一不可的。没有自尊,就不可能得到对方的尊重,没有对方的尊重也必然影响到自尊。尊重是爱情成功不可缺少的心理因素。恋人之间的相互尊重是恋爱成功的一个重要条件,夫妻彼此尊重是家庭幸福的一个重要条件。真正的爱情是相互尊重的。正确地评价与体验自我才能自尊,对对方的正确评价与体验才能尊重他人。爱情成为人类最高尚、纯洁的感情,与自尊、尊重在爱情中很自然地融合为一体有着密切的关系。那种"男尊女卑""夫唱妇随"或"妻管严"的思想意识违背了爱情的互相尊重的原则,有损真正爱情的巩固与发展。

(三)学会爱

1.学会爱自己

恋爱虽然主要是付出爱的过程,但是只有知道怎么爱自己的人才会理性地爱对方。一个自爱的人是自知的,自爱是要成为你自己,而非通过爱情变成他人。世界上没有两片完全相同的叶子,更何况人呢? 个体正因为差异性才构成色彩缤纷的世界。

爱自己首先需要正确地自我认知,有人说"恋爱中的男女智商是最低的",事实上恋爱特别是热恋中的男女都会将恋人"理想化",往往会放大自己在恋爱过程中的欢乐与痛苦,完全失去自我。当处于热恋时,认为自己是世界上最幸福的人,而在恋爱中稍微受挫后便认为自己是世界上最痛苦的人。因此我们要对自我有正确的认知,不断提醒自我保持客观的认知状态。爱自己也包含对自己负责。恋爱不是让我们放弃自我,而是让我们学会更加负责地生活。这当然也包括失恋后的自爱。一个人只有本着对自己高度负责的态度学习、生活,处理好恋爱中的自我与他人、现在与未来、学业与爱情等关系,才能拥有幸福的爱情。

爱自己就要尊重自己的感情,珍惜自己的感情。相对来说,大学阶段的爱情是纯洁、真诚的,是忽略了物质、社会地位等一些外在因素的情感,而这也是将来幸福生活的基础。

爱自己要学会说"不",尤其是女性。当婚前性行为已经成为大学生可能要越过的雷池时,有必要提醒恋爱中的大学生,要控制爱情的温度,要学会说"不",要预想发生性行为的可能后果。1993年,美国掀起了一场前所未有的"真爱等待"运动,青年发表了真爱要等待的宣言——本着真爱要等待的信念,我愿意对我自己、我的家庭、我的异性朋友、我未来的伴侣及我未来的子女,有一个誓约:保证我的贞洁,一直到我进入婚约的那天为止。这展示了美国青年在个人生活中的自尊、自爱。对于在中国传统教育下成长起来的年轻人来说,性解放不应成为恋爱中性放纵的理由和借口,一定要清醒地评估婚前性行为的利弊,负责任地、坚定地对婚前性行为说"不",保持性纯洁,为将来幸福的婚姻生活奠定良好的基础。

2.学会爱对方

爱自己和爱他人是密不可分的。人们只有认识对方、了解对方才能尊重对方。转换角度,站在对方的立场来看待对方,才能更全面地了解对方、关爱对方。当然爱他人不是失去自我,不是按照对方的想法塑造自己,也不是将你爱的人塑造成你所喜欢的样子。爱他人主要包括以下几个方面。

(1)尊重。恋爱既是两人心灵的共鸣,又是自我的成长,是积极地使双方发挥潜能而非按照某种愿望或标准塑造对方,使其成为你希望的样子。事实上,每一份爱情中都包含着期待,双方都在向着彼此喜欢的方向发展。这就要求你更加尊重你所爱的人,让对方在爱的港湾中自由发展,以他自己喜欢的方式发展自我。

(2)帮助。热恋中的青年男女有着无穷的力量,会自愿地为对方做许多事情,帮助对方成长。积极的恋爱使个体潜在的心理能量得以释放,为所爱的人努力。爱也是积极向上的精神力量,促使相爱的两个人向着更好的方向发展,更加努力地自我完善、自我发展,而非自我束缚、自我放纵。

(3)创造。真正的爱是内在创造力的表现,包括关怀、尊重、责任心、了解等,爱不是一种消极的冲动,而是积极追求爱人的发展和幸福,这种追求的基础是爱的能力。俗话说,爱情的最高境界是“我爱你,我希望你幸福”,所以爱情会让个人努力地为对方创造幸福。

 心理老师案例点评

他的问题:

“我慢慢地靠近她,我们一起相处很愉快,我们聊天的过程中,我有意识地了解她的兴趣、价值观、爱好以及家庭的教养等,甚至包括未来的方向,比如她想考研究生。通过了解,我觉得我们俩是很合适的,我们有共同的价值观、兴趣、爱好,甚至对未来的规划也一致,我觉得她对我也应该有好感,所以找了一个时机,我跟她表白了,但是她居然拒绝了我。怎么可能呢?我很想不通,很失落,很受伤,接下来我还要跟她继续做朋友吗?我很难面对她了,我该怎么做呢?”

过程回放:

男生L是一个对自我要求严格的孩子,对大学阶段有着完美的规划,要考研,当学生干部,也计划找一个女朋友。L在和一个女生交流的过程中,对她产生了好感,于是,他慢慢地有意接近这个女生,在不断的交流中探寻女生的爱好、兴趣、价值观、家庭教养方式等,他惊喜地发现,对方和自己的各个方面惊人的一致,他们爱好一致,价值观似乎也一致,连家庭环境也几乎一致,女生似乎也很愿意跟他聊天,甚至也偶尔愿意跟他一起出去走走。在经历了“暧昧期”之后,L认为时机应该成熟了,于是就跟这个女生表白了。但是这个女生拒绝了他,并很认真地跟他说,他们就是很好的朋友,与爱情无关。L很迷茫:“不是说爱情需要‘门当户对’吗?为什么我们‘门当户对’,我却得不到爱情呢?难道书上讲的都是错的吗?”

问题分析:

我们经常说恋人要走进婚姻的话,最好有共同点,比如共同的兴趣、爱好以及价值观,但是爱情是在一瞬间产生的激情,经常跟感觉、多巴胺的自然升高有关系。我们无法把爱情当作一个项目来运作,因为我们永远不知道感情火花的碰撞会在什么时间、什么地点以及和什么人发生。L找到了一个爱的对象,但是对方并没有把他当作爱的对象,而只是当作朋友。所以分辨清楚爱情与各类情感的差异,对于把握自身的爱情非常有必要。

点评:

爱你是我做过的最幸福的事儿,而不是最应该的事儿!

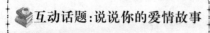

本章小结

斯滕伯格认为,爱情包括亲密、激情和承诺三个基本要素,根据其不同的组合,爱情可以分为七种类型。

弗洛姆认为,爱情的五个要素是给予、关心、责任心、尊重和了解;盖瑞·查普曼认为,爱有五种语言,分别是肯定的言辞、精心的时刻、接受礼物、服务的行动以及身体的接触。

大学生常见恋爱心理困扰有:单恋、失恋、多角恋以及恋爱中的嫉妒与猜疑。

大学生常见性心理困扰有:性别认同困扰、性幻想、性梦、自慰焦虑、性心理障碍等。

大学生性心理健康标准一般包括以下几个方面:能正确认识和接纳自己的性别、有正常的性欲望、与同龄人的性心理发展水平相当、具有较强的性适应能力、能与异性保持和谐的关系。保持性心理健康的方法有:科学地掌握性知识、培养健康的性观念、预防性传播疾病、拒绝性骚扰、寻求心理咨询帮助、慎重对待婚前性行为。

爱的能力包括接受爱的能力、表达爱的能力、拒绝爱的能力、识别爱的能力、解决爱的冲突的能力、保持爱情长久的能力。

爱是给予,爱是责任,爱是尊重,爱是能力,爱是创造。要学会爱自己,学会爱对方。

思考与讨论

1.有同学经常会问,我应该谈恋爱吗?很多人都说初恋不一定能走到最后,那还有必要去恋爱吗?可是大学又似乎很适合恋爱,我到底应该怎么办?你怎么看待这个问题?

2.如果你想在大学谈一场恋爱,你认为自己应做好哪些准备。

阅读书目和电影推荐

[1]艾·弗洛姆.爱的艺术[M].李健鸣,译.上海:上海译文出版社,2011.

[2]武志红.为何爱会伤人[M].北京:北京联合出版公司,2012.

[3]闫钿子.越爱越成陌生人——亲爱的,我们到底怎么了[M].北京:团结出版社,2010.

[4]电影《情书》(日本,1995)。

习题测试

优秀心理情景剧赏析

参考文献

[1]艾·弗洛姆.爱的艺术[M].李健鸣,译.上海:上海译文出版社,2011.

[2]盖瑞·查普曼.爱的五种语言:创造完美的两性沟通[M].王云良,陈曦,译.南昌:江西人民出版社,2010.

[3]教育部思想政治工作司.大学生心理健康教育读本[M].北京:高等教育出版社,2007.

[4]马建青.大学生心理健康[M].北京:人民出版社,2011.

[5]王志峰.大学生心理健康与人生规划[M].北京:中央编译出版社,2011.

[6]夏翠翠.大学生心理健康教育[M].北京:人民邮电出版社,2017.

[7]杨世昌.大学生心理健康教程[M].北京:科学出版社,2011.

●插画作者:周琴微　指导老师:唐泓

第5章 增强抗压能力——压力管理与挫折应对

导 言

在经济、技术高速发展的当今世界,人们每天都要处理大量的工作,压力已然成为现代社会生活的一部分。大学生在校园里除了要面临学习上的压力,还可能会面临工作、情绪、人际交往等方面的压力。不会管理压力的人会在压力状态下机械地奋力前行,这不仅会降低生活质量,而且还会有损身体健康。

每个人都可能遭遇挫折,也许你曾经遭受过升学的失败、失恋的痛苦、亲人的离世、疾病的打击……挫折就像是横亘在人生道路上的障碍物,跨越过去后路途就会变得平坦开阔,而迈不过去则会觉得失望、沮丧。其实压力管理与挫折应对是每个人一生都要面对的。改变会带来压力,不论是积极的改变,还是消极的改变。压力与挫折对于个人来讲,并非都是坏事。良性压力能促进个人成长,引发人产生有益的行动,而不良压力则是与疾病并存的。在面对生活挫折与困境时,人们首先体验到的是烦恼与焦虑,如果能积极化解,人们就能感受到力量与信心。任何压力与挫折都是对个人的应对能力和自我成长的一种挑战。

第一节 认识压力

生活中让你感到压力最大的事情是什么? 在遇到压力时,你是积极面对还是消极逃避? 也许在高考时或者其他重大考试前夕,你会出现干呕或呕吐等现象,或者会焦虑不安;你也许会因为在全班同学面前做公开演讲而紧张得口干舌燥,或者因为一项很重要的任务要完成而感到焦虑和紧张。压力往往是高峰表现的驱动力,但是过度的压力会妨碍个人目标的实现,同时也会给身体健康带来一定的影响。

一、压力与压力源

(一)压力的含义

压力,也叫应激,是一种反应模式。当刺激事件打破了机体的平衡或者超过了个体的负荷能力,个体就会产生压力。

压力这个概念最早由加拿大心理学家谢尔耶提出,他认为压力是个体无能力、无资源应对"外在需求"时的一种非特定的生理反应。

"压力理论之父"汉斯·塞利将压力定义为机体对作用于它的任何刺激的非特异性反应。也就是说,当人们遇见良性压力和不良压力时,都会产生同样的生理反应。

艾利斯提出理性情绪行为疗法,他认为压力来自人类内部的认知系统,应激情境本身很少作为压力而存在,压力和个人的"认知系统"及"价值系统"相关。

也有学者认为,压力是机体在对生存环境中多种不利因素进行适应的过程中,适应和应付能力之间不平衡所导致的身心紧张状态及其反应。

 知识链接:压力理论

心理压力带来的紧张反应如果过于强烈、持久,超过了个体自身的调节和控制能力,就会造成心理、生理功能的紊乱,从而导致身心疾病。相反,如果个体确知刺激情境具有威胁性、挑战性,他的能力和经验足以克服困难,那么压力就不会产生。近年来我国在校大学生中出现心理问题的种类繁多。大学生的身心尚处于未完全成熟期,情绪具有迅猛而突发的特点,自我调控能力相对较弱,在面对复杂的自身和社会问题时容易出现强烈的心理冲突和心理压力,从而引发心理障碍或心理疾病。

那么是不是压力越少越好呢?研究表明,压力水平与行为绩效之间的关系表现为非线性的倒 U 形曲线(见图 5-1)。压力水平与工作绩效的关系是靠动机水平这个中介变量来调节的。但是压力与动机水平、动机水平与工作绩效之间的关系,并不都是一一对应的线性关系。压力能够激发人们的动机,压力水平与激发的动机水平之间存在线性关系,压力水平的高低决定着动机水平的高低。心理学研究表明,中等强度的动机最有利于任务的完成,即在中等强度的压力下,人们往往能表现出最高行为绩效。一旦超过了这个压力水平,其对行为反而会有一定的阻碍作用,而在压力不足的情况下,动机不足,人也会处于懈怠、无聊的状态,行为绩效也会比较低。

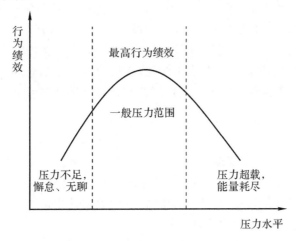

图 5-1 压力水平与行为绩效之间的关系

（二）压力源

压力源是一种可能引发压力反应（生理唤起）的刺激。这些刺激可能来自外界或个体内部。压力源有不同的形式。有一些压力源是环境性的，比如雾霾、高温、严寒；有一些是心理性的，比如自尊的威胁、抑郁、自卑；有一些是社会性的，比如亲人去世、失恋、工作负担重。每一个压力源都是一个刺激事件，要求机体做出适应性的反应。

根据压力作用时间的长短，可以将压力源分为急性压力和慢性压力。急性压力伴随着短暂的生理唤醒，伴随着典型的进攻或撤退模式。而慢性压力则是一种长期的生理唤醒状态，使人感到即便内在资源和外在资源加在一起，也不能满足压力事件的要求。当你总感觉没有足够的时间去完成你要做的事情时，就会体验到一种沮丧感，这就是一种慢性压力。当躯体处于慢性压力状态时，"应激激素"分泌的增加将会损害免疫系统的完整性，有可能引发心身失调。对于许多人来说，慢性压力多来自社会和环境因素。

根据压力源的大小，可以将压力源分为一般日常生活压力和重大生活事件、灾难性和创伤性事件等。其中一般日常生活压力是指日常生活中普遍存在的压力。重大生活环境的改变是许多人产生压力的根源，比如彩票中奖、亲密家庭成员的死亡等，重大生活事件无论是好的还是坏的，都会使人产生很大的压力。灾难性和创伤性事件往往是消极的，无法控制、无法预测，它们会使人产生很大的压力，比如地震、爆炸事件、严重的交通事故等。那些亲身经历灾难性和创伤性事件的人有可能产生创伤后应激障碍（PTSD），创伤后应激障碍的情绪反应有可能在灾难发生后立即发作也可能在灾难发生数月甚至数年后发作，有可能在发作数月后平息，也可能会一直持续，变成慢性综合征。

二、大学生面临的压力

生活环境的重大改变是很多人产生压力的根源。进入大学意味着童年、青少年阶段的结束和成人阶段的开始，大学生情感依赖对象和社会支持来源发生了巨大的变化。首先是与父母的分离，包括空间上和情感上。一方面，大学生渴望脱离父母的控制，开始承担做决定和照料自己生活起居的新责任。另一方面，当他们在独立的生活中遇到挫折和不顺时，又渴望回到父母身边，得到父母的支持。对于一些大学生而言，进入大学的情感过渡是平稳的，几乎不会产生混乱和紧张。但是对于另一些大学生来讲，离开父母独立生活可能并不像想象中那么简单，他们会被孤独困扰，甚至会变得叛逆。一项研究发现了大学生和其父母之间关系的 15 种问题，这些问题集中于感情交流的缺乏、父母过多的支配以及感觉到被父母控制。而且，研究者发现，家庭烦恼越多的学生，在适应大学生活时越困难。从高中升到大学，大学生体验到的压力主要包括生活方式与学习方式的改变、经济压力、人际关系压力、就业压力等。

（一）生活方式的改变

人们体验到的生活方式改变越多，感觉到的压力就越大。进入大学，对于大部分学生而言，是远离家乡，远离熟悉的环境，来到一个陌生的环境，面对一群陌生的人，需要独立处理很多事情。他们必须花时间安排好自己的生活，适应室友的生活习惯，及时调整旧的角色，建立新的角色，这些会带来很大的压力。

(二)学习方式的改变

大学的学习方式和高中有着很大的变化,不像高中时期那样,有固定的教室、固定的班级。随着学分制的推行,"同班不同学、同学不同班"是常态。大学的学习更强调独立自主,学生需要在课后花大量时间去消化、吸收课上的知识;大学的学习更注重综合素养的培养,丰富多元的选修课为培养综合性人才提供了条件,人文类学科的学生需要具备一定的科学精神,理工类学科的学生需要具备一定的人文素养;大学的学习也更注重自身优势和兴趣的发掘,学生可以在第二课堂找到属于自己的舞台;大学的学习也更注重创新,学生需要培养创新思维与创新能力。

(三)经济压力

学费、住宿费、书本费、日常开销等费用,形成了一部分学生尤其是家庭经济困难的学生的压力。许多大学生通过兼职缓解经济压力,但是兼职会占用部分时间,如果时间分配不合理,则可能会影响到学习。越来越多的大学生在多份兼职中不得不付出沉重的时间代价,这容易导致睡眠质量的下降、学习与锻炼时间的减少,使学习成绩和健康受到影响。同时,在大学校园里,学生之间的攀比现象比较普遍,并且有愈演愈烈之势,这也给部分大学生带来不小的压力。为了满足虚荣心,很多大学生用父母的钱或者通过信用贷款消费超出自身经济承受能力的名牌服装、手机、化妆品等,这一方面不利于其正确的价值观的形成,另一方面也不利于其独立自主精神的培养。

(四)人际关系压力

美国社会心理学家的一项调查认为,使人们感到幸福的既不是金钱,也不是名利、地位、成功,而是良好的人际关系。我国学者在对大学毕业生所做的一项调查中也发现,大学生最留恋的是与朋友间的友谊。改变或者放弃原有的友谊、建立新的友谊也是大学生的压力来源。进入大学后,学生需要处理多种人际关系,比如室友关系、同学关系、师生关系等。有些学生不善人际交往,害怕人际交往,逃避现实生活中的人际交往,转而发展虚拟世界中的关系。有些学生在人际交往中敏感、自卑,总担心别人看不起自己,同学间不经意的一句玩笑或某种行为都会深深地伤害他们的心灵;有些学生在人际交往中自私、自傲,总喜欢别人以他为中心;等等。

(五)就业压力

就业是大学生最关注的一个话题,其所形成的压力更大,涉及面也更广。每逢毕业季,毕业生们就会面临严峻的就业压力。这是一种普遍现象,调适得当的学生会把压力转化为动力。但如果大学生对自身要求过高,对自身未来没有明确的规划或没有明确的就业目标,就会在就业时产生压力。

三、压力反应

人在压力状态下,会出现一定的生理和心理反应,通过识别这些反应判断自己的压力水平,对于大学生而言非常有意义。

美国生理心理学家沃尔特·坎农在20世纪初首次提出了压力的生理反应。他假设当你一个人独自走在黑暗的巷子里,并且忘记佩戴近视眼镜了,突然,你发现巷子中间出现了一个高大魁梧的人,他手里拿着一根棍子,拦住了你的去路,而你又没有退路可走。除了想到"我真倒霉"之外,你的身体内部发生了什么? 你的心跳开始加速,似乎不能控制呼吸,开始出汗,肌肉变得紧张……这一系列变化开始在你身体里发生。沃尔特·坎农将这些压力反应定义为战或逃的反应。当面临威胁时,你的身体会做好充分准备,或战斗,或逃跑。

 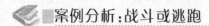

案例分析:战斗或逃跑

汉斯·塞利将压力反应分为三个阶段,将压力反应称为"一般适应性综合征"。第一阶段为报警阶段。个体意识到压力源或威胁,生理反应被唤醒,如出现心跳加快、肌肉紧张、血压升高等生理变化。这是一个短暂的生理唤醒期,它为机体行动做好准备。第二阶段为抵抗阶段。如果持续存在压力源,抵抗会随之增强,机体会对压力源或威胁尝试做出反应。这是一个适度的唤醒状态。如果压力源持续时间足够长或者强度足够大,机体的资源将会被耗竭,机体将会进入疲惫期。第三阶段为枯竭阶段。长时间暴露在同一压力源或威胁下时,机体会不断做出反应,而反应所需的能量也会被消耗殆尽,疾病或死亡就会随之出现。

综上,压力反应是指个体对外界刺激所做出的适应或刺激所引起的紧张压迫感,具体包括生理、心理和行为的一系列反应。

 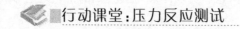

行动课堂:压力反应测试

(一)生理反应

当面临一个压力源时,人的身体会做出一系列反应。当大脑接收到压力源的信息后,会对信息展开处理,并激活内分泌系统和自主神经系统等对压力做出反应,进而引发一系列生理变化,如心跳加速、瞳孔放大、支气管扩张、肌肉力量增强、心理活动增多、基础代谢率明显提高、口内唾液分泌量减少等。压力的生理反应通常是自动的、可预期的、无法用意识加以控制的内置反应。

(二)心理反应

压力的心理反应往往是习得的,它们依赖于人对世界的知觉和解释。过度压力可引发紧张、焦虑和抑郁情绪。紧张是压力所导致的消极后果之一,往往由对压力应付无效导致,它会引发自我评价降低、挫折感、注意力难以集中等问题。焦虑和抑郁情绪是个体对当前或预计到的无法应对的威胁情境的担忧,长时间暴露在过度压力下,还可能引发焦虑症和抑郁症。

(三)行为反应

过度压力可导致行为上的改变,主要表现为注意力难以集中、记忆力下降、工作效率低下。过度压力下的大学生会出现迟到、逃课、学习成绩下降及人际交往不良等问题。

知识链接:压力与人格

微课:压力反应的特点

四、压力与疾病

适度的身心紧张状态对机体适应环境、应对困难是有利的。但如果紧张反应过于强烈、持久,超过了机体自身的调节和控制能力,就可能造成心理和生理功能的紊乱而致病。压力的影响表现出显著的二重性:一方面,持续、过度的压力会严重威胁健康,影响工作效率、满意度及人际关系;另一方面,偶尔、适度的压力可以帮助一个人更好地应付各种任务。总之,压力既有消极的一面,也有积极的一面。

研究发现,慢性压力不利于身体健康。压力对消化系统的影响非常大。由于压力会减少口内唾液的分泌量,所以演讲时紧张的人往往会感到口干舌燥而讲话困难。压力会增加胃部盐酸的分泌量,收缩消化道内的血管,减少保护胃壁的黏液分泌,因此有可能导致溃疡。压力可能导致的疾病有高血压、中风、冠心病、溃疡、偏头痛、紧张性头痛、背痛、过敏甚至癌症。此外,压力与焦虑、抑郁等心理疾病的产生也有很大的关系。

压力与患病可能性的关系呈现为一条 U 形曲线(见图 5-2),少量的压力或者大量的压力都是与疾病共存的,在最佳压力(不多也不少)下,人是健康的。生理改变或压力反应背离正常生理水平的时间越长,患病的可能性就越大。

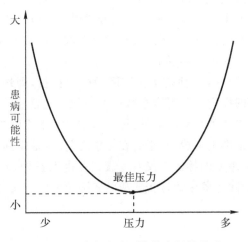

图 5-2　压力与患病可能性之间的关系

第二节　认识挫折

所谓"人生不如意之事十之八九",在生活中,我们不可避免地会碰到一些不如意的事情,挫折广泛存在于我们的生活中,贯穿我们的一生。对挫折的心理反应和应对挫折的能力,在很大程度上反映了一个人的心理素质和心理健康水平。大学生出现的心理问题,很多与挫折引起的消极心身反应有关。因此,正确认识挫折,培养良好的耐挫力,提高适应挫折和环境的能力,是大学生的必修课之一。

一、挫折的含义

挫折感是指个体在从事有目的的活动的过程中,指向目标的行为受到阻碍或干扰,致使其目标不能实现、需要无法满足时所产生的一种情绪。

通常人们所说的挫折,包含三层意思:一是指个体活动的一种特殊环境,即阻碍人们实现目标、满足需求的情境和事物,即挫折情境;二是指个体由挫折情境而产生的心理感受和情绪反应等,即挫折感受;三是个体对挫折的认知、态度和评价,即挫折认知。

挫折情境与挫折感受有着密切的关系。一般而言,挫折情境越严重,所引起的挫折感受越强烈。但是挫折情境的严重程度与挫折感受的强烈程度不一定成正比,挫折情境和挫折感受也不是简单的"刺激—反应"模式,而是受个体实际情况等诸多因素影响,这些因素包括个体的生理状态、心理状态以及认知方式和挫折承受力等,其中挫折认知是核心因素,是关键。因而面临同一挫折情境,不同的人的挫折反应不尽相同,有的人反应轻微,挫折情绪持续时间短,有的人则反应强烈,挫折情绪持续时间长。其实,只有当挫折情境被个体感知时,个体才会产生挫折感受,如果个体没有意识到或者意识到了但不认为其很严重,就不会产生挫折感受或者只有轻微的挫折感受。所以同样面对考试失利或者失恋等生活中常见的挫折情境,不同的大学生往往会有不同的反应。

现实中的挫折情境有两种:一种是个体实际遭受的挫折,即现实中个体真实经历的挫折;一种是个体主观想象的挫折。后者常常被人们忽视。生活中有不少人体验到强烈的挫折感受,但在其生活中很难找到相对应的挫折情境,这多半是主观想象的挫折。比如有人很自卑,认为自己做什么事情都不会成功,于是在做事之前,总是想到自己会失败,体验到失败后的挫折感受。这种主观想象的挫折不仅对完成任务毫无益处,而且会对大学生的心理健康产生消极影响,因而,消除想象中的挫折比战胜实际挫折的意义更为重大。

二、挫折产生的原因

挫折的产生与以下五个方面有关:一是需要和由此产生的动机;二是在动机驱使下有目的的行为;三是挫折情境,挫折情境可以是实际存在的,也可以是当事人想象中的;四是挫折认知,挫折认知既可以是对实际遇到的挫折情境的认知,也可以是对想象的可能出现的挫折情境的认知;五是因受到挫折而产生的情绪和行为反应,称为挫折反应(见图5-3)。

美国心理学家J. M.索里在《教育心理学》一书中将大学生挫折产生的原因或方式归纳为延迟引起的挫折、阻挠引起的挫折、动机冲突引起的挫折。其中延迟引起的挫折主要是指

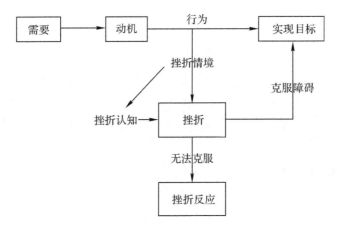

图 5-3　挫折的产生

大学生的需求无法得到及时满足而引起的挫折。阻挠引起的挫折主要是指大学生个体特征及外界环境的阻挠所引起的挫折,比如个子太高或者太矮会引起挫折,同寝室同学作息不一致也可能引起挫折。动机冲突引起的挫折主要有四种:一是双趋冲突。两种对个体都具有吸引力的目标同时出现,形成强度相同的两个动机。由于条件的限制,只能选其中一个目标,此时个体往往会产生难于取舍的矛盾心理,这就是双趋冲突。二是双避冲突。两种对个体都具有威胁的目标同时出现,使个体对这两个目标均产生逃避动机。但由于条件和环境的限制,个体也只能选择其中一个目标,这种选择时的心理冲突称为双避冲突。三是趋避冲突。某一事物对个体具有利与弊的双重意义时,会使个体产生两种动机态度,即一方面好而趋之,另一方面恶而远之,这种冲突就是趋避冲突。四是多重趋避冲突。在实际生活中,人们的趋避冲突常常表现出一种更复杂的形式,即人们面对两个或两个以上的目标,而每个目标又分别具有吸引和排斥作用,人们无法简单地选择一个目标而回避或拒绝其他目标,必须进行多重选择,由此引起的冲突叫作多重趋避冲突。

　　也有一些学者认为大学生挫折产生的原因是多方面的,既有个体内部因素,也有外界环境因素。挫折是由个体特质、外界环境以及动机冲突等各方面因素引起的。

　　如果一个人总是在某项学习任务或者工作上失败,那么他就可能在这项学习任务或者工作上放弃努力,甚至还会对自己产生怀疑,觉得自己"这也不行,那也不行",甚至觉得自己一无是处,无可救药。而事实也许并非如此,这些人只是陷入了"习得性无助"的心理状态中。"习得性无助"是指机体经历了某种学习后,在情感、认知和行为上表现出消极的、特殊的心理状态。这种情况在大学生群体中也不少见,比如有的学生向来不喜欢数学,数学成绩一直马马虎虎,但是报考专业时对专业不了解,选择的专业还需要学习高等数学,但凡和数学相关的科目他都挂科,补考不过就重修,重修依然考不过,以至于他认为自己就是笨,再怎么努力也无济于事。

　知识链接:习得性无助

三、挫折反应

(一)情绪性反应

情绪性反应是指人们在遭受挫折时伴随着紧张、愤怒、焦虑等强烈的情绪而做出的反应,可能表现为强烈的内心体验,也可能表现为特定的表情或行为反应。情绪性反应多为消极反应,主要表现为焦虑、紧张、逃避、冷漠、固执等。此处重点介绍逃避与固执。

1.逃 避

逃避是指个体受挫或预感受挫时,不敢面对现实,而是回避现实,逃避到自以为比较"安全"的情境中去。这些人有可能在长期的挫折过程中,形成了"习得性无助",因为害怕失败,所以渐渐养成了用逃避来应对事情的方式。一遇到困难,不管大小,就本能地选择逃避。长此以往,将大大降低个体的适应能力,削弱个体的自信心,甚至可能会导致个体适应不良。

2.固 执

固执是指个体在遇到挫折后,采取刻板的方式盲目地重复某种不适当、无效的行为,其结果往往是无法达成目标,反而在挫折中越陷越深。过多、过严的惩罚和指责会导致人产生固执行为,当人处于惊慌失措的状态时也容易产生固执行为。固执行为往往是不自觉的,具有很大的强制性,是人们遇到挫折后感到无能为力和不知所措时产生的。如某大学生因为学习成绩不理想,每天很早起床去学习,学习到很晚,就算生病了也要学习到深夜,其实学习效率并不高,但他还是周而复始地每天长时间学习。固执行为并不是不可改变的,人们一旦获得了更适当的行为方式,就会放弃固执行为。

(二)理智性反应

理智性反应是指人们在遇到挫折后,采取积极进取的态度,在理智的控制下所做出的反应。理智性反应是积极的挫折应对方式,有助于个体在消极情绪中保持理性,并能在确认情感获得妥善处理之前保证思维有效地运行。在遇到挫折后,能理智应对,较少冲动,是成熟的一大标志。

1.冷静思考,坚持目标

在实现目标的路上,并不总是一帆风顺的,当人们遇到挫折后,经过客观冷静的分析,发现自己的目标是可以实现的,那么就应认为当前的挫折只是暂时的,需要做的就是坚持不懈,克服困难,朝着既定目标继续努力。

2.理智分析,调整目标

在遇到挫折后,如果通过评估发现自己的目标是无法实现的或者在目前的条件下是不可能实现的,就要理智分析目标无法实现的原因,并根据实际情况及时调整目标。

四、面对挫折的心理防御机制

面对挫折,人们的心理平衡往往会遭到破坏,大多数人在挫折情境中会感到困扰、不适应,甚至体验到痛苦。当个体面临挫折情境时,出于自我保护本能,会自觉或不自觉地想要解脱,减轻内心的不安,以恢复心理平衡与稳定,这种在生活中习得的应对挫折的方式就是心理防御机制。个体有自己偏爱的心理防御方式,并形成稳定的、具有个人特色的挫折应对方式。这些应对方式是由个体气质、早年经历、模仿或受教于父母及其他重要客体的防御方式、使用特定防御方式后的获益(学习理论称之为强化)等四方面因素交互作用形成的。

在充满矛盾、冲突、纠纷的世界里,心理防御机制已经不知不觉地渗透到每一个人的生活中。心理防御作为健康的、创造性的适应方式,贯穿个体融入环境的整个过程,它可以保护个体,使个体远离威胁。心理防御机制的积极意义在于使主体在遭受困难与挫折后能减轻或免除精神压力,恢复心理平衡,甚至激发主体的主观能动性,激励主体以顽强的毅力克服困难,战胜挫折。而其消极方面的作用则是使主体退缩、逃避、自欺欺人,这虽然能暂时缓解心理矛盾和冲突,但最终会阻碍个体面对现实、积极进取,过度使用则可能导致心理疾病。

不同的心理防御方式出现在不同的成长阶段,成熟度也不一样。美国心理学家南希·麦克威廉斯将自我与外界的边界较为模糊时出现的心理防御方式归为初级防御,将个体内部的边界相对清晰时出现的心理防御方式归为次级防御。属于初级防御的有极端退缩、否认、全能控制、极端理想化和贬低、投射、内射和投射性认同、自我的分裂、躯体化、付诸行动(行动化)、性欲化(本能化)、极端解离等;出现时间较晚,属于次级防御的有压抑、退行、情感隔离、理智化、合理化、间隔化、抵消、攻击自身、置换、反向形成、反转、认同、升华、幽默等。这些防御方式中有些是消极的、不成熟的,有些是积极的、成熟的。

一般来说,心理正常、人格健全的人,倾向于使用积极、成熟的心理防御机制,他们不仅使用心理防御机制的次数少,而且会根据不同的挫折情境进行灵活运用;相反,那些适应不良、有心理障碍的人,往往倾向于使用消极、不成熟的心理防御机制,在生活中经常使用,不但很少变通,而且会依赖心理防御机制,结果导致其挫折适应能力日趋减弱,人格和心理发展受到严重影响。

大学生常见的成熟的心理防御机制有升华、利他、幽默、补偿,消极的心理防御机制有压抑、退行、否定、攻击。

(一)成熟的心理防御机制

成熟的心理防御机制是指自我发展成熟之后才表现出的防御机制。其防御方式不但比较有效,而且可以有效应对现实中的困难,满足自我的欲望与本能,也能为一般社会文化所接受。

1. 升 华

升华主要是指遇到挫折以后,将自己内心的痛苦通过合乎社会伦理道德的方式表现出来,以弥补因受挫而丧失的自尊与自信,减轻痛苦。升华通常表示个体能创造性地应用有价值的方式来应对问题。比如我国古代文王拘而演《周易》,仲尼厄而作《春秋》,屈原放逐而赋《离骚》,左丘失明而写《国语》,孙子膑脚而修《孙子兵法》,司马迁受辱而著《史记》,等等。又如一大学生恋爱遭受挫折,于是在学习、科研方面下功夫,后来学习成绩优异,科研成果累累,成为学生中的佼佼者。

2. 利 他

利他与升华作用类似,即采取一种行为,不但能满足自己本来的欲望和冲动,同时其表现的行为可以帮助别人,有利于他人,受到社会的认同与赞赏。

3. 幽 默

当个体遭遇挫折时,用幽默的方式化解困境、维护自身的心理平衡,是一种睿智的行为。

这种积极的行为反应,并非人人都能做到,需要在日常生活中保持积极乐观的态度,善于自我解嘲,善于自我调侃。

4.补 偿

补偿是指当个体受挫时或某方面的缺陷导致目标无法实现时,设法以新的目标代替原有目标,以其他方面的成功补偿失败的痛苦。这就是古人所说的"失之东隅,收之桑榆"。当然对于大学生而言,只有补偿的新目标具有积极向上的正向价值才能称之为成熟的、有益的补偿。比如某大学生进入大学后竞选班干部失败,转而参加校外的社区志愿服务活动,通过社会公益服务体现个人价值,就是一种补偿行为。

(二)消极的心理防御机制

消极的心理防御机制是指个体遭受挫折后所表现出来的带有强烈情绪色彩的非理性防御机制。消极的心理防御机制虽然能暂时起到缓解受挫心理的作用,但既不利于对挫折事件问题的解决,也不利于受挫者的心理健康。

1.压 抑

压抑是最基本的心理防御机制,是指当一个人的某种观念、欲望或冲动无法得到满足或表现时,有意识地将其压抑到潜意识中去,使其不再因之焦虑和痛苦。

压抑本质上是潜意识地遗忘或忽略,但并非所有的遗忘或忽略都意味着压抑,只有当某种观念、情感或认知确实引起焦虑和痛苦,从意识上难以接受时,才有可能是压抑。挫折体验或者创伤体验中存在压抑。压抑自动处理着人们日常生活中不计其数的焦虑。适度的压抑有助于情绪的调整,但是过度的压抑会严重影响个体的行为,对身心危害较大。如果长期的压抑得不到合理的宣泄,身体就会以各种症状表现出来,继发性焦虑就是其中一种。

2.退 行

退行又叫倒退或回归,是指当人们遇到挫折时不由自主地表现出的与自己的年龄、身份不相称的幼稚心理与行为,比如考试失败,到老师面前哭哭啼啼,希望老师给予及格;人际关系失败,以躯体化的方式退行(如果个体已经具备语言能力,但仍退行到前语言期,用躯体症状表达,这无异于退行)。

3.否 定

否定是一种比较原始而简单的心理防御机制,其方法是通过扭曲个体在创伤情境下的想法、情感及感觉来逃避心理上的痛苦,或将不愉快的事件"否定",当作它根本没有发生,以获取心理上暂时的安慰。

4.攻 击

有的人遭受挫折后,会产生愤怒情绪,为了将愤怒情绪宣泄出去,会对构成挫折的人进行报复,表现出攻击行为。根据攻击对象的不同,攻击行为可分为直接攻击和转向攻击两种。

直接攻击是指受挫者把攻击的矛头直接指向构成挫折的人或物。多以言语、动作、表情、文字等方式表现出来,如采取辱骂、殴打、讽刺等方式,侮辱对方人格,伤害对方身体,发泄自己内心的不满。

转向攻击是指受挫者由于种种原因不能把攻击的矛头直接指向构成挫折的人或物,而是把攻击转向自己或其他无关的人或物。对自我的转向攻击往往会发生在自信心比较弱、平时比较压抑或比较克制的学生身上,他们在遭受挫折后往往会陷入自责,会通过不吃饭、不睡觉等方式惩罚自己,严重的会产生心理障碍甚至自杀。而有些学生在遭受挫折后将攻击转向无关的人或物,比如和寝室同学闹矛盾,就通过毁坏寝室公共物品来发泄。

攻击行为不仅不能解决问题,反而会使问题变得更糟,给自己带来更大的挫折,同时危害他人、危害社会,是应该尽力避免的。

挫折对于每个人而言,都是生命中必经的历练。爱迪生曾说,失败也是我所需要的,它和成功一样对我有价值。只有在我知道一切做不好的方法以后,我才知道做好一件工作的方法是什么。爱迪生正是经历了无数次失败的实验后才发明了电灯。从积极的视角而言,挫折是生命本身给予我们的考验和馈赠,是我们走向成功的垫脚石,是使我们奋起、成熟的机会。

第三节　压力管理与挫折应对方法

一、有效管理压力

有效管理压力其实就是有效地控制压力。压力管理的目标不是消除所有压力,而是在保证生活质量与活力的前提下,尽量减少压力的负面影响。压力管理可以帮助我们预防疾病,并且可以成为疾病治疗手段的必要补充。

(一)以积极的心态应对压力

压力是不可避免的,大学生应以积极的心态应对压力,学习如何积极应对压力,努力让压力成为动力,让压力成为高峰表现的驱动力。以下从压力源、认知调整方面介绍应对压力的方法。

1. 对压力源的应对

找一找目前自己的压力源有哪些,其中哪些是不可避免的,哪些是可以减少的,哪些是近期必须解决的,哪些是可以暂缓解决的,哪些是常规压力源(经常经历),哪些是特殊压力源(很少遇到)。

第一,可以根据压力源产生作用的时间远近、压力源引发的压力大小以及压力源的重要性等要素挑选出不必要的压力源并消除。比如大学新生小吴刚进校就加入了学院的团学组织和校级社团,同时还竞聘成为班干部,当期中考试来临时,他感到压力重重,需要参加、组织学生活动,没时间复习,但又想考出好成绩。小吴同学的情况很多大学新生都会碰到,他给自己的压力源太多了,可以通过减少压力源(团学组织活动、校级社团活动、班干部)进行减压。往往追求完美,什么都想做好而不懂得做选择的人,会面临较多的压力源。第二,以任务为导向管理压力源。比如,对于期末考试所引发的压力——所考科目并非自己擅长,可以尽力找出复习的突破口,有针对性地复习,以便在考试中获得好成绩。第三,以情绪为中心管理压力源,即面对压力,控制好自己的情绪,接受压力。有时候人们从心理上接纳压力后,对压力的态度自然就变化了,就不会有那么强烈的抵触情绪了。

2.认知调整

俗话说,"人贵有自知之明",正确的自知包含对自己的实际能力和心理压力的正确评价和评估。如果评估不准确,则可能因制定目标过高而受挫。此外,面对同一个压力源,有些学生会感受到压力,有些学生则不会。每个人对压力事件的认知是不一样的,而这种不一样恰恰会导致应对压力的结果不同。有些人看待问题倾向于悲观,总会看到不好的方面;有些人倾向于乐观,在很糟糕的情况下仍能看到好的方面;有些人有一些非理性认识,比如认为"我必须高分通过考试""我必须提前完成任务",这些非理性认知会使他们深陷焦虑和恐惧之中,不堪压力的重负。

生活中有很多事情会让人感到压力很大,你可能不喜欢你的室友,你可能不喜欢你的专业,你可能没有足够的时间去休闲,你可能身体状况不佳,你可能感到孤独……有些压力源可以改变,有些压力源不能改变,必须要面对。一种有效适应压力的方法是改变你对压力源的评价以及你的自败认知(self-defeating cognitions)。具体可以有两种途径,一种是重新评价压力源的性质,一种是重新组织你对压力反应的认知结构。如果你能适度调整对压力的认知,多关注事件的积极方面,忽视它们的消极方面,你感受到的压力就会少。

你也可以通过改变自己处理问题的方式来管理压力。认知行为治疗师唐纳德·梅肯鲍姆提出了应激思想灌输法,该方法的实施分三个阶段。第一个阶段,人们对自己的实际行动获得更多的认识,如认识到是什么引发了压力,其结果如何。该阶段的有效方法是记日记。第二个阶段,人们开始认同那些可以抵消非适应性、自败行为的新做法,如安排固定的学习时间。第三个阶段,当适应性行为已经建立后,个体要对新行为的结果进行评价。

 知识链接:减少 A 型行为的建议

我们可以通过培养自信心、培养积极乐观的心理品质和培养幽默感来调整认知。

(1)培养自信心

面对压力,很多人会焦虑、不自信,会对自己的能力产生怀疑。如果一个人缺乏成功的经验,缺乏客观的期望和评价,就极易形成自卑的心理,对自己缺乏自信心,认为自己什么事都做不好。而这类人要想战胜压力,就要减少自责,克服自卑的心理,减少对自己的不合理的期望。通过一些小目标的实现来不断提高对自我的评价,挖掘并发挥自己的长处或优势,用成功的经验来培养自信心。久而久之,在压力面前,慢慢地他们就会不再消极、退缩,而是相信自己,迎难而上。

(2)培养积极乐观的心理品质

积极乐观的心理品质不仅可以使你自己保持心情愉快,还会感染你周围的人,使他们觉得和你在一起很舒服、很快乐。积极乐观的人往往不会为环境所困,哪怕在很糟糕的环境中也能活得很开心、很快乐。他们总是能看到生活中美好的一面、值得高兴的一面。在压力面前,积极乐观的人往往不会表露太多的负性情绪,他们往往能很好地去应对,会积极地想解决问题的办法,他们会认为压力只是暂时的,生活还是很美好的。

在压力面前给自己一些积极的心理暗示,比如相信自己,我可以的;这些压力是对我的一种考验,我可以从中汲取很多养料;压力并不只是我有,很多人都会像我一样承受各种压力。

(3)培养幽默感

幽默是一种有效管理压力的方法,它可以缓解压力情境或感受。幽默可以避免消极生活事件带来的情绪紊乱,能够通过增加喜悦情绪促进压力管理,从而改善社会支持网络。幽默会导致生理和心理上的变化。大笑可以把因为紧张而僵硬的面部表情变得放松。笑过后人能进入一种放松的状态,此时的呼吸、心率、血压和肌肉功能都会恢复到正常水平。事实上,幽默能够提高免疫功能,提高对痛苦的承受能力,减少压力反应。

幽默感的培养需要扩大知识面,幽默作为一种智慧建立在丰富知识的基础之上;要增强观察力和想象力;要有积极乐观的心态,善于体谅他人,敢于自我解嘲。

(二)消除对压力的消极应对

与积极应对压力相反的行为就是消极应对压力,消极应对压力的方式有酗酒、吸烟、饮食过量、疯狂购物、逃避现实等。

1.酗　酒

酒精刺激能使人们暂时忘记压力,但同时也会带来更多的问题。大学生饮酒过量一般是受了多方面因素的影响,如身体的伤害、有关性的烦恼、财产的损失、睡眠或学习时间被扰乱等。

2.吸　烟

很多人认为吸烟可以减轻压力,这其实是一种错觉。吸烟不仅会缩短寿命,消耗精力,导致应对能力下降,而且会制造焦虑,使人不适。

3.饮食过量

通过吃来缓解压力一般是儿童时期习得的方式。当孩子有任何不适时,母亲就喂他们吃东西。结果,孩子就没有学会区别饥饿同恐惧、担忧、愤怒等的不同。而饮食过量并不能消除不良压力,有时还会带来内疚感、体重增加等更多的问题。

4.疯狂购物

疯狂购物虽然能够暂时缓解压力,但是冲动购物会带来负面的影响,如产生后悔、愧疚、否定等负性情绪,还要面对未来很长时间的经济压力。

5.逃避现实

在应对最初的压力源时,个体通过电视、书籍或幻想来逃避现实可能会起到一定的保护作用。但是,持续逃避会对个体造成很大的伤害。逃避现实会使应激反应被加强、不良压力情绪被否认,而压力触发点没有改变。

大学生应意识到消极的应对压力方式所带来的破坏性影响,用积极的替代物取代它们,如听音乐、体育锻炼、旅游、阅读、向朋友倾诉等。

(三)以科学的方法应对压力

针对压力有不少科学的管理方法,比如放松技术、体育锻炼、社会支持系统等。

1.放松技术

我们可以运用多种放松技术来应对压力,比如冥想、意象放松、渐进式放松、生物反馈、腹式呼吸、瑜伽等。

（1）冥　想

冥想是用某个注意对象来净化心灵的一种从精神到肌肉的放松技术。冥想的目的是实现对自己注意力的控制，使自己能选择注意的对象，而不是受制于不可预测的外部环境变化。

（2）意象放松

意象放松就是运用放松情境的意象将身体的放松转变为精神的放松。比如有些人想象他们在天气晴朗时，躺在海边的沙滩躺椅上，吹着海风，听着海浪拍打礁石的声音；有些人想象自己置身于一个舒适的、温暖的房间中，听着轻音乐……闭上眼睛，想象一下，什么样的意象会让你感到放松呢？

意象放松的关键是选择能让你放松的意象，任何放松的意象都应处于生动的情境中，从而可以调动多种感官使意象尽可能真实。在想象中你应该能够闻到气味，听到声音，看到颜色，甚至尝到味道。意象可以是白云、山谷、野花、森林、小河或任何可以让你感到放松的事物。

（3）渐进式放松

渐进式放松是由美国生理学家埃德蒙·雅各布森提出的，它是一种使神经、肌肉放松的技术。具体操作方法是从一个肌肉群的放松到另一个肌肉群的放松逐步展开，直至全身都进入放松状态。练习者可以先尝试着收缩一个肌肉群，体会肌肉紧张的感觉，然后放松开来，体会放松的感觉。渐进式放松的原理是通过放松身体来达到放松精神的目的。

对于初学渐进式放松法的人而言，除了需要定期练习外，还需要识别身体紧张部位的线索，要找一个相对安静且不受干扰的地方，让身体伸展，平躺在地上，四肢放松，可以将手放在腹部或者身体两侧，然后放松肌肉。注意不能去收缩那些有拉伤、疼痛或者抽筋现象的肌肉，要等到肌肉恢复后再行练习。

（4）其他放松技术

其他放松技术还有生物反馈技术、腹式呼吸、身体扫描、按摩、音乐放松、太极、瑜伽等，这些放松技术的共同点是转移注意力。这里介绍其中比较简单、易操作的放松技术——腹式呼吸和身体扫描。

最放松和最健康的呼吸方式是扩张腹部，这种呼吸方式被称为腹式呼吸。当你有压力时，你的呼吸会变得短促。腹式呼吸时可以躺着，也可以坐着。躺着时脸朝上平躺，在腹部放一本书，呼气时使书上升。坐着时将右手放在腹部，左手放在胸部，吸气时感受到小腹微微凸起，呼气时小腹凹下。保持吸气5秒，呼气5秒。在呼吸的同时也进行心理暗示，比如"吸气使我安静，呼气使我微笑"。

身体扫描就是寻找身体中放松的那一部分，识别它，并将那种放松的感觉扩展到身体的紧张部位。比如你的腿部比较放松，而你的肩部比较紧张，那么就把注意力放到腿部，去感受腿部那种放松的感觉，然后把这种放松的感觉转移到紧张的肩部，使肩部放松。

2.体育锻炼

对压力进行管理的一个非常重要的方法就是体育锻炼。精神上的压力会对人们的身体造成直接的影响，而长期的压力则会使人与疾病共存，加强体育锻炼是一个最简单、最经济、最自然的减压方法。体育锻炼对大脑有益，可以缓解紧张状态，减轻攻击性和挫败感，增进身心健康，改善睡眠，使人的注意力更加集中。

体育锻炼主要有两种:有氧运动和无氧运动。有氧运动包括慢跑、骑自行车、长距离游泳、散步、跳绳等,它的特点是强度低、有节奏、持续时间较长;无氧运动包括短距离游泳、跳高、跳远等,它的特点是时间短、强度大。有氧运动和无氧运动都有助于管理压力和消除压力。

3.社会支持系统

社会支持是人体的保护性因素之一。社会支持是指被接纳、被爱或被需要。社会支持可以分为三种:有形的支持,如金钱和物质;情感的支持,如关心和爱;信息的支持,如建议或资源、信息的分享。在遭受压力时,不同性别的大学生会有不同的表现,男生会"战"或"逃",他们要么直接面对,要么把运动、玩游戏作为应对手段,很少会自愿去寻求他人帮助;而女生则倾向于通过社会网络寻求他人的支持。而事实上,遇到压力时,任何一个与你有明显的社会关系的人,比如家庭成员、朋友、同学、邻居等,都可以成为你的社会支持网络的一部分。

良好的社会支持系统有利于消除不良压力带来的影响。一方面,社会支持系统能对压力状态下的个体提供保护,对压力起缓冲作用;另一方面,社会支持系统对维持个体良好的情绪体验起积极作用,使人得到慰藉、受到鼓舞。这种精神上的支持对于机体健康有重要意义。构建良好的社会支持系统的关键是保持开放性和关心他人。

二、微笑面对挫折

人生中的挫折是不可避免的,与其懦弱地回避挫折,不如直面挫折,微笑看待人生中的起起落落,以积极、乐观的心态化解挫折带来的负面影响,并将其转化为使自己成长、成熟的机会,提高自己对挫折的适应能力。

(一)增强挫折承受力

挫折承受力是指个体在遭受挫折时,对挫折忍耐、接受的程度,又称耐挫力、容忍力等。它是个体适应挫折、抵抗和应对挫折的一种能力,也是个体心理健康水平的标志之一。一般来说,挫折承受力强的人,往往挫折反应小,挫折影响的时间短,挫折的消极影响少;而挫折承受力较弱的人,往往挫折反应大,在挫折面前会不知所措,挫折影响的时间长,挫折的不良影响较大,甚至容易导致心理和行为的失常。

案例分析:拳王阿里的故事

个体的挫折承受力受多种因素的影响,包括生理因素、心理因素、社会环境因素等。了解、认识挫折承受力的影响因素,并有针对性地增强挫折承受力,是大学生增强挫折适应力、保持心理健康的重要途径。

1.生理条件

一般来说,一个身体健康、身强力壮的人对挫折的承受力往往比一个有生理缺陷、体弱多病的人强,人的生理状态与心理状态是息息相关的。所以,保持身体健康是大学生提高挫折承受力的一种途径。

2.生活经历

个体在早年遭受的挫折,可使其成年后的行为更富有适应性和多变性。反之,如果个体从小一帆风顺,极少遭受挫折,那么其自尊心往往过强,对挫折的承受力相对较弱。当然,如果个体在青少年时期遭受的挫折过多、过度,也会影响其自尊水平,可能导致其形成自卑、怯懦等性格,缺乏克服挫折的勇气,应对挫折的能力往往也较弱。进入大学后,大学生遭受一些新的挫折,往往会唤醒其早年不良适应的记忆,如果不能很好地调适,只盯着眼前的困难和挫折,就会陷入自卑的泥沼,而如果早年有成功应对挫折的经验,则有可能重拾信心,战胜挫折。

3.个性特征

一个人的性格特征对其挫折承受力有重要影响。一般来说,性格开朗、乐观、自信、意志力强、独立性强的人,挫折承受力较强;而性格孤僻、消极、心胸狭窄、意志薄弱、依赖性强的人,挫折承受力较弱。

4.期望水平

挫折往往是在实现目标的过程中出现的,对目标的期望值越高,当目标无法达到时受挫感也会越强烈。不少学生在高中时期是班级里的佼佼者,进入大学后面对水平相当的同学,其优势不再明显,但仍然对自己有学习成绩上保持领先的不恰当的要求,挫折感就会产生。

5.解释风格

同样面对挫折,解释风格不同的人也会有不同的挫折感受。倾向于消极解释风格的学生的挫折感受往往比倾向于积极解释风格的学生更强烈。比如同样面对失恋这一挫折,倾向于积极解释风格的学生会将失恋看作人生的一种历练,会珍惜恋爱中的美好,感谢恋爱时对方的付出,并从失败的恋爱中汲取经验,使下一段恋情能够发展得更好;而倾向于消极解释风格的学生则会认为自己很失败,不再相信爱情。

6.环境因素

影响挫折承受力的环境因素有自然环境因素和社会环境因素两类。自然环境因素是指个人能力无法克服的自然灾害以及无法预测的天灾等非人为因素给人带来的挫折,比如地震中遭受亲人离世的挫折。而社会环境因素则是指个体在社会生活中遭受的人为因素的限制所引起的挫折,比如新生在对大学环境的适应过程中遭受的挫折。

(二)增强心理复原力

心理复原力是指个体面对逆境、创伤、威胁或其他重大压力时的良好适应能力,也就是对挫折的反弹能力。这是一种能够在逆境以及某些无法抗拒的灾难中自救、恢复甚至提升自身的能力。它的基本特征有三点:①接受并战胜困难的能力;②在危机时刻寻找生活的真谛的能力;③随机应变,想出解决办法的能力。

要想增强心理复原力,首先,要在日常生活中培养耐受力,能够忍受日常生活中的不确定性。其次,要在日常生活中坚守底线,坚持走正道。再次,要学习从资源取向的角度解释生活中的不幸,并习得把不幸转化为成长资源的能力。

积极情绪研究者芭芭拉·弗雷德里克森在《积极情绪的力量》一书中指出,消极情绪并非来自我们遭遇的挫折与不幸,而是来自我们如何看待不幸。而积极情绪能让我们充满希望地看待挫折和失败,给我们从困难和挫折中恢复的力量,使我们变得更加坚强。内在的积极情绪能使我们从挫折中复原。要想增强应对挫折的韧性,积极情绪是一个很大的推动力。

(三)勇于直面挫折

在现实生活中,那些担心遇到挫折、害怕失败的人,总是沉溺于万事如意的想象之中,不敢面对复杂的现实社会,更不能搏击人生,稍遇挫折就意志消沉、一蹶不振甚至痛不欲生。人生路途漫漫,顺境时切莫得意忘形,不要被快乐冲昏头脑;逆境时也莫逃避,而应奋起直追。其实人人都有超越挫折的潜能。

作为大学生,除了正确认识挫折,了解影响挫折承受力的因素,有针对性地在日常生活中增强挫折承受力之外,还要主动接受生活锻炼,正视生活中碰到的挫折事件,将其看成人生中丰富多彩的一段,迎难而上,不畏挫折,勇敢接受挫折的锻炼和考验。

遭遇挫折和困难时要说出你的感受,这在心理学上叫作情绪的宣泄,有时候说出来后人也会感觉轻松许多。要享受人生的过程,接纳自己的不完美以及人生的不完美。要感激生活,学会欣赏生活中的积极方面。要活在当下,面向未来。

 心理老师案例点评

他的问题:

"唉,我最近觉得好迷茫、好失败,刚进大学时我对大学生活充满了期待,觉得大学是一个锻炼与展示自我的舞台,我很积极、认真,也有很多计划。但是第一学期就有一门课成绩不及格,我觉得那简直是当头一棒!我觉得我很认真地在学习,但不知道为什么就是学不好。我不知道怎么办才好,我对大学的一切计划、憧憬一下子都变得好渺茫……"

过程回放:

小明是一个做事比较认真的学生,他一进大学就积极参加校学生会活动,同时他学习也很刻苦,从来不逃课,上课认真听讲,按时完成作业。当室友们在上网玩游戏或聊天的时候,他也会拿出书来预习、复习功课,但是大一第一学期小明的数学成绩却没及格,而寝室其他人都及格了。这对小明的打击很大,他不知道为什么自己的付出却换来这样的结果,而且每当寝室其他人有意无意地说起这事,他就觉得自己好失败、好委屈,觉得大家都在嘲笑他:"这么认真,成绩还不如我们好。"数学成绩的不及格让小明对原本十分憧憬的大学生活失去了信心,对今后生活很迷茫,不知如何是好。

问题分析:

认知理论认为,个体的消极情绪不是事件引起的,而是个体对事件的看法引起的。大学是一个锻炼与展示自我的舞台,但同时也充满挑战。遇到挑战、遭受挫折是再平常不过的事情,也是人生必要的历程。小明有强烈的受挫感,主要是由以下几方面造成的。

第一,小明对自己的定位不够准确,对自己要求过高,对未来太过理想化,追求完美,这就导致他的抗挫折能力较弱。在别人看来一门课成绩不及格并不是太严重,但由于他对自己要求很高,把学习成绩看得很重,他就觉得这是一个很大的打击,产生了强烈的挫折感。

第二,小明面对挫折时缺乏积极的态度和正确的处理方式。小明看到自己数学成绩不及格,并没有冷静地分析、思考原因,而是一味地沉浸在沮丧的情绪中,甚至对自己的未来失去了信心。

第三,小明的学习方法可能也存在一定的问题,不合理的学习方法可能在一定程度上导致他在学习上的付出与收获不成正比。

点评:

挫折是人生的一种历练,人生最重要的不是你所站的位置,而是你所朝的方向。当我们经受挫折的时候,不妨冷静地思考挫折出现的原因以及解决方法,而不是沉溺在沮丧中一蹶不振。

本章小结

压力是由压力源引发的,会使机体产生某种反应。

压力会带来生理反应,使躯体为行动做好准备,当反应过度时,免疫系统可能会受到伤害,从而导致身心疾病。

良性压力能促进个人成长,引发人产生有益的行动,而不良压力则是与疾病并存的。

压力往往是高峰表现的驱动力。

挫折具有普遍性和客观性。

挫折由挫折情境、挫折感受和挫折认知构成,其中挫折认知是关键。改变挫折认知模式有助于改变受挫者的挫折感受。

消极的情绪会阻碍受挫者的心理复原,而积极的情绪则有利于受挫者的心理复原。

适度的挫折有利于增强个体的挫折适应能力,有利于个体的成长。

掌握放松技术、加强体育锻炼、寻求社会支持系统的帮助等都是科学管理压力的方法。

个体的挫折承受力受多种因素的影响,包括生理因素、心理因素、社会环境因素等。

思考与讨论

1.你面临哪些压力? 如何提高自己的抗压能力?

2.结合所学专业知识,思考有哪些积极应对挫折的办法。

阅读书目和电影推荐

[1]杰拉尔德·S.格林伯格.化解压力的艺术(原书第 12 版)[M].张璇,译.北京:机械工业出版社,2014.

[2]拉尔夫·艾尔伯特·佩里特.挫折大学[M].郦英华,译.北京:研究出版社,2016.

[3]电影《国王的演讲》(英国,2010)。

[4]电影《肖申克的救赎》(美国,1994)。

习题测试

优秀心理情景剧赏析

参考文献

[1]Nancy McWilliams.精神分析诊断:理解人格结构[M].鲁小华,郑诚,等译.北京:中国轻工业出版社,2015.

[2]芭芭拉·弗雷德里克森.积极情绪的力量[M].王珺,译.阳志平,审校.北京:中国人民大学出版社,2010.

[3]杰拉尔德·S.格林伯格.化解压力的艺术(原书第12版)[M].张璇,译.北京:机械工业出版社,2014.

[4]理查德·格里格,菲利普·津巴多.心理学与生活(第19版)[M].王垒,等译.北京:人民邮电出版社,2014.

[5]马建青.大学生心理卫生[M].杭州:浙江大学出版社,2003.

[6]夏翠翠.大学生心理健康教育[M].北京:人民邮电出版社,2017.

●插画作者:周琴微　指导老师:唐泓

第6章

寻求专业帮助
——异常心理识别与心理危机应对

■ 导 言

"变态""精神分裂""分裂人格""神经病",这些变态心理学的专业术语,经常出现在普通人的骂词中,对异常心理的污名化一直存在,这就需要我们通过了解心理健康的基本常识,提高心理卫生知识知晓率,消除异常心理的神秘感和对它们的误解。正常心理和异常心理之间并没有本质的区别和清晰的界线,两者只是程度上的差别,因此,了解心理问题及心理健康常识,可以帮助我们正视异常心理。有病不讳医,对存在异常心理的同学不歧视,也可以防止我们轻易给自己贴标签,"没病"变"有病"。心理问题严重到一定程度会造成心理危机,校园心理危机事件虽只是偶尔发生,但其影响的范围广、程度深。因此,大学生学习一些识别和应对心理问题的技巧,可以防止自身受伤害,也可以帮助他人预防心理危机的发生。

第一节 异常心理

■引子:他们有心理问题或心理障碍吗

案例一:一位大二男生,有一天突然宣布,他生来就肩负特殊使命,而今天,他终于收到了外星球发来的指令,到了他履行特殊使命的时候了。学校的心理咨询师把他送进了医院,在医院里,医生问他"你的特殊使命是什么",他闭口不谈,只说了一句话"我要回家"。被问急了,他还会加一句"如果我告诉你们我的特殊使命,你们就会让我住院,我不想住院"。

案例二:一位大四女生,在考研复习期间非常焦虑,导致身体明显不适,头痛,心跳过速,胃痛。初试结束后,她马上投入复试的准备中,身体的不适症状没有减轻反而加重。她认为自己报考的学校要求比较高,因此担心自己是否能抓住重点进行复习。同时,她更担心自己现在这么焦虑,已经影响到了复习效率,甚至影响到了自己的身体,这样自己被成功录取的希望就更渺茫。而如果这次考研不成功,一年多的辛苦就全白费了。另外,她还担心自己的抗挫能力这么差,以后干任何事情都不会成功。每天她都花大量的时间和精力思考这些问题,她努力让自己不那么焦虑,但却更焦虑。

你觉得他们是否有心理问题或心理障碍?他们心理变态吗?回答这样的问题就需要具备识别异常心理的常识。

一、异常心理的含义

美国精神协会在《精神疾病诊断和统计手册》第5版(DSM-5)中提出了对异常心理的定义:异常心理是一种不被某种特定文化所期待或非典型的行为反应,常常表现为内部的心理功能紊乱,并伴随着痛苦或功能性损失。世界卫生组织2009年对17个国家的元分析研究发现,12%～47%的人在一生中会出现满足某种精神障碍诊断标准的症状。根据原卫生部等部门发布的《中国精神卫生工作规划(2012—2015)》,截止到2015年,我国精神障碍的发病率大概为17.5%,重性精神疾病患者超过1600万人。

我们平时还会听到很多类似于异常心理的词语,如变态心理、心理障碍、精神病、精神障碍、心理问题等。了解异常心理的含义,就要从区分这些词的特定含义开始。精神病这个词多由普通大众使用,专业术语一般用"精神病性障碍",其包含了一系列比较极端的异常心理,有幻觉和妄想两个核心症状。幻觉是不实的感觉、体验,如听到不存在的声音,看见不存在的人或物。妄想则是一种与坚持错误信念相关的极端思维障碍,比如本节开头介绍的第一个案例中,当事人坚信他背负特殊使命。

精神障碍和心理障碍是完全等同的两个词,分别由具有医学背景和心理学背景的不同评定者使用,本章中,我们会更多使用心理障碍这个词。心理障碍通常是指个体表现出来的一系列思维、感受和行为的异常达到了DSM-5中界定的心理疾病的标准,这样的个体可以被诊断为患了某种心理疾病,如抑郁症或焦虑症等。心理疾病不仅需要符合症状标准,还需要符合DSM-5中规定的严重标准、病程标准以及鉴别标准。变态心理与异常心理是abnormal psychology的不同译法,都是与正常心理相对应的心理状态,包括心理障碍与精神病性障碍。

有心理问题的个体在思维、感受和行为上有一些异常表现,但还不能被诊断为变态心理。心理问题属于正常心理的范畴,但如果得不到妥善处理,可能会发展成心理障碍。

二、异常心理的识别

有些心理异常的人经历了绝大多数人都不会经历的奇怪、异常之事,而有些所经历的与没有异常心理的人类似,只是他们经历的情况更加极端而已。如何对异常心理进行识别?DSM-5提出了识别异常心理的四个维度:反常、痛苦、功能失调和危险。这四个维度相互影响。

 微课:心理异常评价标准

（一）反常

反常表现如本节开头案例一中的男生坚信自己收到了外星人的指令,案例二中的女生对考研的焦虑程度远远高于一般考生,或者某位学生为了减肥在饭后抠自己的喉咙让自己呕吐。文化规范影响对反常的界定,在一种文化下被界定为反常的行为,在另一种文化下可能属于正常。但是,也不是所有与主流社会文化不相符的反常都属于异常心理。

（二）痛苦

对于极其反常的思维、感受和行为,个体明知是过分的和不合理的,却无法控制自己,由此造成内心的纠结和冲突,给自己带来很大的痛苦。比如前面案例二中的女生,她明知自己对于考研复试过于紧张,也想办法让自己不要那么紧张,但却越来越紧张,这给她带来了极大的痛苦,远远大于考研本身的紧张给她带来的痛苦。另外,痛苦还表现在身体上,考研女生出现了一系列身体上的病痛症状。有些有异常心理的人不表现出精神方面的痛苦,而只是出现身体上的痛苦反应,比如有些不想上学的孩子,在没有生理疾病的情况下出现呕吐、发烧、疼痛等身体症状。有些情况下,被诊断为有某种心理障碍的人不仅自己痛苦,也会给他人带来痛苦,比如具有反社会型人格障碍的人。内心痛苦是识别心理障碍的一个重要指标,虽然同性恋不属于心理障碍,但是当同性恋的个体因为无法接受自己的同性恋身份而内心非常痛苦的时候,他有可能具有心理障碍,需要寻求专业的帮助。内心痛苦是比较容易被我们忽视的指标,当一位学生跟老师诉说上学如何痛苦,想好好学习但怎么也学不进去以至于看到书本都很痛苦的时候,老师要考虑该学生会不会出现了一些需要帮助才能消除的心理障碍,而不应该仅仅鼓励他加油,甚至谴责他不够努力。

（三）功能失调

如果行为、想法和感受干扰了个体维持日常生活、工作或建立亲密关系的能力,这样的行为、想法和感受就属于功能失调。普通大众通常通过这个维度来判断个体是否有异常心理,比如学生在无法上学的时候,老师和家长才会怀疑他心理是否异常。功能失调确实是识别异常心理的重要维度。但很多时候,当个体无法正常生活、学习时,他的异常心理可能已经比较严重。早期他内心痛苦但还能坚持正常生活、学习时,往往不会引起老师或家长的重视,久而久之便发展成了心理疾病。

（四）危险

一些行为和感受对个体有潜在危害,比如自杀倾向、攻击,这些危险的行为和感受也被认为是异常的。

以上四个维度是我们识别异常心理的指标,但是,每一个维度都不是异常心理的必备条件。我们在识别异常心理的时候,需要对这四个维度进行全面考虑,做出综合的评估和判断。并且这四个维度都是主观性的,也就是说,对异常心理的识别,我们做的是主观判断,迄今为止还没有任何生物学检测能够诊断任何一种异常心理类型。因此,在识别异常心理的时候我们既要保持客观性,还要运用同理心去了解当事人内心真实的感受。

通过以上四个维度我们可以发现,异常心理和正常心理只是两个相对的人为区分的概念,它们之间并不存在本质上的区别。许多心理正常的人也会有异常心理,而有异常心理的人也有正常的心理活动与行为,一个人可以同时具备正常心理和异常心理。另外,异常心理与正常心理之间并不存在清晰的分界线,有些学者把正常心理和异常心理之间的部分称为灰色地带,认为心理完全健康和患有心理疾病的人占 30％左右,大部分人的心理都处于灰色地带。

> 📖 **互动话题**:你很可能已经怀疑某个家庭成员、朋友或其他熟人有心理问题,什么因素导致了你对这个人的担忧?

三、大学生常见异常心理的类型

异常心理的诊断属于症状学的范畴,诊断过程实际上是专业人员通过临床访谈、心理测量等手段,用标签来标识一组共同发生的症状的过程。每一种心理疾病对应的都不是单一症状,而是不同症状组合形成的综合征,同一种心理疾病在不同患者身上的表现也不完全相同。DSM-5 里描述了 300 多种具体的令人困惑不解的心理疾病。对于专业人员来说,诊断心理疾病是一个需要耗费时间和精力的过程。了解大学生常见异常心理的类型,不仅可以帮助他们更好地了解心灵深处的痛苦,还可以走进有心理障碍的大学生的内心世界,去理解他们的痛苦,消除心理障碍的神秘感和对他们的误解。要知道,理解和尊重是对有心理障碍的人最好的帮助。

(一)精神病性障碍

精神病性障碍有三个主要特点。

(1)与现实分离的体验和信念。患有精神病性障碍的个体能看到、听到和感受到不真实的事物,即出现幻觉。他们还会出现妄想,即坚信毫无事实依据的信念,如认为有人要害自己,或自己的思想被某种外部力量控制。精神病性障碍患者还会语无伦次、情绪紊乱、行为紊乱。还有一类精神病性障碍表现为思维空白,情绪淡漠,行为减少,甚至呈木僵状态。

(2)社会功能严重受损。轻者不能正常工作和学习,严重的甚至丧失了生活自理能力。

(3)失去症状自知力,就是我们通常所说的"有病的人坚称自己没病"。精神病性障碍患者对自己的病情没有自知力,因此不会主动寻求治疗,甚至会认为给他们治疗的医生是想加害他们。因此,精神病性障碍患者一般需要强制就医。

精神病性障碍是一种复杂的心理障碍,它的表现千变万化,不同个体的表现可能差别很大。生物学因素被认为在该障碍的产生过程中扮演重要角色,基因遗传已经得到证据证实。精神分裂症也是最严重的心理障碍,很多有此障碍的人即使接受了治疗,也要忍受多年的痛苦折磨,生活、学习或工作受到严重影响。对精神分裂症患者的治疗分入院治疗和院外治疗两个部分,住院期间以药物治疗控制症状为主,但药物治疗需要坚持到症状控制后的很长一段时间,以防止疾病复发。院外治疗需要在药物治疗的基础上,结合心理治疗和社会援助。治疗目标是帮助病人坚持长期服药,照顾他们的家人,增强他们应对社会压力的能力,帮助他们重新融入社会。

诺贝尔奖获得者约翰·纳什也许是最有名的一位精神病性障碍患者,在长达几十年的治疗以及家人、朋友的支持下,他战胜了疾病,大家可以观看电影《约翰·纳什:伟大的疯狂》,以更好地了解精神病性障碍以及精神病性障碍患者。

(二)心境障碍

心理学中,心境是指一种微弱而持久的带有渲染性的情绪状态,往往在一段长时间内影响人的言行和情绪。心境障碍主要是指极端、强烈且持久的心境变化,有些患者主要表现为持续而坚韧的悲伤,这就是最常见的心境障碍——抑郁症的主要症状。有些患者刚好相反,表现为持续而强烈的情绪高涨,称为狂躁症。如果情绪高涨和低落反复出现在同一个个体身上,则称该个体有双相障碍。心境障碍的主要症状包括以下三个方面,并持续至少2周。

(1)心境异常。抑郁症患者表现出与刺激事件不相称的严重或持续的抑郁,甚至在没有任何明显原因的情况下出现重度抑郁,或者在应该高兴的情境中也无法获得快感。相反,狂躁症患者的快乐超过了因为发生好事而感到快乐的程度,或者经常没有任何明显原因就产生中等程度的快感。愉快和悲伤情绪的涨落是正常现象,只有这种情绪过度、持久或与情境不相符,且几乎每天大部分时间都存在,并且持续至少2周,引起强烈的情感痛苦,对日常生活造成严重影响,才有可能为心理异常。

(2)兴趣变化。抑郁症患者在2周内,几乎每天或每天的大部分时间,对于所有或几乎所有活动的兴趣都明显减弱,甚至他们努力想做一些有趣的事时,也感觉不到快乐。狂躁症患者则是兴趣广泛,脑海里快速闪现众多绝妙的想法,和他们谈话时,你根本没法跟上他们跳跃的思维。他们往往疯狂追求宏伟的计划和目标,但激情来得快去得也快,很多想法都只有一个开始,即使实施,往往也是参与那些很可能产生痛苦后果的高风险活动。

(3)精力变化。抑郁症患者几乎每天什么都不干但仍觉得疲惫不堪,他们精力不足,失眠或睡眠过多,思考或注意力集中的能力减退。而狂躁症患者每天仅睡3小时就精神饱满,精力旺盛,活动增加。

所以说,抑郁的反义词不是快乐或情绪高涨,情绪的大起、大落是同一类型的心理疾病,甚至可以同时发生在一个人身上。抑郁症患者丧失了生命的活力,丧失了快乐的能力,感到自己毫无价值,丧失了对未来的信心和勇气,所以有的抑郁症患者宁愿用自杀的方式来结束让人窒息的生活。

抑郁症是最常见的心境障碍之一,反复发作,躁狂症和双相障碍不及抑郁症常见,但比抑郁症更严重,大多是终生问题。重度抑郁症和双相障碍患者应首选药物治疗,必须在医生的指导下长期规范地服用药物,同时配合心理治疗和心理咨询。中、轻度抑郁症的心理治疗效果与药物治疗相近,但在减少复发方面心理治疗比药物治疗更有效。另外,体育运动对消除心境障碍有重要的作用。

 视频:《我有一条黑狗,它名叫抑郁》

(三)焦虑障碍

焦虑也是常见的情绪,尤其是在这个竞争激烈变化太快的社会,大多数人在很多时候都会处于焦虑之中。我们在面临现实威胁时会出现的一系列战或逃的反应,包括肌肉紧张、心跳加快、口干、出汗等躯体反应,害怕、兴奋等情绪反应,脑子一片空白或觉得完了等认知症状,通常这些都是焦虑反应。什么情况下焦虑会成为心理问题甚至心理障碍呢?当个体感受到的威胁更多的是想象中的而不是现实的,并且焦虑的程度与威胁不相称,同时个体采取回避行为来应对,导致在威胁消失后焦虑仍持续存在,这样的焦虑就有可能为病理性焦虑。

常见的焦虑障碍包括社交焦虑障碍、广泛性焦虑障碍、惊恐障碍和强迫症。焦虑障碍严重影响生活、工作质量，在大学生中也普遍存在。焦虑障碍的症状主要表现在以下三个方面。

（1）与威胁不相称的强烈的或持久的焦虑。社交焦虑障碍患者往往对自己有过多的负性评价，对社交场景中他人的回应有过度的负性解释，从而对几乎所有的社交情境都表现出与情境极不相称的焦虑症状；广泛性焦虑障碍患者对生活中所有鸡毛蒜皮的小事过分担忧；惊恐障碍患者有突然发作的强烈到产生濒死感的恐惧；强迫症患者会因为一次偶发事件而对健康等问题产生持久的焦虑。

（2）回避行为。所有的焦虑障碍患者都有一个共同表现，就是对焦虑的威胁事件采取回避的应对策略。社交焦虑障碍患者会回避所有的社交情境，严重时会回避自己的家人；广泛性焦虑障碍患者几乎回避生活中所有能触发其焦虑的场景；惊恐障碍患者担忧惊恐再次发作而回避所有与上一次惊恐发作有关的场景；而强迫症患者用强迫行为，比如强迫洗手、强迫数数、强迫思维等来回避自己的焦虑。这样的回避行为可以让个体暂时减轻焦虑，但也因此影响到了其正常的生活、学习和工作，回避行为让原本该有的技能（比如社交技能）进一步退化，下次遇到同样情境会更焦虑。

（3）所有症状出现的时间超过6个月。

从焦虑障碍的症状可以看出，个体应该勇敢地面对焦虑而不是回避焦虑。认知行为疗法对于焦虑障碍有很好的疗效，治疗的核心是让个体暴露于焦虑的情绪以及情境中，改变个体对焦虑事件的看法，习得减轻焦虑的方法。与此同时，患者练习一些基本的应对技巧，比如人际交往技能等，也可减轻焦虑。药物有助于减轻焦虑的身体反应，但不能从根本上治疗焦虑障碍。

（四）进食障碍

在这个瘦身几乎成了一种生活方式的时代里，人们，尤其是年轻女性越来越在意体重和体型。大多数年轻女性都希望自己比现在瘦，将近一半的男性也希望自己更精瘦、更强健。体重与身体健康有关，但大部分人关心体重是因为他们把体重等同于自我价值，进食和运动的多少直接关系到罪恶感、内疚感，进而影响到他们的自尊。

节食是人们最常用的瘦身方法。有些人担忧自己的体重和体型，偶尔节食，甚至为控制体重不吃饭，这些人可能就在你身边或者就是你自己。一旦对自己的体重忧心忡忡，对进食相关行为完全失去控制，并且身体健康受到影响，比如女性月经紊乱甚至停经，就可能发展成进食障碍。神经性厌食症患者为了追求瘦身让自己挨饿，而神经性贪食症患者在暴食过后采取极端行为，比如自我诱导性呕吐或过量运动以防止体重增加。神经性厌食症的真正病因是对自己体型的歪曲认知，比如有的人已经骨瘦如柴，仍然觉得自己的某个部位需要减肥，而神经性贪食症的真正病因是对自己的评价或自尊很大程度上基于自己的体重和体型。

若确诊为进食障碍，一般需要住院治疗，尤其是神经性厌食症患者，过低的体重会给他们带来生命危险，恢复体重是治疗的第一目标。

当然，更重要的是，要预防进食障碍。那些希望减轻体重的人应该考虑达到"合理"的体重减轻目标，而不是达到"理想"的状态。同时，应以运动作为减肥的主要措施，而不是过度节食。

异常心理的识别和诊断是一项复杂而专业的工作，在我国，只有精神科医生才有资格给患者做出诊断，如果怀疑自己可能出现心理疾病，请一定到精神病专科医院或综合医院的精神专科门诊做诊断。作为非专业人员,学习一些异常心理的识别标准,可以帮助我们正视自己的心理问题。当我们内心感到痛苦,生活、学习受到严重干扰的时候,不要认为这是因为自己的思想不够端正或意志力不够强大,其实有可能是因为我们的心灵病了,需要获得专业的帮助。另外,不要轻易"对号入座",给自己或他人下判断,大家都熟悉疑邻盗斧的故事,标签会产生自我预言的效果,从而会为不必要的担忧而担忧,影响正常的学习和生活。

四、心理障碍产生的原因

心理障碍的产生和发展绝不是因为自己脆弱或意志力不够顽强,而是生物、心理和社会文化因素共同作用的结果。这些因素常被称为高风险因素,它们增加了心理障碍发生的风险。但是在很多情况下,某一种高风险因素都不足以导致严重的心理障碍。心理障碍的发生和发展还需要其他的诱因,诱因可以是生物的、心理的和社会文化的。只有"易感性"和"应激"两个条件同时作用于一个人时,心理障碍才会全面显露出来,这就是目前被普遍接受的素质—应激模型。

(一)生物因素

心理障碍是否具有遗传性?一些关于双生子的研究证明,遗传在精神分裂症、抑郁症、双相障碍、多动症、酗酒等心理障碍中都有一定作用,在其他一些相对较轻的心理障碍中遗传起的作用很小。但是,即便遗传了,个体遗传到的往往不是疾病本身,而只是患病的素质,即患心理疾病的风险增加,并不意味着一定会患心理疾病。遗传因素和环境因素会在多个方面相互作用,决定个体是否会表现出心理障碍。而目前最新的基因研究也找到了一些与心理障碍相关的基因,证明了心理障碍存在一定的遗传基础。但是一种心理障碍的产生往往与多个位点的基因相关,还受很多其他因素的影响。

脑功能的某些异常也会导致心理功能出现问题,中枢神经递质和激素分泌失调也会导致心理障碍的产生,另外,一些药物也会导致心理障碍的出现,最常见的就是兴奋剂和致幻剂。

对心理障碍的生物学因素研究指导着临床药物治疗,精神药物往往通过改善神经递质传导系统的功能来减轻心理障碍的症状。但是,药物起效需要一定时间,药物的效果也不太确定,并且不是对每个人都能产生效果。

(二)心理因素

不同的心理学理论对导致心理障碍的心理因素有不同的解释。

心理动力学理论主要强调潜意识的作用,潜意识是指存在于人意识之外的那部分心理,对人的心理、行为起决定性的作用,产生心理障碍的原因也存在于潜意识中。潜意识中那些被压抑的、个体不愿意面对的创伤经历等阻碍了人格的正常发展,从而使人在成年后表现出各种各样的心理障碍症状。

认知理论认为,不是事件本身导致个体出现心理障碍,而是个体对事件的片面归因、对世界的适应不良信念以及对自己的非合理看法导致了心理障碍。按照认知理论,并不是失恋导致了情绪的低落,而是个体认为失恋是因为自己不值得别人去爱,失去这份爱情后自己将永远不会再拥有爱情,或者因为这次爱情的失败而不再相信任何人,导致了情绪失调。

行为理论认为,任何适应不良的行为都是通过各种途径习得的。经典条件反射通过在行为与刺激之间建立联结让个体习得行为。心理学里有一个经典的实验,在给孩子一个可爱的毛绒玩具的同时,给予一种吓人的声音,多次重复之后,孩子就会将毛绒玩具与吓人的声音联结在一起而习得对毛绒玩具的恐惧,产生了毛绒玩具恐惧症。操作性条件反射将奖励或惩罚作为强化物,当某个行为出现时给予奖励,该行为就会被固定下来,而当某个行为出现时给予惩罚,该行为就会消退。比如一个不喜欢上幼儿园的孩子,每次哭闹都不能达到不上幼儿园的目的,偶尔有一次呕吐后,父母因为担心他的身体没有送他进幼儿园,这次没上幼儿园可能就会成为一次奖励,他可能就会习得用呕吐的方式逃避上幼儿园。人们还可以通过观察模仿习得行为,因此被打骂教育的孩子,通过模仿,会习得攻击性行为来应对同伴关系。

人本主义理论认为,社会压力让人们遵循某些规范,而不是追求自我最大程度的发展,从而导致个体真正自我、理想自我和现实自我之间存在差异,这种冲突导致情感上的痛苦和不健康的行为,甚至导致心理疾病的出现。

(三)社会文化因素

社会文化因素是指心理障碍的产生、发展受到环境条件和文化规范的影响。大学生生活的环境包括社会环境、学校环境和家庭环境,其中家庭环境对大学生心理障碍的产生和发展起最大的作用。研究表明,单亲、寄宿家庭的孩子更容易产生心理障碍,父母关系不良、家庭氛围紧张的孩子较容易产生抑郁情绪,而否定、消极和拒绝的家庭教养方式也是孩子产生心理障碍的原因。

五、心理障碍的治疗与应对

目前,心理障碍的污名化现象比较严重,很多与心理障碍相关的词语和病名直接被用来骂人,这种歧视主要有两方面原因,一方面人们倾向于拒绝病态,也就是说,当一个人的行为已经表现出异常时,人们通常倾向于拒绝承认,甚至连生病的人都会认为心理异常是自己的脆弱导致的,因此他们不会得到照顾反而会被责怪。另一方面,社会又有拒绝心理障碍患者的倾向,大家都希望离心理障碍患者越远越好。这种拒绝让很多人害怕就医,害怕寻求专业的帮助。改变这一现象需要大众的努力,随着精神卫生知识的普及,大众对心理障碍患者越来越接纳、尊重和支持,对心理障碍患者的歧视也就会减少,患者寻求专业帮助的机会和可能性就会越大。

如果你怀疑自己或身边的人可能有某种心理障碍,最重要的就是让自己或帮助他人及时获得规范的评估、诊断和治疗,以免病情加重,增加治疗难度。大部分得到确诊的心理障碍患者需要接受药物治疗,规范的药物治疗对大部分心理障碍,包括精神病性障碍都有良好的疗效。当然,心理障碍的改善需要一个过程,任何治疗都不可能起到立竿见影的效果,患者需要做的是遵照医嘱坚持服药,不私自停药。在药物治疗的同时心理治疗和心理咨询也是必不可少的,药物让心理障碍患者的症状得到缓解,让患者有接受心理咨询的动机和可能,而心理咨询可以让患者更好地应对生活,发展自我,提升生活质量和自我价值感。

此外,心理障碍患者一定要让家人和朋友帮助自己,主动恢复社会功能,试着走出去和他人交谈、相处,参加一些能使自己开心的活动,进行规律的有一定强度的体育锻炼,就算学习效率很低也应按时上课和学习等。如果你的朋友出现心理障碍,要鼓励他接受正规的诊断和治疗,在此基础上,理解、尊重是对他最好的帮助和支持,倾听他的痛苦,理解他的感受,陪伴他,鼓励他。更重要的一点是,在帮助他人的同时,一定要先照顾好自己。

对于心理障碍患者,还要警惕他们发生心理危机,在下一节我们会详细描述。

第二节　心　理　危　机

一、心理危机的特征

1954年,美国心理学家卡普兰首次提出心理危机的概念,他指出,心理危机是当个体面临突然或重大生活逆境(如亲人死亡、婚姻破裂或天灾人祸等),压力超过了当前应对能力时所出现的心理失衡状态,表现在严肃地想过自杀、有自杀计划和尝试自杀。在全球范围内,自杀是15～29岁人群的第二大死亡原因。

研究结果显示,30%～50%的成年人都曾有过一次或多次自杀念头,但对于大多数人来说,自杀意念可能只是一闪而过,很少发展为真正的自杀行为。关于影响自杀发生的因素的理论很多,乔伊纳提出了自杀的人际—心理理论,他基于心理动力学和认知行为理论的个人概念,提出一个人不会死于自杀,除非他有自杀的渴望和自杀的能力。对死亡的渴望包括同时具有两种特定的心理状态:觉得自己是个负担,有低归属感或社会疏远感。自杀的能力也受两方面影响。当一个人持续处于痛苦、受伤和死亡的恐惧中时,自杀的能力便会增长;当个人经历痛苦、自我伤害或者反复遭受意外伤害时,不恐惧死亡的无畏感会增加,从而导致自杀能力的增长。总之,当一个人觉得自己是个负担,没有归属感,并且不惧怕死亡的时候,就可能会自杀。

是什么导致了自杀? 心理健康状况较差、生活中充满压力性事件、受过严重创伤、目击或听闻自杀事件、以往曾有自杀企图或家族中有人自杀过的人属于高危人群。高危人群在特定情境中特定压力事件的触发下,就有可能产生自杀意念,甚至实施自杀的行为。对于大学生来说,有一些比较常见的压力事件。俞国良等人对2010—2014年某普通高校在校大学生自杀情况的调查显示,家庭压力是大学生自杀的主要原因,所占比例为20.6%;其次为精神疾病,所占比例为19.0%;再次是学业压力,所占比例为15.0%;其他导致大学生自杀的原因还包括借贷导致的个人财务问题、人际关系问题、恋爱问题等。

大多数人都承受着压力,但不会选择自杀。对于自杀的人来说,自杀可能是逃离令人绝望和痛苦的情境的途径,对于难以解决的感情、心理或躯体之痛的解脱,在自我伤害、幻听支配下的反应,与失去的爱人再次相会的方式,获得重生的方式,报复的手段。自杀是应对压力的不正常表现。[①]

二、心理危机的识别

很多时候我们可能都会认为大多数自杀突然发生,毫无征兆,或者认为真正想死的人不会把自己的想法告诉他人。研究表明,80%的企图自杀者在自杀前曾向他人分享过他们的感受、想法,谈论过自杀甚至自杀计划。事实上,大多数时候自杀者在自杀前都会矛盾、挣扎,在这个过程中他们就会释放出一些言语或行为上的信号,这些信号给我们识别和干预自

---

① 俞国良,王浩,赵军燕.社会转型:以某省市高校为例的大学生自杀成因与对策[J].中国人民大学教育学刊,2016(4).

杀危机带来可能,也是进行有效干预的重要前提和基础。对于当事人释放出的每一种信号,我们都要严肃认真地对待,任何时候都不要把当事人谈论自杀当成玩笑话或者威胁手段,谈论自杀很可能是当事人释放的求救信号,鼓足最后一份勇气和希望去寻求帮助与支持,或者仅仅是想要表达内心深处的痛苦。只有识别出自杀危机的信号,给予当事人理解和帮助,使他们低落的情绪得到缓解,才有可能使他们获得专业的帮助和治疗,真正走出危机。

自杀危机最重要的三个信号可能是:第一,最近正处于危机事件之中,比如心理障碍发作期、家庭遭遇重大变故、学业失败、面临人际关系矛盾等。第二,暴露了极端的痛苦,并暗示了自杀的想法或计划,比如讨论或写下"生命的意义""自杀的方式""活不下去""死了算了""我想自杀"等,或者写下遗书。第三,威胁要伤害或杀死自己,甚至寻找自杀的方法,比如收集药物、寻找工具或浏览一些与自杀相关的网页。

从行为或表现上来看,自杀前可能会出现以下征兆。

(1)行为发生变化,比如不参加原先参加的任何社会活动,行为鲁莽,不经思考从事危险活动,无法入睡或睡眠太多,言语变多或变少,和熟人告别,赠送珍贵的东西或嘱托重要的事情,等等。

(2)情绪方面可能表现出绝望、痛苦、焦躁不安或不受控制的愤怒,甚至想寻求报复。

(3)说一些奇奇怪怪的话,比如说自己是别人的负担,找不到生活的理由,没有活下去的理由,未来没有任何希望,甚至直接说想要自杀。

心理危机重在预防,及时发现和识别潜在的或现实的危机事件,可以帮助我们进行系统评估,采取防范措施,降低心理危机发生的可能性,将可能发生的心理危机产生的影响控制在最小范围内。

三、心理危机干预

心理危机干预是指对那些在心理层面上处于困境、遭受挫折或将要发生危险的人采取迅速而有效的措施,对其提供支持和帮助,使其在避开危机的同时,适当地释放蓄积的情绪,改变对危机事件的认识,结合适当的内部应付方式、社会支持和环境资源,适应危机,预防发生更严重、持久的心理创伤,帮助其获得对生活的自主控制能力,逐渐恢复心理平衡。

心理危机干预分为危机筛查、危机现场处理以及危机后处理三个部分。对中国大学生的心理健康调查发现,有超过一半的中国大学生在遇到心理问题或心理危机时,首先会考虑向同学或朋友求助。因此,一旦发现周围有同学处于心理危机状态,我们既不要麻痹大意,也不要过分紧张,掌握一些心理危机干预技术会很有帮助。

(一)危机筛查

(1)直截了当地询问。当你身边的同学或朋友释放前面我们提过的那些信号,让你怀疑他有可能有自杀想法甚至行为的时候,哪怕只是有一丝的怀疑,都请不要犹豫,而是以平静的语气直截了当地询问:"我能看到你有多绝望,很多时候有这样感受的人会想到自杀,你想过自杀吗?"请记住,与情绪低落的人讨论自杀并不会导致他的自杀行为,相反,在很多案例中,直截了当、镇静地询问可以鼓励当事人分享他们的想法和感受,缓解他们的孤独感和隔离感。许多当事人常常因为有自杀想法而自责、自罪,心理负担很重,与他们讨论自杀的想法和恐惧,可以打开他们久闭的心门,帮助他们减轻心理压力,甚至可以为他们提供一些以前没有想到过的选择,预防自杀的发生。

(2)不带评价地倾听。尤其是不要评判自杀想法的好坏、对错,而是去理解当事人把自杀当成解决问题的唯一办法。这种共情式的理解,常常被看作是具有支持性的,支持当事人打开心扉,给他们提供倾诉、被理解的机会,让他们在生死挣扎的边缘多一份生的留恋。"允许"当事人谈论他们的想法和感受时,他们常常感到非常放松。

(3)询问自杀本身,而不是自杀的原因。不要过多讨论当事人为什么要自杀,如果可以,可以跟他谈谈自杀的想法以及自杀的计划。如询问当事人:"你是否已经开始做什么事情来准备结束自己的生命了?"讨论自杀本身有利于我们对自杀的危险性进行评估,自杀计划越详细、越具体,自杀风险就越高。这些信息有助于我们了解当事人计划的潜在致命性以及成功的可能性。导致当事人自杀的原因,一定是当事人认为无法解决不可避免的一些问题。在情绪极度悲伤的阶段,讨论自杀的原因可能会加重当事人的无力感和绝望感。

如果经过以上三步你更怀疑对方有自杀的可能,那么在表示对他的想法理解的基础上,告诉他寻求专业帮助是最好的办法。一定要想办法为他求助学校心理健康中心或其他专业人员,或者联系他的老师或家人,让他们为当事人寻求专业的帮助。

(二)危机现场处理

如果你遇上正处于心理危机中的同学或朋友,或者接到他们的电话或短信,在专业人士赶到之前,如何帮助他们,如何与他们交谈?你需要掌握以下原则。

(1)给予帮助。理解和接纳当事人的痛苦,如说"我知道你现在很痛苦,而且想摆脱痛苦",而不是反驳他的痛苦,不要跟他说"别难过,为这样的人伤心不值得""一切都会好的""不要这么想不开"。同时直截了当地表达你的关心:"我真的很担心你,我很想帮助你,很想让你得到帮助。"谨记,那些想自杀或者尝试自杀的人都是非常痛苦和绝望的,承认他们的痛苦,理解他们的感受,让他们敞开心扉、倾诉痛苦、舒缓情绪,就是对他们最好的帮助。

(2)确保安全。如果你就在当事人身边,陪伴他,清除他身边危险的东西,如关上窗户、藏起刀具等。如果对方通过电话或短信联系你,那就要问清楚对方在哪里,在做什么,如果对方在危险的地方,比如楼顶或河边,一定要将对方引导到安全的地方,用非常具体的话语引导他,如"你现在能不能从楼顶下来,沿着楼梯下来,走到学校南门,我马上赶过来陪你"。这时候当事人的思路是狭窄的,不能正常思考,所以我们要用最直接的话语引导他做正确的事情。不要说"你不要做傻事,这样很危险"之类的话语。

(3)寻求帮助。一边稳住当事人,一边马上寻求帮助。直接带他去医院,或打电话给老师、家长、警察、危机干预热线、学校心理健康中心,这个时候给任何人打电话都不过分。危机干预是一项专业性很强的工作,所以不要尝试自己单独面对和处理。

(三)危机后处理

(1)真诚表达关心。不回避问题,坦诚相待,直接大胆地表达你的关心:"这几天我们真的很担心你。我想为你做点什么,但又不知道该怎么做,如果你需要我的帮助,请告诉我。"避免同情心泛滥,避免用同情、异样的眼光看他,避免说教,如说"你真傻,怎么想到自杀呢?生活里有很多美好的东西,而且你的条件多好啊"等。

(2)给予帮助。当当事人情绪相对比较稳定的时候,鼓励当事人参与各种社会活动,孤独感和没有归属感是处于危机中的个体的感受,让他们参与一些活动,加入一些集体,是减少他们的孤独感、使其获得归属感的有效途径,这些活动和集体给予的社会支持,对处于危机中的当事人来说是十分宝贵的。

(3)一定要请他在感到害怕或冲动时给你或其他人打电话,告诉他你将和他一起渡过难关。

(4)照顾自己。自杀危机事件会给相关人、听闻此事的人造成或多或少的影响,大家都要学会保护自己。对于一些过度报道的自杀事件,尽量回避,尤其是一些图文并茂的报道,不要点击查看,以减少对自身的严重影响。假如你和当事人直接接触,受到的影响会更大,如果你觉得这个影响对你的情绪和生活造成了干扰,也要马上向专业机构求助。

 微电影赏析:《Shadow》

 行动课堂:如何回应处于心理危机中的人

每3～4个人为一组,一个人扮演内心非常痛苦甚至可能想要自杀的人,向另一个人吐露痛苦和自杀的想法,其他几个人练习如何回应他。练习5分钟后,请大家讨论怎样的回应最恰当。

 心理老师案例点评

她的问题:

"你知道吗?我现在想起来也觉得挺有趣的。当时一直都觉得有人在跟踪我,虽然很隐蔽,但我还是发现了。班里的同学好像也是和跟踪我的人一起的,经常会议论我。这些想法现在看来都是可笑的,是因为生病了才这样,可是当时觉得很委屈,不明白他们为什么这样对我。真的非常感谢我的同学和老师及早发现我的问题,让我得到了良好的治疗,读完了我理想的大学。"

过程回放:

小王,女,高中曾因身体疾病做手术,休学半年。好不容易考进大学,她非常珍惜大学时光,进校后一直认真学习,活动能力较强,踊跃参加各种活动。一天,班级心理委员反映,小王连续请假回家,在一次专业课上无故哭泣,有时候还发病;几天前她把头发剃光,说有人打电话恐吓她,跟踪她,把头发剃光就不会被认出来了。辅导员马上找到小王,小王很肯定地告诉老师,有人跟踪她很久,是来自家乡的仇人。学院联系了小王的父母,发现小王反映的情况与事实不一致,于是请心理咨询师与她面谈,咨询师判断小王可能患了精神疾病,需要立即送医。在医院里小王被确诊为分裂样精神疾病,住院治疗取得了良好效果。其间,班级同学和老师一直给予她关心和支持。一年后小王病愈回校读书,坚持用药,最后如愿以偿地取得了学士文凭,找到了理想的工作。

问题分析:

大学校园也是社会的缩影,随着社会的迅猛发展、经济的高速运转、信息的大量传播,大学生精神疾病和严重心理问题呈高发态势。发展性心理问题是人成长中必须面对的,而精神疾病属于异常心理状态,对学生的健康发展有着极大的危害。精神分裂症发病原因不明,急性发病是因为某些强大的精神刺激。一些大学生在读书期间由于家庭、学习、情感等各方面因素突发精神疾病，如果不能及早发现，将会耽误其正常的学习、生活。

当发现大学生表现出精神疾病发作等异常心理现象时，学校应采取以下措施：第一，迅速反应，发现问题，实行早期预警机制。班级同学应及时反映问题。只有及早发现精神疾病，及早重视，病情才能及早得到控制。精神疾病治疗的关键就在于早诊断、早治疗。对心理危机的识别和报告要做到早期预警。早期预警可以帮助学生充分争取时间和机会。第二，多次约谈，及时转介，慎重评估心理问题。第三，多方重视，高度关注，制定危机干预措施。应结合专家意见，分析原因，商讨对策，充分酝酿，制订详细的下一步措施，如安排专人看护，做到人不离身，确保学生安全；与家长充分沟通后，要求家长来校参与处理；与家长配合，给学生提供接受专业治疗的环境。第四，以人为本，全程监护，实施危机干预措施。第五，严格程序，密切关注，实行后续跟踪机制。

点评：

危机预防与干预的关键是把握爱的真谛。爱同学意味着要为同学的发展考虑，面对有异常心理的同学要明确首要任务为治病康复，这是对他本人负责，也是对其他学生负责。其次，体现爱的关怀。要以人为本，体贴尊重，给予同学支持与鼓励，关爱同学的身心，这有利于患病同学的康复。

本章小结

异常心理是一种不被某种特定文化所期待或非典型的行为反应，常常表现为内部的心理功能紊乱，并伴随着痛苦或功能性损失。

异常心理识别的四个维度是反常、痛苦、功能失调、危险。

大学生常见异常心理的类型有精神病性障碍、心境障碍、焦虑障碍、进食障碍。

异常心理的评估、诊断和治疗都需要由专业人员进行。

乔伊纳的自杀人际—心理理论认为，当有自杀意念的人觉得自己是个负担，没有归属感，并且不惧怕死亡时，会采取自杀行为。

自杀最重要的三个信号可能是：最近正处于危机之中；暴露了极端的痛苦，并暗示了自杀的想法或计划；威胁要伤害或杀死自己，甚至寻找自杀的方法。

心理危机筛查最关键的是直截了当地询问当事人关于自杀的想法。

危机现场处理的三个步骤是：给予帮助、确保安全、寻求帮助。

危机后处理包括真诚表达关心；给予帮助；请当事人在感到害怕或冲动时给你或其他人打电话，告诉他你将和他一起渡过难关；照顾自己。

思考与讨论

现在几乎人人都离不开手机、离不开网络，同时，大家肯定也听说过一个词"网络成瘾"，根据本章学习的异常心理分析怎样才是健康地使用手机和网络。

阅读书目和电影推荐

[1]马丁·塞利格曼.认识自己,接纳自己[M].任俊,译.沈阳:万卷出版公司,2010.

[2]电影《约翰·纳什:伟大的疯狂》(美国,2002)。

[3]电影《大象》(美国,2003)。

习题测试

优秀心理情景剧赏析

参考文献

[1]Nock M K,Hwang I,Sampson N,et al. Cross-National analysis of the associations among mental disorders and suicidal behavior:findings from the WHO world mental health surveys[J]. PLoS Medicine,2009(8).

[2]Joiner T. Why people die by suicide[J]. Amwa Journal American Medical Writers Association Journal,2005(3).

[3]高婷婷,张昭,柴晶鑫,等.大学生自杀行为的发生率及其影响因素[G].北京:第九次全国心理卫生学术大会论文汇编,2016.

[4]库奇,切希尔.自杀风险管理手册[M].西英俊,译.北京:人民卫生出版社,2011.

[5]苏珊·诺伦-霍克西玛.变态心理学[M].邹丹,等译.北京:人民邮电出版社,2017.

[6]俞国良,王浩,赵军燕.社会转型:以某省市高校为例的大学生自杀成因与对策[J].中国人民大学教育学刊,2016(4).

第7章　追求幸福人生——探寻生命的意义

■ 导　言

　　我国著名社会心理学家李银河说："生命是一个奇迹。在热力学第二定律中，它是一个减熵的现场。能生而为人本身就是一个太多偶然因素构成的奇迹，从这个意义上说，每个人都是宇宙的幸运儿。我们太应该珍惜这几乎是不可能的奇迹，珍爱生命，善待生命。"[①]那么，生命究竟是什么？生而为人的意义是什么？我们又该如何珍惜这只有一次的生命旅程？亚里士多德说："幸福是生命本身的意图和意义，是人类存在的目标和终点。"[②]其他所有目标的终点都只是去往幸福的起点。幸福从来就不是奢侈品，也不是在个人和社会的问题都解决了，在我们获得成功和财富之后才能追求的东西。幸福究竟是什么？我们怎样做才能更幸福？带着这些思考，让我们一起探寻生命的意义。

第一节　感悟生命

■ 引子：一片叶子落下来

　　《一片叶子落下来》是美国著名作家利奥·巴斯卡利亚博士写给孩子们的绘本。故事的主角是一片名叫弗雷迪的叶子。它与它的树叶朋友们经历四季变化，从轻风摇曳的春天到阳光灿烂的夏天，从金黄凉爽的秋天到雪花纷飞的冬天。一片小小的叶子，一年短短的四季，就是它的一生。在这个简单、温馨、充满智慧的故事里，小叶子弗雷迪也曾无忧无虑过，在面对生命的变化时也曾疑惑过、恐惧过，但是，当某一个清晨一阵风将它从树枝上带走的时候，它不再害怕，安静地落下来。这是一个关于生命的故事，作者通过一片叶子经历四季的故事来展现生命的历程，阐述不同生命的独特性及其价值，它是儿童生命教育的读本。在

---

　　① 李银河.李银河:我的生命哲学[M].北京:中华工商联合出版社,2013.
　　② 泰勒·本-沙哈尔.幸福的方法[M].汪冰,刘骏杰,译.北京:中信出版社,2013.

中国传统文化中，对于死亡的话题一直讳莫如深，无论是家庭教育还是学校教育，几乎都不涉及死亡教育，而事实上这是我们每个人都需要面对的。

生命是宇宙间的奇迹，它是我们拥有一切的前提，失去了它，我们就失去了一切。生命有时又是我们最容易忽视的东西，我们对于拥有它实在太习以为常了。而人只能活一次，不能再生，也不能倒带重来，因此我们如何才能过好这有意义的人生，实现生命的价值，显得尤为重要。

一、生命的含义

生命是一个永恒的话题。生命有着丰富的内涵、复杂的维度，人的一生就是一个对生命不断追求、探索、领悟、感受的过程。一般认为人的生命有三种形态，即自然生命、精神生命和价值生命。首先，人是作为自然生理性的肉体生命存在的，自然生命是生命的物质载体，包括新陈代谢、生长、发育、遗传、变异等过程。自然生命是人之生命的根本，强健的体魄是生命的源泉。其次，人具有精神生命，人之所以为人就在于人有区别于其他动物的意识活动，有超越自然生命的精神世界，人不仅要思考如何活下来，还要思考如何活得更好。精神生命是人之生命的升华，健全的人格是精神生命的意义所在。再次，价值生命是指人追求自我实现的过程，价值生命是对人之生命的取向，它使人有了价值标准与判断，让人的主观性、目的性与客观性、实践性统一起来，人不仅要活着，还要活出自己的价值。

（一）生命是一种美好的存在

人类的生命是大自然最奇妙的存在。当精子和卵子相遇，结合形成受精卵并在母亲的子宫中定居下来，一个新的生命就产生了。从一个小小的细胞开始，在短短56天里，就已经初具人形。在妈妈子宫孕育九个多月后出生，有了自己的名字、身份，然后有了自己的想法、自己的人生。生命受之父母，成于社会。

生命是美好的，它为我们提供了种种可能，让我们去生活、学习、工作、爱，它让我们领略大自然的丰富多彩，体会人生的酸甜苦辣。我们置身于大自然中，面对高山流水、潮涨潮落、繁星皓月时，可以感受自然之美；站在达·芬奇的《蒙娜丽莎》、罗丹的《思想者》面前，聆听贝多芬的交响乐，观看施特劳斯的圆舞曲时，能感受到艺术之美；遨游在知识的海洋里，探索奥妙无穷的未知世界时，能体味到科学之美；被生活中普通人身上的善良、诚实、友爱、正直打动时，感悟到人性之美；等等。充分欣赏和感受生命的美好，需要我们有一双发现生命之美的眼睛和一颗感受生命之美的心灵。世界之美、生活之美都是生命赋予的。

（二）生命是一个过程

所谓生命，就是一个从生到死的完整人生历程。人本主义大师罗杰斯说，美好的人生是一个过程，而不是一种存在的状态；它是一个方向，而非一个目的地。生命，在最好的状态下，在最丰富、最有价值的时候是一个流动的变化的过程。其中没有什么是固定不变的。生命的意义不仅仅在于最终的结局，更在于生命的过程，当人把所追寻、创造出来的全部内容展现时，生命的意义与价值也就实现了。

生命不只是一个生物的过程，更是一个充实、旺盛、快乐、宁静的精神过程。我们所走的每一步、所做的每件事情、所说的每句话、所做的每一个选择都在构建自己的生命；我们经历的每一天,都是在书写自己的历史,我们是自己唯一的作者;我们在人生旅途中收获的每一次喜悦和失落,都为人生谱写了动人的一曲。

(三)生命是一种承诺和责任

生命不仅仅是一个过程,还是一种承诺,无论是对社会、对家庭,还是对自己,生命都是一种无声的、美丽的承诺。母亲十月怀胎,最后以剧痛甚至生命为代价赋予我们生命。在成长过程中,父母和所有爱我们的人把爱倾注在我们身上,这种爱都是一个生命对另一个生命的承诺。我们的生命承载了许许多多的责任,我们要珍惜自己的生命,也要履行承诺、承担责任,关怀他人,珍惜他人的生命。在履行生命承诺的时候,我们也体会到了活着的意义和生命的价值。

二、生命的特性

人世间最宝贵的莫过于生命。对于每个人来说,生命只有一次,唯有生命,失不再得。这是生命的特性所决定的。

(一)生命具有唯一性

生命的唯一性是指生命的独特性。世界上没有两片完全相同的叶子,也找不到两个完全一模一样的人。人生命的唯一性不仅仅指外表和遗传特征的独一无二,也包括个人心理的独特性和人生经历的独特性。心理的独特性指每个人的智力、才能、情感、气质、性格都是不同的;人生经历的独特性是指每个人的人生道路和人生体验是不同的,这是由于个人的社会化过程不同。在生活中,有人觉得自己像茫茫大海里的一粒沙子,普通得不能再普通了,但是每个生命都是唯一的,你之所以宝贵,是因为全世界没有人与你完全相同。每个人都有独特的指纹,身体内的每一滴血都携带着专属的基因密码。你的思想、情感、意见、品位都是你独有的。

(二)生命具有不可逆性

生命的不可逆性是指生命不可重复,就如同流水,只能往前走,不可向后退。正如古希腊哲学家赫拉克利特所说的:"人不可能两次踏进同一条河流。"因为不可逆,所以生命显得越发宝贵。很多人都会说:等明天吧,等放假的时候我一定……有时候生命就在这样的日复一日、年复一年中虚度耗损了。过去的只能成为过去,无法再重来,如何过好当下的每一天是需要重点思考的内容,不要因为年轻浪费自己的生命,也不要因为年老而抱怨生命的短暂,重要的是把握当下。

(三)生命具有有限性

人的生命是有限的,人不可避免地都会死亡,因为死亡也是生命的一部分。按照存在主义的观点,人类在潜意识中会有死亡焦虑,正因为如此,人们才进行生涯规划,让自己有限的生命更充实、更有价值。人不可能改变生命的长度,但可以拓展生命的宽度。要拓展生命的宽度,首先要知道自己最需要什么。许多时候,人只有在经历了大的灾难后才意识到什么对自己最重要,才会给予他人更多的温暖、真诚和关心,才会更加懂得生活的美好。

(四)生命具有创造性

人的大脑功能是任何生物都不能比拟的,其他生物都受制于本能,人的生命却具有创造性。人类最大的奇迹就在于可以对限制其潜能发展的外在因素做出反应，可以主动地改变世界，使世界呈现新的面貌。因而个人可以有所成就，进而促进社会和人类文明的发展。这也是人类生命最有价值的地方。李开复曾说，想象一个没有你的世界，将有你的世界和无你的世界相比较，让世界由于你的态度与选择发生有益的变化。① 这种因为"你"而发生的变化，最主要的因素就是你的创造性。

三、中西文化中的生死智慧

古今中外，哲人们从来没有停止过对生死的思考。相信通过对生死智慧的解读，我们将更加敬畏与热爱生命。

（一）中国传统文化中的生死智慧

《周易·系辞传》中有一句名言："天地之大德曰生。"这句话的意思是，天地最大的美德，就是孕育出生命并且延续生命。这是中国古代哲学对生命的礼赞。孔子说："未知生，焉知死？"生是向死的生，不知道生的学问，又如何知晓死的学问呢？孟子曰："鱼，我所欲也，熊掌，亦我所欲也；二者不可得兼，舍鱼而取熊掌者也。生，亦我所欲也，义，亦我所欲也，二者不可得兼，舍生而取义者也……"由上可见儒家"重生"，而不"贪生"，超越生死的是对道义的追求，这对中国文化有着深刻的影响。如司马迁所说："人固有一死，或重于泰山，或轻于鸿毛，用之所趋异也。"虽然同为一死，但价值不同。道家则采取顺其自然的生死观，庄子妻死，惠子吊之，庄子则方箕踞鼓盆而歌。在庄子看来生死是自然现象，所以对于死亡他既不恐慌，也不悲伤。庄子不忌讳死，但却很珍惜自己的生命，讲究养生。不惧死，是对客观规律的尊重；养生、珍惜生命，也是为了完成天赋的使命，是顺其自然的体现。

（二）西方文化中的生死智慧

古希腊哲学家伊壁鸠鲁说："贤者既不厌恶生存，也不畏惧死亡，既不把生存当成坏事，也不把死亡看作灾难。贤者对于生命，正如他对于食物那样，并不是只选多的，而是选最精美的，同样地，他享受时间也不单单是度量它是否长远，而是度量它是否合意。"②伊壁鸠鲁哲学最重要的组成部分就是古希腊快乐主义的道德理论。快乐主义的道德理论强调生命的内在价值，重视个人幸福的深度和广度，即追求最合意的人生。这些都体现了古希腊哲学中的"重生"原则。西方文化与东方文化中生死观的最大不同就是西方文化在"重生"的同时还强烈地表达了直面死亡的精神。古希腊哲学家把人看作肉体和灵魂的结合体。死亡来临时，腐朽的是肉体，永恒的是灵魂，所以死亡不足为惧。到了现代，海德格尔、萨特等把死亡的意义放到根本的地位上，他们认为没有死，人就不知道怎么生活。海德格尔在其哲学著作《存在与时间》中提出向死而生的概念：从你必有的死出发，回过头来筹划你的生，让有限的生命具有最大的意义。也就是说，把自己放在死亡来临的时刻，然后回过头来看怎么度过自己的一生才是最好的，才算真正实现了人生的价值。苹果公司创始人史蒂夫·乔布斯就一直把"记住你即将死去"当作人生中最重要的箴言，这与海德格尔的思想有相似之处。因为它指明了生命中最重要的选择，因为几乎所有事情，包括荣誉、骄傲、对失败的恐惧，在死亡

---

① 李开复，范海涛.世界因你不同[M].北京：中信出版社，2009.
② 北京大学哲学系外国哲学史教研室.古希腊罗马哲学[M].北京：商务印书馆，1982.

面前都会消失,留下的才是真正重要的东西。

  知识链接:临终前会后悔的事

四、健康的生命态度

对于死亡的审慎思考,不会让人变得悲观,反而会让人更加积极、进取,正因为生命有尽头,所以生的过程更加宝贵。如果生命不能延长,那就让我们努力提高生命的品质,以健康的生命态度活在当下,珍爱生命,敬畏生命,活出生命的意义。

  **案例分析:他该怎么办?**

(一)珍爱生命

珍爱生命是一种对一切生命兼具人文关怀和责任意识的健康的生命态度,是一种积极的情感。我们说自然生命是人之生命的根本,强健的体魄是生命的源泉,所以珍爱生命首先要关注身体的健康。根据人们对待身体健康的态度,可以将人分为四种。第一种是聪明人,他们主动追求健康,所以健康增值;第二种是明白人,他们关注健康,所以健康保值;第三种是普通人,他们漠视健康,所以健康贬值;第四种是糊涂人,他们透支健康,所以生命透支。现在许多人"前半生拿命换钱,后半生拿钱换命",殊不知,健康是一切的前提。透支生命,不珍惜自己的生命,是对生命的一种漠视,极端的结果就是英年早逝,特别令人惋惜和痛心。健康的身体是革命的本钱,关注身体的健康是珍爱生命的前提。"每天锻炼一小时、健康工作五十年、快乐生活一辈子"才是值得倡导的健康生活理念。

珍爱生命就要真实地体验整个生命历程。体验是人与自己、与他人、与世界发生联系的生活过程。只有被真切体验的东西,才能内化于生命,融为生命的一部分。或许,只有我们静下心来,用心去体会生命里的每一次感动,体会每一次成长所带来的喜悦和痛苦,体会家人和朋友给我们的爱或负担时,才会发现,即使生命终究会逝去,但只要我们曾经真诚地对待过生命,就没有什么遗憾,人生即便短暂而脆弱,也有了意义。体验生命还包括在人际交往中换位思考,体验他人的生命。只有能体验他人的生命的人,才能真正懂得一切生命都可贵,才能承担起对生命的责任,让生命更加美好。

珍爱生命就要保护生命。生命是短暂而脆弱的,鲜活的生命可能顷刻间逝去。因此维持生命的存在和发展变化,是人生中最根本、最重要的原则。应树立珍爱生命的意识,提高生存技能,保护自己的生命不受伤害。保护生命还包括尊重和保护所有具有生命特征的生命体及其所处的生存环境。每个生命都有尊严,生命本身是自由而平等的,珍惜一切生命就是珍惜自己的生命。生命没有任何等价物,任何东西都不能代替它。保护生命就是不轻易放弃生命,不摧残生命,不轻视、亵渎生命。自杀、他杀或者虐待动物都是对生命的不尊重。

(二)敬畏生命

法国思想家阿尔贝特·施韦泽认为一切生命都有生命的意志,每个生命都值得敬畏。敬畏生命不仅要尊重、珍视和保护个体的生命,还要尊重他人的生命,学会关爱、宽容,学会与他人、社会、自然和谐相处。敬畏生命绝不允许个人放弃对世界的关怀,敬畏生命使个人同其周围的所有生命交往,并感受对他们的责任。

很多赞颂生命的作品可能给了大学生一个错觉,即生命中的一切是美好的,因而他们不能容忍生命里有阴影和黑暗、悲伤和失落。但事实上,美好的生命也有艰辛,痛苦与困难甚至死亡是生命的一部分,正是这些艰辛让我们产生对生命的敬畏。

1.逆境教育

奥地利著名精神病学家维克多·弗兰克尔说,生命的意义是绝对的,它甚至包括潜伏的痛苦的意义。在生命的成长过程中我们会面临各种成长危机和考验,有些考验甚至是灾难性的。我们常常把苦难看作是破坏性的,是人生中应当千方百计加以避免的,殊不知,苦难是生命中无法回避的一部分。既然无法回避,那我们就应转变自己的认知和态度,直面生命考验。

当我们追求"直线人生"的美梦被困难和挫折打破时,要以积极的心态面对,因为"曲线人生"同样美丽。成败得失,酸甜苦辣,坦然相迎,细细品味,这才是人生。快乐是一种幸福,痛苦是一种别样的幸福。众所周知,一个失去痛觉的人虽然感觉不到痛,但却随时处于危险之中。痛苦本来就是对生命及时的提醒与周到的保护,能感知痛苦是生命的特征,有时它甚至就是幸福的代名词。既然如此,面对痛苦又何须抱怨、何须逃避呢?人生在世,坦然地面对痛苦,用心地体会痛苦吧,那是一种独特的幸福。

痛苦还有着积极的意义,它是大学生走向成熟的必需品。经历生命的磨难而奋争,付出自身的努力,主动争取,才能成长。对孤独感、挫折感的战胜,对迷茫和困惑的超越,是成熟的必经之路。危机越严重,渡过危机的决心越大,渡过危机后的成就感就越强烈。很多时候影响我们的不是逆境本身,而是我们对逆境的看法。学会正确看待失败,从失败中学习,是人生中很重要的一部分。

2.死亡教育

死亡对每个人来说都会不期而至,而死亡又是令人难以面对的事情。我们很难接受一个活生生的人在我们面前死去,那是生命中最残酷的分离。这样的情绪使我们对死亡产生严重的抗拒心理,避而不谈。但不谈论死亡,难道就能阻止死亡的降临吗?死亡不是一种终结,而是有意义的存在,它的意义在于,它加深了我们对生的理解,体会到生的可贵、生的价值。死亡使人们意识到自己生存时间的有限,人生可以是等死的过程,也可以是生存与发展的过程,就看我们如何选择自己的人生。如果我们能够坦然地面对死亡的恐惧,那么生命中所有的恐惧都会消失。死亡带给我们的不只是无奈、恐惧、凄凉,它还能医治人性的贪婪。死亡告诉人们,你休想在死后带走任何东西。明白了这一点,人就会变得豁达、超然。以死为背景,人们就不会过于恐惧与焦虑,从而更珍惜当下的美好生活。从死亡中解读出来的快乐、幸福、温暖和真情是非常有价值的。

那么为什么还有人在美好的年纪选择自我毁灭呢?当一个人现有的解决问题的方法和资源无法解除他所面对的危机时,就会把自杀当作一种解决问题的手段。自杀常常被当作一种逃避现实、自我解脱的手段。自杀的原因千差万别。有人将自杀行为作为对自己做错事的补偿,比如有的大学生因学习成绩不理想觉得对不起父母,以自杀谢罪。有人以自杀作为报复相关人的手段,期望对方感到内疚和不安。有些人自杀是因为爆发性的情绪,是由偶然的刺激引起的激愤、悔恨、内疚、羞愧等情绪失控时的冲动行为,这种自杀被称为冲动型自杀,也称情绪性自杀。还有一种自杀为理智型自杀,它是指个体在经过长期的评价和体验,进行充分的推理和判断后,逐渐萌发自杀念头,并有计划地进行自杀准备而采取的自杀行为。

大学生是同龄人中的佼佼者,成长过程一般都比较顺利,很少遇到大的挫折,对挫折的承受能力普遍较低。同时大学生一般都自视较高、自尊心强,所以,当受到挫折的打击时,可能会采取自杀行为。如某高校的一名学习成绩十分优秀的女生,得知自己有一门课不及格时就跳楼自杀;有些学生失恋后陷入痛苦不能自拔而自杀;等等。这明显反映出他们生命意识的严重缺失。在没有实现预期时,这些大学生选择毁灭生命来表达一种最强烈的抗争。自杀的人把生命作为一种工具,而把其他一些理由凌驾于生命之上,这是对生命意义和价值的一种颠覆。放弃生命的理由中,还包括对死亡的错误认知,一部分自杀的人面对死亡时很淡定、很坦然,他们甚至美化死亡,认为死亡是一次美妙的体验,只是去另一个世界寻找另一种生活。殊不知,生命才是最美好的存在,生命来之不易,对个体来说,死亡是生命的终结。还有一些大学生将放弃生命视作自身的一种权利,他们认为自己虽然没有选择出生的自由,但应该有选择死亡的自由。生命的责任告诉我们,生命不仅仅属于你自己,它还承担着许多责任。

(三)探寻生命的意义

在人生中的某个阶段,我们都曾苦苦思索过:"人活着到底是为了什么?人生的意义到底是什么?"大部分人都发现很难找到答案,或许这个问题本身就没有答案。存在主义和人本主义心理学家都认为,生命的意义和价值是一个人保持健康与活力的基石,很多心理问题和心理困惑与意义、价值的缺失相关,严重的意义缺失甚至会使一个人结束自己的生命。

维克多·弗兰克尔提出意义疗法,他认为,生命的意义可以通过三种不同的途径去发现。

第一,在做事或创造事物中发现生命的意义。很多时候生命的意义不是想出来的,而是做出来的。活在当下,珍惜时间,做好当下的工作,无疑是对人的生命有限性的深刻体验和最有效的应对。生命的意义在生活中发生,也需要在生活中实践。弗洛伊德71岁时指出,生命之真谛和价值就在于生命本身。换句话说,生命的意义就在于完成每天的任务,在于"日之所求"。当然,生命还需要目标和梦想。现在很多人每天似乎都很忙碌,都在为生活而奔波,但是却不知道自己为何而忙碌。这样的人因为没有目标而缺少激情,因为缺少激情而备感空虚,因为空虚而感到落寞和无助,不知道生命到底有什么意义。因此,在有限的时间里,人们要以目标为指引,争取有所作为,赋予生命更丰富的内涵和更深刻的意义。

第二,在经历某事或爱某人中发现生命的意义。生命是爱的历程,人们要亲身经历,认真体会。大家都知道母爱的伟大,都喜欢孩子的纯真,都赞美孩子给世界带来的希望和快乐。殊不知,心理学的研究发现,大部分母亲都不能享受和孩子相处的时光。究其原因,是因为这些母亲在陪伴孩子的时候,经常三心二意,想着自己的工作没有做完,记挂着碗筷还在水槽里。这个时候母亲怎能全身心陪伴孩子?又怎能享受与孩子相处的宝贵时光呢?这和我们与生命的关系相似,我们很少能真正去体验生活中的每件事,享受生活。读书时盼着工作,单身时想着结了婚就幸福了;可真的工作了,又怀念起校园的生活,结婚了,又怀念单身时的轻松和清静。在抱怨和后悔声中,如何发现生命的意义?

第三，在孤立无援地面对某种无望的情境时发现生命的意义。弗兰克尔是少数从奥斯维辛集中营里活着走出来的人。他的父母、兄弟以及新婚的妻子都死在纳粹的集中营。他在《活出意义来——从集中营说到存在主义》一书中指出，人类的生命无论处在何种情况下，仍都有其意义。这种无限的人生意义，涵盖了痛苦和濒死、困顿和死亡。弗兰克尔用其痛苦的经历，给我们以启发：当我们身处危机的乌云下，遭受挫折，面临生命的考验时，如果我们能以积极的态度去面对，体会生命的艰辛与韧性，我们就更能体会生命的意义和价值。

> 互动话题：人为什么而活？人活着的意义是什么？

第二节　追求幸福

引子：幸福是什么

2012年10月，中央电视台推出《走基层·百姓心声》特别调查节目"幸福是什么"，记者们分赴各地采访了包括城市白领、乡村农民、科研专家、企业工人在内的几千名各行各业的工作者，回答者面对镜头会感到有点突然，也根本来不及细想，但他们的即兴回答却真实地展现了不同的幸福观。

"幸福是什么"调查虽略显唐突，却问出了一个重要的问题，切中了这个浮躁时代人们的内心隐痛，引发了强烈的社会共鸣，也唤起了人们对生命意义的追求。心理学以往更多关注人类心理问题，侧重心理疾病诊断与治疗，近年来积极心理学兴起，它开始更多关注人类的力量和美德，为普通大众追求幸福生活指出了一个新方向。它倡导用积极的情绪、积极的人格特质来应对不良的心理现象、心理问题。积极心理学认为，对负性情绪的清理只能让我们的幸福指数从负值回到零点，真正的幸福更需要我们把幸福指数从零变成正值，即主动寻找幸福、追求幸福。

行动课堂：幸福自评

一、幸福概述

人人都渴望幸福的生活，那幸福究竟是什么？我们都会讨论幸福，都感受过幸福，但却没有一个很好的关于幸福的定义帮助我们更深入地理解它。事业的成功、爱情的美满、财富的积累、健康的身体是不是就代表了幸福？不同的人对幸福的理解和诠释不同，人们都追求幸福的生活，对于不同的人而言，幸福的生活也许是全然不同的。那什么才是真正的幸福？

> 互动话题：你怎样定义幸福？幸福对于你而言意味着什么？

(一)幸福的含义

哈佛幸福课的主讲人泰勒·本-沙哈尔认为,幸福应该是"意义和快乐的结合"。[①]真正快乐的人能够在自己觉得有意义的生活方式里享受点点滴滴。

1. 快 乐

幸福是享乐,是积极情绪的增加,这也是通常人们认为的幸福的含义。快乐的来源可以分为三类。第一,快乐产生于个体欣赏美和创造美的过程中。对大自然美景的欣赏、对艺术的欣赏让我们快乐,艺术家在创作中感到快乐,农夫在培育秧苗的过程中感到快乐。第二,快乐来自个体的认识活动,它与人们的好奇心、求知欲的满足及对事物的兴趣、对真理的追求相联系。第三,有良心与道德感的人在其思想和行为符合内化的道德规范时会感到快乐,这就是著名心理学家弗洛伊德所说的"超我"。完成社会责任和尽到社会义务、对家人产生的亲密感、对同事产生的信任感、对集体产生的荣誉感和归属感都是人们快乐的源泉。

幸福并不需要持续高涨的情绪。幸福可以是热情洋溢,也可以是宁静安详;幸福可以是欢欣鼓舞,也可以是心平气和。幸福不是完全没有负面情绪,我们都会经历情绪上的起伏,都会有悲伤、郁闷和愤怒的时候,只要我们整体上保持一种积极的态度,不为负面情绪所控,我们就是幸福的。积极心理学创始人马丁·塞利格曼说:"真正的幸福是好事和坏事交织出的纹理。"[②]真正的幸福并不代表生活中没有困苦,幸福的人一样要面对困难,克服生活里的种种障碍。经历了困难与痛苦能让我们更加珍惜当下拥有的快乐,不再认为快乐是理所当然的,对生命中的快乐表示感激,心存感激本身也是生命意义和快乐的重要来源。

2. 意 义

让我们想象一下,如果有这样一部机器,它可以让我们得到任何快感、感受到真实的爱,而且我们完全不会觉察到这是机器的作用。你会不会一生都选择使用它?绝大部分人的答案是不会。原因很简单,因为我们所关心的并不只是我们个人内在的感受,很少有人认为只有自己的感受才是最重要的。除了想体验快乐外,我们还希望周围的环境与自己的感受是一致的。我们还需要证实,自己的行为确实能够给世界带来一些有益的改变。

当我们想到有意义的生活时,经常会谈到目标,有目标或实现目标并不能保证我们一定可以感受到生命的意义。有些目标实现以后,我们仍然可能感到空虚甚至失落。我们真正需要的是那些让我们从内心深处感到有意义的目标。首先,过真正有意义的生活的目标必须是自发的,它是为了实现自我的价值,而不是为了迎合他人的期望或满足社会标准。其次,我们设定的目标应该是现实的,不与社会目标相矛盾,不是对自己错误的期望。当然,最重要的是我们为实现目标而努力奋斗,实现目标的过程本身就是一种幸福。

(二)四种人生模式

快乐和意义,是幸福的相互影响、相互促进的两个方面,缺一不可。以下四种人生模式是泰勒·本-沙哈尔根据快乐与意义的不同结合方式提出的,有助于我们更好地理解幸福的真谛。

---

① 泰勒·本-沙哈尔.幸福的方法[M].汪冰,刘骏杰,译.北京:中信出版社,2013.
② 马丁·塞利格曼.真实的幸福[M].洪兰,译.沈阳:万卷出版公司,2010.

1. 忙碌奔波型

忙碌奔波型的人的观念是"只有目标实现了,才可以获得幸福",所以他们一味追求目标实现的结果,期待目标实现后的快乐,而不懂得去享受当下的工作与生活。他们认为此刻的一切努力都是为了实现未来的目标,痛苦的过程是未来获得幸福的必由之路。所以可以说他们是为"未来的幸福"而活的,但是未来其实是一个永无止境的概念,所以他们很难享受到真正的幸福。他们错误地把目标实现后的放松和解脱理解为幸福,因此他们不停地从一个目标奔向另一个目标。更糟糕的是,有时成功反而使他们更不开心,因为在成功之前他们一直相信,只要成功了,就会得到幸福,而当他们达到目标时才发现,并没有原来自己所期望的那么幸福。他们感到他们的幻想——物质和地位可以带来永久的幸福——破灭了,从而陷入痛苦的深渊。在我们身边有很多忙碌奔波型的人,这与社会文化背景息息相关。社会一般只奖励成功的人,而很少奖励正在努力的人,大多数人总是以结果为导向,忽视过程的重要性。

2. 享乐主义型

享乐主义型的人的观念是"及时行乐,逃避(当下的)痛苦",他们注重的是眼前的快乐,却忽视了自己的行为可能带来的一切负面后果。他们认为充实的生活就是不断满足自己当下的各种各样的欲望。眼前的事只要能让自己开心,就值得去做。他们只看重眼前,而短暂的快乐有时会让他们失去理智。享乐主义型的人的根本错误在于将努力与痛苦、快感与幸福等同。享乐主义者的生活完全没有挑战,因此不可能获得幸福。

3. 虚无主义型

虚无主义型的人是指那些已经放弃追求幸福的人,他们不再相信生活是有意义的。如果说忙碌奔波型的人为了未来而活,享乐主义型的人为了现在而活,那么虚无主义型的人就是沉迷于过去而放弃现在和未来的人,他们被过去的阴影所笼罩。马丁·塞利格曼将这种心态称为"习得性无助"。忙碌奔波型、享乐主义型和虚无主义型的人都犯了同一种错误,就是坚持自己对幸福的偏见。忙碌奔波型的人信奉的是"实现谬论",即认为只有在实现一个有价值的目标后,才可以得到幸福;享乐主义型的人的问题在于"快乐至上",认为只要不断享受短暂的快乐,就算没有实现目标,也可以得到幸福;虚无主义本身就是一种谬论,是对现实情况的完全误读,虚无主义型的人认为自己无论做什么都无法得到幸福,这种类型的人很可怜,因为他们连有限的快乐都感觉不到。

4. 感悟幸福型

感悟幸福型的人,不仅能够享受当下所做的事情,而且能够通过目前的行为获得更加满意的未来。幸福不是暂时的快乐,而是稳定的、持续的感受,它包括对现实生活总体的满意、对生命质量的总体评价和对生存状态的全面肯定。人要想获得持续的幸福感,就需要为了一个有意义的目标快乐地努力奋斗,幸福不是拼命地爬到山顶,也不是在山下漫无目的地游逛,幸福是向山顶攀登过程中的种种经历和感受。

二、追求幸福的原因

幸福是生命的一种基本需要,它是至高无上的,其他所有目标的终点都只是通往幸福的起点。

（一）幸福能增进人的健康

有很多证据显示，情绪可以预测健康状况和是否长寿。美国肯塔基大学神经学教授大卫·斯诺登从1986年开始对圣母修女学院的678位修女进行跟踪研究，这些修女每年定期做体检，并同意死后将她们的大脑捐献出来供医学研究。研究人员发现，年轻时比较乐观的修女，到了年老后更不容易患老年痴呆症；而经常焦虑、动怒的人年老后更容易中风和患心脏病。斯诺登还研究了180位修女在20多岁时写的自传，发现乐观向上的修女在自传中多用"爱""幸福""快乐""满意""充满希望"等字眼，表达出来的幸福程度与她们的寿命密切相关。后来一批训练有素的评分者对她们在文字中所反映出的积极情绪进行量化评分。在最幸福的那1/4被试中，有90％的人寿命超过85岁，最不幸福的那1/4被试中，只有34％的人活到了85岁。① 梅奥医学中心的研究也显示，乐观的人比悲观的人更长寿。有幸福感的人有比较健康的生活习惯，免疫力较强。据此可以得到一个结论：幸福能增进人的健康。

（二）幸福能让人更具创造力

美国"坦普尔顿"积极心理学奖获得者弗雷德里克森认为，积极情绪扩展了我们的智力、身体的和社会的资源，增加了我们在威胁或机会来临时可动用的储备。当我们情绪积极时，别人比较喜欢我们，我们在友谊、爱情和团队合作等方面更容易成功。我们心情好的时候，比较容易接受新的想法和新的经验。

（三）幸福能让人拥有更好的人际关系

许多研究表明，幸福的人比不幸福的人拥有更多的朋友，更可能结婚，更喜欢参与群体活动。幸福的人的一个共同特点是更会做出利他行为。很多人或许会认为不幸福的人比较能同情别人的痛苦，因为他自己感受过，应该更会做出利他行为。但实验结果显示，幸福的大人和小孩都更有同情心，也更愿意捐钱给需要的人。也就是说，幸福的人更可能是利他主义者。当我们幸福时，我们就不会把注意力集中到自己一个人身上，我们会更喜欢别人，甚至愿意与陌生人分享我们的好运；当我们心情低落时，我们不相信别人，变得很内向，并且集中注意力来保卫自己的需求。

所以在其他的条件一样时，幸福的人活得更健康，拥有更好的人际关系，在工作上也表现得更好，所以幸福无论作为目标还是达到目标的方法，都值得我们去追求。

三、追求幸福的方法

追求幸福有一些基本原则，但没有适用于任何人的统一的追求幸福的方法。同样的方法对不同的人可能会起不同的作用，同一个人在不同的阶段也需要调整自己的认知和行为，可以根据自身的实际情况，有针对性地选择和积极改进追求幸福方法。

微课：关于"幸福"的那些事

---

① 大卫·斯诺登.优雅地老去[M].李淑珺，译.北京：世界图书出版公司北京公司，2014.

（一）改变对幸福的认识

"你幸福吗？"这个问题令很多人茫然，它确实是一个很难回答的问题。怎样才能判断自己是否幸福呢？幸福有统一标准吗？我们的幸福和身边人的幸福有关吗？这些问题都没有明确的答案，即便有，好像对于提升我们的幸福感也没有什么帮助。因为这个问题本身就暗示着对幸福的两极看法，我们要么幸福，要么不幸福。在这种理解中，幸福成为一个终点，我们一旦达到，对幸福的追求就结束了。但实际上，这个终点并不存在，对这一误解的执着只能导致不满和挫败感。我们永远都可以更幸福。没有人能够在所有时间都处在非常满足且无欲无求的状态。与其一味问自己是否幸福，不如去探寻一个更有价值的问题："我怎样才能更幸福？"这个问题不但切合幸福的本义，还表明了幸福是一个需要长期追求且永不间断的过程。当你能用"我怎样才能更幸福？"替换"我幸福吗？"向自己发问的时候，你离幸福就已经又近了一步。

（二）全然接纳自我

林肯说，对于大多数人而言，他们认定自己有多幸福，就有多幸福。换言之，在追求幸福的过程中，最大的障碍是我们内心的想法，特别是那种觉得自己不配得到幸福的想法。幸福的生活是需要内在价值观支撑的，就像美国心理学家纳撒尼尔·布兰登所说的，要想找到价值，人们必须相信自己有资格享有这种价值。若要为幸福而奋斗，人们必须相信自己有资格拥有幸福。我们必须接受自己的核心价值观，接受真正的自己，把虚荣的东西抛开。我们必须相信幸福是可以得到的，我们的存在是有意义的，因为我们生来就享有快乐的权利。我们不接纳自己与生俱来的价值，其实是在忽视或者削弱自己的能力、潜力、喜悦和成就。比如说，我们可能会经常使用"是的……但是……"这个句式："是的，我的生命里也有快乐和意义，但是如果它们无法持久呢？""是的，我找到真爱了，但是如果他离开我呢？"……拒绝接纳已经来临的幸福，只会感到不幸福，而长期的不幸福，则将带来虚无主义。接纳自己内在的价值，是一种接受幸福的态度。

同样我们也会发现，很多时候越是不想要的情绪、想法和行为，越会变本加厉地反抗我们的不接纳。想想那个经典的心理学实验：闭上眼睛，反复地告诉自己不要去想象一头粉色的大象，你的头脑里瞬间会充满粉色的大象。但是你发现，当你接纳自己，容许自己想象一头粉色的大象时，它也只不过是闪过你脑海的一个想法，转瞬即逝了。我们对任何一种情绪、想法或者行为的不接纳，都是在头脑中对它的强化。所以，一个人自我接纳的程度会影响自身的幸福感。

（三）助人与助己

为别人带来幸福，就是给自己带来快乐与意义，这就是为什么乐于助人是幸福人生的一大要素。然而，这并不是说我们要为别人而活。如果一个人从来不为自己的幸福打算，就会伤害到自己，连带伤害到助人为乐的心。一个不开心的人，不会有太多的能量去帮助别人。我们越感到开心，帮助别人的可能性就越大。人生最大的幸福源自意义与快乐，而这其中正好有助人为乐的成分，助人为乐完美地实现了自我价值与社会价值的统一。当然，我们在关注自己幸福的同时,也要看到,自己的行为不能妨碍和剥夺他人追求幸福的权利,如果伤害到他人,我们终将为之付出代价。

有些人执着于道德责任感,总是在自我牺牲中寻找生命的意义,牺牲本身肯定是不快乐的,所以道德上的责任感就慢慢地与幸福对立了。幸福不是牺牲,也不是只能二选一。它既不是单纯的意义,也不是单纯的快乐,既不是只关注自己,也不是毫无保留地为他人奉献,而是它们和谐共生的结果。

(四)设定目标

现在大学生里流行一种"病"叫"迷茫",指大学生不知道未来的路在哪里,不知道应该往哪个方向走。他们中的有些人四处奔波,而有些人无所事事。他们的一个共同的问题就是生活没有目标。有目标的人,能够更好地享受过程、享受当下。因为生活有了方向,就可以一边赶路,一边欣赏沿途的美景,不会为偶尔的迷失而惊慌失措。有目标的人,更多的是想我该怎么办,而不再过多地考虑目标实现的可能性,他们能更敏锐地发现身边任何可以被利用的资源,并更好地加以利用,更有效地达成目的,实现生命的意义。那么什么样的目标是有意义的?我们该如何设定目标呢?

1.设定自我和谐的目标

自我和谐的目标源自内心最坚定的意识或自己最感兴趣的事情。这些目标是为了体现自我的价值、实现自我存在的意义,由自我主动选择的。这些目标不仅与自我和谐,也在我们内部形成了一个和谐的体系,所以称为自我和谐的目标。设定自我和谐的目标不是炫耀给任何人看的,也不是因为他人觉得你应该这么做,或是你自己认为的所谓责任感驱使,而是因为它是你内心深处最在意的事,对你来说是最重要的事,是你的兴趣和价值的体现。做感兴趣的事情总是能让人开心、愉快,可以提高效率,也会让人更积极地享受人生。人们做感兴趣的事情总是更有动力,会更努力地全身心投入,因此更容易获得成功。事实证明,那些追求自己热爱事业的人都更容易取得成功。

当然,设定自我和谐的目标并非易事,需要较强的自我觉察和认知能力,还需要强大的自制力和承受压力的能力,因为外界影响和压力导致我们经常选择应该做的而不是自己真正想做的。我们要静下心来听从自己的内心,了解自己真正需要的是什么,然后诚实地面对自己的愿望并且对它负责。

2.如何设定自我和谐的目标

设定自我和谐的目标,首先要清楚地了解自己的特点和优势、缺点和不足,确定自己能做的事。任何目标的设定都不能脱离实际,脱离自身的条件,与社会目标相矛盾,当然,也不能对自己期望过高。把自己能做的事列成清单,越详细越好,然后在这个清单中划出自己想做的事,逐个细化,找出自己真正想做的事并进行排序,最终确定你最想做的事。这个事就是你的自我和谐目标。

要把那些你真正最想做的事付诸行动,还需要把目标具体化、明确化,心理学上称之为给目标下个操作性定义。如果没有具体的目标实施计划,那目标只能叫梦想。比如一个想体育锻炼的人,可以给自己设定一个目标——每天跑5000米,而不是想更苗条。目标的细化可以直接指导我们的行动,以量化的指标监督行动的实施。同时还给目标设定时限,并且从现在开始,而不是尽快开始。我们经常需要将自我和谐目标分解成一些阶段性目标,阶段性目标的实现会不断给我们鼓励和信心,给我们坚持下去的动力。更重要的是,这让我们注重过程而不是终极的结果。

(五)锻　炼

幸福不仅仅是一种主观认知和感受,它还包括行为的表现以及躯体上的活动和变化。幸福最容易让人觉察的变化在脸上,人感到幸福时身体也会处于一种兴奋的状态,血管里的血液会流动得快一些,每分钟心跳要比平时快 3～5 次,体温升高 0.1 度,身体会比较放松。一旦这些躯体的信号被大脑接收,大脑中专门控制幸福感产生的回路就会被激活,幸福的主观感觉就会产生。也就是说,幸福的感觉是由大脑的变化产生的,而大脑的变化又是由躯体的变化激活的,所以我们也可以通过训练躯体,让大脑重新编程,启动并强化幸福感产生的回路,让我们产生幸福的感觉。

1.体育锻炼

体育锻炼对于身体的好处已经被大众所接受。长期有规律的体育锻炼不仅能强健体魄,还可以增强人的免疫力,降低心脏病、癌症的发病率。然而,体育锻炼对于心理健康的好处却还未被大众所熟知。

体育锻炼对于抑郁症以及其他心理疾病的治疗有重要的意义。研究发现,虽然通过锻炼治疗抑郁症需要更长时间,但最终能达到与服药一样的治疗效果,且实验表明,锻炼组的复发率明显比用药组低很多。体育锻炼也能很好地缓解一般的焦虑和压力,并且能增加个体应对焦虑和压力的能力。因此,有些心理治疗师认为,任何心理治疗要取得好的效果,必须和体育锻炼相结合,体育锻炼甚至被认为是心理治疗的前提。对于健康人而言,体育锻炼以不同的形式使情绪高涨,锻炼可能增加了个体与大自然接触的机会,从而增加了个体的积极情绪体验,也可能增加了个体与其他人的接触机会,从而增加了社会支持,但有一点肯定起了作用:经过锻炼,肢体会变得温暖,肌肉得到了放松,脉搏加快,这些都和机体进入愉悦时刻的变化一致,大脑便会把这些与愉悦类似的信号解读为快乐。

锻炼形式并不重要,跑步、打球、游泳等都能起作用。运动量为隔天半小时的中等强度运动为宜,中等强度运动可以以心率来衡量,一般来说,使心率达到"(220-年龄)×70%"的运动就是中等强度运动,达到中等强度的运动会让人觉得稍有气喘,微微出汗,这样的运动量可以达到运动效果,又不至于太累而使人坚持不了。体育锻炼贵在规律和坚持,一开始会有些困难,但坚持一段时间后,运动就会变成一种习惯、一种生活方式。

2.意念锻炼

意念锻炼有许多形式,如冥想、瑜伽、太极、气功等。它们共同的特点是以深呼吸为基础,将意念专注于某一事物上,可以专注于自己的肢体或呼吸,也可以专注于外界的某一事物。所有意念锻炼的核心是专注于此时此刻。最简便易行的意念锻炼是深呼吸训练,每天安排五六个时间点,每次连续深呼吸 3～5 次即可,让意念专注于呼吸上。

意念锻炼把注意力集中于一点,这和我们平时专心致志于学习或工作时所体会到的愉快是一样的,它能让大脑忙碌起来,同时又可以阻止我们胡思乱想,这能改善很多学生效率低、注意力不能集中的状况。更重要的是,意念锻炼能让我们准确地觉察身体信号,这些信号是情绪在身体上的反应。觉察并接受这些身体信号——"我生气了,我的胃里有一个很大的结",而不要尝试去控制它——"千万别再生气了"。我们只有真正接受这些消极情绪或者身体不适的存在,大脑才能走出原先导致痛苦的恶性回路,形成一条新的通往身体自愈的通路。而且意志锻炼过程中肌肉放松、呼吸、脉搏平稳,内心平静,头脑活跃,身体感觉充实又放松,大脑将这种状态理解为一种喜悦状态。

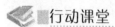 视频:哈佛大学75年跟踪研究:什么样的人活得最幸福?

 行动课堂

1.假如你的生命只剩3个月,你打算怎样安排最后的时间?请认真思索后写下自己的决定,在小组内与其他成员分享并解释原因,谈一谈你在写的时候有什么感受,这感受对你今后的生活有什么影响。

2.想象一下你已经110岁,给自己五分钟时间,告诉自己(写出来也可以)"如何才能在生活中拥有更多的幸福"。把答案写下来,对照现实,尽可能地将这些想法付诸行动。之后经常查看自己所写的内容,随时增添,看看自己是否在按照原先的想法做。

心理老师案例点评

她的问题:

"我现在的男朋友对我很好,我们已经快谈婚论嫁了。想起大学毕业那一年做的傻事,的确是不值得,说心里话我为当时愚蠢的行为感到后悔,幸亏身边有那么多关心我的人,我终于挺过来了。所以也很想和我有着类似经历的人们分享,受伤的爱情绝对不是生命的唯一,珍惜生命,生命会在时光中焕发出新的光彩。"

过程回放:

小艳,女,从小随母亲长大,曾有一个相恋2年的男友,开始时该男生对她很好,因此她就把男友视作父亲和男友双重角色而倍加依赖和珍惜。大四时,该男生提出分手,小艳不同意,于是两人就处于半分半和状态。快毕业时,该男生正式提出分手,加上工作找寻不顺利,小艳十分绝望,于当晚在房间砸破玻璃瓶企图自杀,后被同寝室同学及时发现并送医院包扎,未出现严重后果。学院马上联系心理咨询师与小艳谈心、了解情况,安排并确认了她今后几天的计划,然后派看护学生以合理的理由全程陪护;各方面关心小艳的就业问题,与家长联系,取得家庭的支持。最后在所有人的关心和帮助下,她顺利就业并找到住处,开始了新的生活,并在新生活开展的过程中,遇见了更多的朋友与后来的男朋友,对生命有了新的认识。

问题解析:

与其他青年相比,大学生的自我意识非常强烈,富有理想和抱负,憧憬未来,他们更应认识到生命的可贵,为美好的未来而积极努力。除生理上的发育成熟与文化技能的提高以外,大学生在发展过程中还需要定位个体角色,形成独立性。他们最关心的是如何把自己目前的状况与将来的角色协调起来。有些学生在就业、婚恋等人生重大转折时往往会遇到挫折,也许有的时候会因为这些挫折觉得多年的付出和心血都白费了,心理压力就很可能爆发,严重的就会出现突发性生命危机。可是,这样的学生一般都不是真的想放弃生命,而是因无法找到解决问题的方式而过于痛苦。所以,我们要给予他们积极的关注、支持,让他们感受人情的温暖,转变对生命的态度。

点评:

真正让"危"转变为"机",更好地去体会生命带给自己的宝贵财富:朋友、工作、家庭、生活,甚至是一缕清风、一个微笑、一支笔、一把新鲜的青菜等,从中感悟生命的珍贵,焕发出新的光彩。

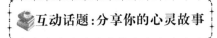 互动话题:分享你的心灵故事

本章小结

生命有三种形态:自然生命、精神生命和价值生命。

生命有四大特性:唯一性、不可逆性、有限性和创造性。

对于"死"的思考,是为了更好地"生"。

对待生命的健康的态度应该是:珍爱生命、敬畏生命并探寻生命的意义。

幸福是快乐与意义的结合。

人生可以分为四种模式:忙碌奔波型、享乐主义型、虚无主义型和感悟幸福型。

幸福可以增进人的健康,让人更具创造力,让人拥有更好的人际关系。

改变对幸福的认识、全然接纳自我、助人与助己、设定自我和谐的目标、增强体育与意念锻炼,都是增强幸福感的有效的方法。

思考与讨论

1.你是否有过死亡焦虑,是在什么时候? 为何会出现? 如何消除的?

2.找出近一周内每天发生的令你开心的三件事情,这些事情的经过、你的感受和体验、开心的原因是什么?

3.你理解的幸福是什么?

阅读书目和电影推荐

[1]维克多·E.弗兰克尔.追寻生命的意义[M].何忠强,杨凤池,译.北京:新华出版社,2003.

[2]马丁·塞利格曼.真实的幸福[M].洪兰,译.沈阳:万卷出版公司,2010.

[3]电影《无问西东》(中国,2018)。

[4]电影《当幸福来敲门》(美国,2006)。

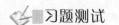习题测试

优秀心理情景剧赏析

参考文献

[1]程刚,方婷,等.大学生心理健康教育教程[M].北京:人民出版社,2012.

[2]李晓林,李琛.幸福与成长:大学生心理健康教育读本[M].广州:世界图书出版社,2013.

[3]马丁·塞利格曼.真实的幸福[M].洪兰,译.沈阳:万卷出版公司,2010.

[4]苏文明.积极心理与大学生活[M].北京:高等教育出版社,2016.

[5]泰勒·本-沙哈尔.幸福的方法[M].汪冰,刘骏杰,译.北京:中信出版社,2013.

[6]维克多·E.弗兰克尔.追寻生命的意义[M].何忠强,杨凤池,译.北京:新华出版社,2003.

[7]徐虹.大学生心理健康教育:和谐与成长[M].北京:高等教育出版社,2014.

[8]周国平.幸福是一种能力[M].长沙:湖南文艺出版社,2016.

•插画作者:周琴微   指导老师:唐泓